本书由贵阳孔学堂文化传播中心编
本书获贵州省孔学堂发展基金会资助

阳明学研究年鉴 2019

YANGMING STUDIES YEARBOOK

曾顺岗 谢群洋 陆永胜 —— 主编

孔學堂書局

本书获贵州省孔学堂发展基金会资助

图书在版编目(CIP)数据

阳明学研究年鉴. 2019 / 曾顺岗, 谢群洋, 陆永胜
主编. 一 贵阳 : 孔学堂书局, 2022.10
ISBN 978-7-80770-388-4

Ⅰ. ①阳… Ⅱ. ①曾… ②谢… ③陆… Ⅲ. ①王守仁
(1472-1528) —哲学思想—研究—2019—年鉴 Ⅳ.
①B248.25-54

中国版本图书馆CIP数据核字(2022)第177149号

阳明学研究年鉴(2019) 主　编: 曾顺岗　谢群洋　陆永胜
YANGMINGXUE YANJIU NIANJIAN (2019)

责任编辑: 杨翌琳　王紫玥
责任校对: 陈　真
书籍设计: 张　莹
责任印制: 张　莹
出　　品: 贵州日报当代融媒体集团
出版发行: 孔学堂书局
地　　址: 贵阳市乌当区大坡路26号
　　　　　贵阳市花溪区孔学堂中华文化国际研修园1号楼
印　　制: 贵阳精彩数字印刷有限公司
开　　本: 787mm×1092mm 1/16
字　　数: 324千字
印　　张: 22.5
版　　次: 2022年10月第1版
印　　次: 2022年10月第1次
书　　号: ISBN 978-7-80770-388-4
定　　价: 98.00元

本书编委会

序

由于历史的机缘，贵州有着丰富的阳明文化资源。1508年，明代大儒王阳明遭到贬谪，来到贵州。他在修文龙场悟出了“知行合一”，开创了儒学发展的新境界，成就了中国思想史上的一座高峰。“知行合一”是王阳明以贵州为平台对世界做出的一次巨大文化贡献，也成为今天贵州人增强文化自信可以充分利用的文化资源。2014年3月7日，习近平总书记在全国“两会”期间参加贵州代表团审议时曾殷切寄语：“今天，我们不仅要坚定‘三个自信’，也要大力弘扬优秀传统文化，去其糟粕、留其精华，增强文化自信。明朝时，王守仁曾经在贵州参学悟道，贵州在这方面还是很有优势的，希望在这方面继续深入探索。”

作为弘扬和传承中华优秀传统文化的一个新兴综合体，贵阳孔学堂是贵州省弘扬阳明文化的重镇。近年来，孔学堂坚持“创造性转化、创新性发展”的文化方针，整合国内外各种资源，聚集知名专家学者，修建了“阳明文化馆”，成立了“阳明心学与当代社会心态研究院”，多次开展以“弘扬阳明文化”为主题的公益讲座、课题招标、学术论坛、戏剧会演、书法展陈、漫画征集等活动，责无旁贷地承担起传承、弘扬阳明文化精神的重担，努力构建贵阳孔学堂、修文阳明洞、贵阳阳明祠“三足鼎筑”的贵阳“精神大厦”，产生了较大的学术影响，取得了良好的社会效益。

随着对中华优秀传统文化的挖掘、整理、阐释、传播和推广，阳明学的国内外影响力与日俱增。近年来，阳明学已成为显学，阳明学研究蓬勃发展，相关研究成果蔚为大观，相关学术会议不断召开。国内外涌现出许多研究阳明学的机构及刊物，诸如韩国阳明学会的《阳明学》，日本阳明学会的《姚江》，国内的《王学研究》《阳明学刊》《阳明学研究》《阳明学研究新论》以及中国台湾的《鹅湖》等。鉴于此，贵阳孔学堂文化传播中心从2017年开始，每年组织有关专家学者编撰出版一部《阳明学研究年鉴》，为学界同仁和热心公众了解、探讨、从事阳明学研究提供参考和借鉴。当然，这只是一个开始。我们希望通过《阳明学研究年鉴》的编撰出版，及时评介国内外阳明学研究的学术动态和学术前沿，系统梳理阳明学的历史内涵和时代价值，进一步推动阳明学的研究和传播，共同服务于“以文化人”的时代任务。

是为序。

徐圻

2018年5月1日

目　录

壹

中国大陆阳明学研究综述

2019年度中国大陆地区的阳明学研究依旧保持热度不减，大量的研究成果涌现，不仅成果的数量较之往年有一定幅度的增长，而且研究的广度和深度也在不断地拓展和深化。据不完全统计，2019年度在中国大陆地区发表的以阳明学为主题的期刊、硕博论文、会议、报纸成果近600余篇。总体而言，这些研究成果，涉及的议题主要有：王阳明思想研究、阳明后学研究、阳明学文献整理与研究、阳明学与地域阳明学派、阳明学与佛道思想、阳明学与文学及文艺学研究、阳明学诠释研究、阳明学比较研究、阳明学与域外文化、阳明学与宋明理学及儒学、阳明学的现当代研究、阳明学的当代价值研究、阳明学研究的回顾与前瞻等。兹依主题分类，择其要者，对2019年度中国大陆地区阳明学研究所取得的成果，作一简要的总结归纳。

一、王阳明思想研究

关于王阳明思想的研究，是整个阳明学研究的原点和基础，一直以来都是阳明学研究领域的重点和热点议题。在本年度，学界对这一议题继续深入拓展研究，取得了丰硕的成果。就其研究的总体而言，大致呈现出3个维度：一是对王阳明思想的整体性研究和把握；二是对王阳明思想中的核心概念、命题的深化研究，如王阳明思想中“良能”“见在”“念”“意”等重要概念以及“良知”论、“知行合一”论、四句教、“立诚”说等核心命题的进一步阐释，突出思想原点的再诠释；三是对王阳明思想多维诠释的拓展研究，包括圣人观、政治哲学思想、社会治理思想、教化思想、劳动观、自然法思想等，突出新向度的展开。此外，还出现了一大批以王阳明为研究对象的硕士学位论文，体现了青年学者对王阳明思想的关注和理解。

在王阳明思想的整体性研究方面，张学智从龙场悟道的意义、“致良知”的精义、“知行合一”的特点等3个方面，论述了王阳明心学的精神与智慧，认为：王阳明是以德性为统领、知识为辅翼，在“致良知”活动中来增进理智、坚韧意志、中和情感、敏锐直觉，进而使精神活动的各个方面整合成一个总体，且各个方面互相依持、互相激发、互相辅助，共同应对所遇到的具体问题。王阳明思想是在新的时代条件下对朱熹思想的转进，充满解释的张力。[①]单纯从阳明学作为东亚精神文明重镇的角度，对阳明学进行了整体性的考察，指出：王阳明将儒家心性学的传统发扬光大，以“致良知”为其思想“大端”，揭示了儒家心性本位的知识论所独有的主体性、公平性、实践性和伦理性，映射出了中国人生气勃勃而又多姿多彩的精神世界。[②]王广杰以王阳明“心即理”为切入点，借鉴西方哲学的智慧，深入探讨了阳明心学的客观性问题。认为，虽然阳明心学的话语方式易于产生主观性的形象，但其实是一个严密的、具有高度客观性的思想体系。[③]

何宗美、靳超、寇征等学者对阳明心学的思维方式和特点进行了研究，何宗美、靳超指出：阳明心学整个体系得以自然建构，在于其独特而不断丰赡的一维演绎思维。物与行被王阳明创造性地置于心本位的一维范畴中，并以往复线性的活动印迹为演绎思维架起动态的圆环轨道。在此基础上，初步构成了以诚意为内核、以扬善除恶为旨归的圆线思维体系。[④]寇征从儒佛道视域论述了王阳明心学的思维特点及其当代伦理价值，认为：王阳明冲破传统儒学的思维局限，融合佛教禅宗和道家道教，对传统儒家予以创造性新解，充分体现了中道不二的超越性思维特点和重直觉悟性的非理性思维特点，对探寻儒学发展的现代契机以及当代中国伦理精神的构建，具有重要的启发性意义和价值。[⑤]

---

①张学智：《王阳明心学的精神与智慧》，《哲学动态》2019年第11期。

②单纯：《论会通于“心”的知识与伦理——作为东亚精神文明重镇的阳明学》，《岭南师范学院学报》2019年第1期。

③王广杰：《由“心即理”探入王阳明心学的客观性问题》，《新疆社会科学》2019年第1期。

④何宗美、靳超：《阳明心学一维演绎思维及其建构历程》，《吉林师范大学学报（人文社会科学版）》2019年第1期。

⑤寇征：《儒佛道视阈下王阳明心学的思维特点及当代伦理价值》，《王学研究》2019年第1期。

单虹泽、王孟图等学者就王阳明思想的发展演变展开了论述，单虹泽就王阳明的演变以及王门后学分化的原因展开了论析，指出：王门后学的分化，源于弟子们对王阳明教法理解的偏差。阳明的教法为“知行合一—静坐—诚意—正心”之四变，而以先天正心之学为其终教。但这种教法过于高妙玄远，因而阳明补充了后天诚意之说，形成定法之下的权法。定法与权法统一于阳明晚年的致良知教中。阳明生前未及详细阐发致良知，以致后来王门弟子各执一边，形成了自本体而言工夫和自工夫而言本体的二重趋向。[①]王孟图论述了从“阳明心学”到“王学左派”的思想演变，指出：“阳明心学”在发现人、肯定人、尊重人、理解人的价值理念上，达到中国近代历史的新高度。在“阳明心学”及其“王门后学”的熏陶浸染下，晚明孕育了中国近代的“浪漫洪流”。从“阳明心学”发展到“王学左派”，左翼激进的思想启蒙促进了浪漫精神大放异彩，然而现实困境及自身局限使之在“向左转”后无路可走，最终导致浪漫的瓦解和终结。[②]

周丰堇就阳明学中“几”的思想做了总体性的考察，指出：阳明学者极为重视以“几”来表达体用一源的关系，继承了《系辞》和玄学的事几、理学的心几思想，将“几”进一步理解为体用关系的真正承载者。无论是阳明的“见在之几”，王龙溪的“见在良知”，罗洪先的“诚神之几”，还是王时槐的“生几”，都现实地体现为“体用一源”的状态，“几”沟通并具足着体用。[③]王凯立考察了阳明学中“过”与“恶”的区别以及改过工夫问题，指出：在王阳明看来，“过”可以与圣贤人格相容，“过”与“恶”在根本上就是性质不同的两回事。改过工夫实际上就是致良知。就内容而言，改过工夫有自思内省、痛自悔咎、洗涤旧

①单虹泽：《王阳明的“后三变”之终变——兼论王门后学分化的根本原因》，《赣南师范大学学报》2019年第4期。

②王孟图：《从“阳明心学”到“王学左派”：“浪漫”的召唤、转向和终结》，《福建论坛（人文社会科学版）》2019年第1期。

③周丰堇：《事几、心几与阳明学的“体用之几”》，《安徽大学学报（哲学社会科学版）》2019年第1期。

染、相责以善四个方面，不仅是个人的修身之事，也是集体的儒学实践。“过”“恶”之别及改过工夫，撬动了王阳明心学融通于哲学与世俗之间的多维面向。[①]

良知论是王阳明思想体系的核心内容，历来为王阳明思想研究者所重点关注。在本年度，学界对王阳明良知学继续展开了深入研究。吴震、刘昊就良知实体化问题展开了研究，重点关注了良知为何需要实体化以及如何实体化等问题，指出：阳明学通过“良知自知”“良知自觉”“觉即弊去”等命题，突出了良知的主体性原则。然而若过于强调人心的主观内在性，则有可能导致良知主体越过外在伦理规范的制约而一任本心的理论后果。王阳明试图通过“良知即天理”“天理即良知”等命题，将良知心体提升为普遍客观的超越性实体。良知的实体化，意味着天理心性化与心性天理化的双重转化。由此，良知主体性不至于下坠为一己之私的情感意识，同时也拥有了客观实在的理性实体的品格。[②]陈晓杰探讨了王阳明良知说的道德动力问题，认为：王阳明思想中良知的道德动力问题具有复杂性。良知可以作为本体而发用，道德动力与情感也可作为“用”而源于良知。由于王阳明倾向于以“知是知非”来统摄理解孟子四端之心，导致“恻隐之心”等道德感情更多地被理解为“知恻隐”。[③]

赵文宇、曾振宇探析了王阳明良知“生生”思想，指出：“生生”是王阳明良知发用的动态过程。良知所生为事物之理，亦即事物于人之价值，“生生”是良知作为价值本体的表现。作为价值本体，良知圆满具足，求理只需心上下功夫。仁是“生生”之理，是良知的属性和“生生”的内在依据。王阳明之仁，主要指知觉的通活，是“一体之仁”。“一体之仁”规定了良知“生生”的普遍性和差等性，普遍性表现在良知生出对

①王凯立：《王阳明心学中的“过”“恶”之别与改过工夫》，《武陵学刊》2019年第6期。

②吴震、刘昊：《论阳明学的良知实体化》，《学术月刊》2019年第10期。

③陈晓杰：《王阳明良知说的道德动力问题》，《现代哲学》2019年第6期。

万物普遍的同情，差等性表现为“生生”过程的渐进性及情感厚薄差异。感通是良知的生发机制，有感则生生不息，无感则心物“同归于寂”。良知与事物相遇相感，在“感应之几”上融为一体，良知生出事物之理。气化宇宙是心物感通的前提和基础。[①]邱忠善分析了“良知”概念的否定性特征以及理论后果，认为：良知学是主张孤立的心灵和自我的一种理论形态，它试图离开社会、经验、传统、环境设想以理解良知。严格遵循良知理论，必然会产生实践困境和缺陷。良知所走的是独白路径，缺少与不同价值的互动，缺少他者、反思和商谈的维度，缺少理性的商谈，也因此缺少真正的自我审视自我批判。良知学否定尊德性之外道问学的必要性，轻视尊德性内道问学的重要性，从而忽略了道德实践的物质条件、知识储备和道德技术学。良知学突出和强调道德主体的自觉能动地位和担当精神，对当时流行的思想有纠偏除弊之功，亦参与引发了后来的思想解放运动，对今日道德建设具有重要意义。[②]

冒婉莹从美学的角度阐发了王阳明良知说的心性美学意涵，认为：王阳明良知说的心性致美延续了中国传统以理致美的审美理路，其所凭借之理是作为心之本体的良知。良知既是个体之美本身所在，又是个体之美完成的目标。从审美对象来看，致良知的工夫是识本心、本法、本性，通达自我的过程。从审美目标来看，致良知着眼于个体社会生活，以道德本心为个体实践美的活的源泉，以敦促人趋向圣人境，从而推动社会实现和谐有序的生活图景。[③]李海超、陈继红探讨了阳明学良知自然观内在的冲突并提出了解决之道，指出：阳明学的“良知自然”观彰显了良知的本真性、准则性和自足性的特征，分别体现了良知功能的自然、良知价值的自然、良知之量的自然。由于肯定了良知之量的自然，良知之价值自然与功能自

①赵文宇、曾振宇：《“有感则生生不息”：王阳明良知“生生”探析》，《华侨大学学报（哲学社会科学版）》2019年第4期。

②邱忠善：《阳明良知概念的否定性特征及其理论后果》，《上饶师范学院学报》2019年第5期。

③冒婉莹：《王阳明良知说的心性美学》，《理论月刊》2019年第1期。

然出现了关系的紧张。以良知成长的自然替换良知之量的自然，是消解良知自然观的内在紧张，谋求儒家心学的现代开展的可行方案。[①]

此外，段重阳就王阳明致良知工夫的路径问题展开了论述，认为“诚意”和“正心”构成了致良知工夫的两种路径，实现了理学功夫论从朱子到阳明后学的转变。[②]马寄讨论了“致良知”内在支点问题，认为笃信、践履内契于“致良知”，是“致良知”的两大内在支点，笃信、践履作为“致良知”的两大支点，表明阳明“心学”不是“高谈性命”“轻践履”的心性之学。[③]耿静波论述了王阳明“致良知”之“致”及生命体验问题，指出：王阳明基于自身特殊的生命体验提出了“致良知”；佛教对“致良知”的提出有重要影响；“致良知”之“致”与禅宗义理有较强理论渊源；“致”包涵主体道德自觉与道德践履内在统一的理念，自性俱足、心境合一的道德理念与思维境界。“致”体现出的自省自足、不假外求等精神，对于当今文化建设、核心价值观构建等方面具有重要现实意义。[④]

“知行合一”论作为王阳明思想体系的又一重要组成部分，在本年度也受到了学界的重点关注。董平分析了“知行合一”的四重向度，指出：王阳明“知行合一”呈现为，“知觉”“感知”“知识”“良知”四重向度。对“知行合一”的理解，不能脱离人的现实生存，实际上是一个生存论命题。“知行合一”的根本义乃是“知行同一”，其终极意义是还归心身一元，由此而建构起个体生存的意义世界。[⑤]周海春、韩晓龙论述了“知行合一”说的立言宗旨，指出：王阳明“心即理”“知行合一”和“致良知”具有同构性，其理论的聚焦点都在于解决良知良能由体达用的障碍问题。从“致良知”来把握“知行合一”，既是理解王阳明“知行合一”学

①李海超、陈继红：《论阳明学的良知自然观》，《伦理学研究》2019年第4期。

②段重阳：《“诚意”与“正心”：致良知工夫的两种路径》，《中国哲学史》2019年第6期。

③马寄：《笃信、践履：“致良知”内在支点刍析》，《贵阳学院学报（社会科学版）》2019年第1期。

④耿静波：《王阳明“致良知”之“致”及生命体验问题研究》，《青海师范大学学报（哲学社会科学版）》2019年第4期。

⑤董平：《论“知行合一”的四重向度》，《社会科学战线》2019年第2期。

说本来面貌的需要，也是顺着王阳明的理论思路补充完善“知行合一”学说的需要。就“知行合一”的立言宗旨而言，“致良知”的“致”突出了克倒不善的念头的重要性，更明确了“知行合一”的宗旨。就“知行合一”的精神实质而言，只有良知的知行合一，舍弃良知就无法洞见“知行合一”的实质。王阳明的“知行合一”有一个发展过程，“致良知”使“知行合一”更为完备，“知行合一”的多种论述都是良知圆成自身成为至善的逻辑环节。[①]

郭美华从道德—生存论视角对知行合一论进行了解读，指出：在道德—生存论并涵摄认识论理解，阳明知行合一说呈现出三层基本意蕴：从源初绽放而言，知行合一是生命觉悟与生命活动的源初浑融一体；从觉悟之知（知）与切实之行（行）二者的展开过程而言，两者绽现为动态的统一；强调觉悟之知体现为身心意知物的整体一物，切实之行表现为格致诚正修的整体一事，觉悟之知（知）与切实之行（行）最终统一于“实有其事”。[②]龚建平将“知行合一”与“原心定罪”结合对其思想逻辑进行了现代反思，认为：王阳明“知行合一”观念有其特定内涵，其知行概念是针对道德意识和道德行为而言的。从思想逻辑上看，“原心定罪”与“知行合一”有内在联系，“原心定罪”可以看作是“知行合一”思想在法律上的表现。“知行合一”在实践中就是在伦理原则指导下的道德意识和道德行为的一体不二。“知行合一”是阳明心学的道德修养工夫，而非观察对象的方法和进行道德评价的原则；它是道德主体价值创造的必然，与客观大势和历史规律无涉；虽然很难单纯把它看成价值判断或事实判断，但总体上还是作为价值判断较有说服力。[③]

此外，安尊华在王阳明、梁启超知行合一论的基础上，对知行合一

①周海春、韩晓龙：《论王阳明“知行合一”的立言宗旨》，《湖北大学学报（哲学社会科学版）》2019年第3期。

②郭美华：《道德觉悟与道德行动的源初相融之在——王阳明知行合一论之道德——生存论意蕴》，《贵阳学院学报（社会科学版）》2019年第6期。

③龚建平：《“知行合一”与“原心定罪”思想逻辑的现代反思》，《孔学堂》2019年第4期。

思想做了新的解读，并对其当代价值展开了论述，指出：知行合一启示我们，务必充分认识浮躁、急功近利的时弊，重视德育，倡导立志、克己、省察、实践、存善去恶，做到知与行完美统一，从而推动社会和人类进步。[①]吴光认为，王阳明所谓的“知”即“吾心良知之天理”，其所谓“行”即“致吾心良知之天理于事事物物”的道德实践，“知行合一”重在“行”。王阳明的“知行合一”论，在本质上是集道德、伦理、政治于一体的道德人文哲学。[②]日本学者中根公雄从知行的本体、心的概念、本体与功夫等方面，探讨了王阳明“知行合一”论，揭示出王阳明肯认的人的存在是经验的，认识的、观念的心和物在道德的、功夫的基础上完成统一，该实践之思想即“知行合一”，强调在存在的形而上学上本体的良知难免会局限在精神活动中展开。[③]

四句教问题是王阳明思想中的一大公案，历来众说纷纭，在本年度，傅锡洪、汪学群、曹伟嘉、龚晓康、马俊、邓国元等均围绕这一问题展开了研究。傅锡洪指出：阳明自身坚信“四句教”是既具普遍性且无弊的工夫指点语。在他看来，“无善无恶”和“有善有恶”不过是对“已发”之意识状态的描述，是不同条件下达致“好善恶恶”的不同进路。无善无恶指意念完全出于良知的动力，因而没有且不必刻意和执着；有善有恶指受私欲牵累而必须有所刻意、执着。分别以两者为核心的“四无”和“四有”的为学进路并无高下之分，差异主要在入手处不同。四句教包含四无和四有两条为学进路；无善无恶的含义包含好善恶恶，并以其为根本。这两点分别保证了四句教的普遍性和无弊性。后世往往忽视这两点，质疑和批评也就由此而起。[④]此外，汪学群从钱德洪“四有”与王畿“四无”、王阳明对“四句教”的完整解读、阳明后学的评判与论争等三个方面，对这

---

①安尊华：《从王阳明到梁启超：知行合一新论》，《孔学堂》2019年第3期。

②吴光：《知行合一重在行——王阳明“知行合一”论的重点与当代启示》，《王学研究》2019年第1期。

③［日］中根公雄著、胡嘉明译：《王阳明之“知行合一”论》，《贵州文史丛刊》2019年第1期。

④傅锡洪：《王阳明“四句教”解义及辩证》，《哲学研究》2019年第7期。

一问题做了思想史意义上的考察。[①]曹伟嘉从四句教与《大学》八条目的关系、四句教第一句与其余三句的关系两个方面，论述了阳明四句教的格局。[②]

龚晓康以“四句教”为中心，考察了王阳明论“恶”之缘起及去“恶”工夫问题。指出：王阳明“四句教”围绕善恶问题而展开，其理论前提为“仁者与天地万物为一体”。心体作为无限感通的一体之仁，超越善恶的相待性，此即“无善无恶心之体”；心之应物起念处即是意，一体之仁遂有感通与阻隔之别，此即“有善有恶意之动”；而一体之仁的感通或阻隔，皆能为良知所自然明觉，此即“知善知恶是良知”；行事上磨练之工夫，涤除私欲执着之障蔽，以恢复心体之感通，此即“为善去恶是格物”。“四句教”对于“恶”之问题有着完整而清晰的阐明：心体无恶，表明“恶”为非本体性的存在；意动有恶，表明“恶”具有因缘和合的性质；良知知恶，表明“恶”能为主体所明觉；格物去恶，表明“恶”能为工夫所破除。其间涉及道德本体之确立、伦理责任之承担、自由意志之可能、道德行为之价值等问题。王阳明不但构建起了融本体与工夫为一贯的修证体系，亦构建起了心学之道德形上学。[③]

马俊、邓国元具体就“四句教”中的“无善无恶”展开了辨析。马俊通过评述围绕“无善无恶”的八家说法之得失，并结合阳明思想之整体倾向，探讨了心体作为“无心之心”的本体意涵，指出：良知与心体存在显隐之别，二者是一种“潜在蕴涵”的关系。“无善无恶心之体”兼指本体与境界，其真实意涵在于描述心体明莹无滞、不染尘累的本然状态，而“至善者心之本体”中的“至善”二字乃是叹美之辞，与伦理意义的善恶无关。“四句教”是阳明晚年试图化解其学说内部紧张的学术总结，折射

①汪学群：《阳明学“四句教”解读与评论之思想史考察》，《船山学刊》2019年第5期。

②曹伟嘉：《阳明四句教格局刍议》，《理论界》2019年第8期。

③龚晓康：《“恶”之缘起、明觉与去除——以王阳明“四句教”为中心的考察》，《哲学研究》2019年第7期。

了中国思想史的深层张力。[①]邓国元、秦佳慧认为：阳明提出“四句教”的时间，当在嘉靖四年十月至嘉靖五年春末之间。心体“廓然大公”与“无所偏倚”的本质，是“无善无恶”的基本义理，“无善无恶”的提出，是对心体“廓然大公”“无所偏倚”本质的概括。[②]

“天泉证道”和“龙场悟道”，是王阳明思想发展过程中两个重要的思想事件，程海霞、邓国元分别对此进行了考察。程海霞从义理层面对王阳明的龙场悟道进行了考察，指出：王阳明龙场悟道，在义理上有其“来龙”与“去脉”，“来龙”依次体现为“箪瓢”之乐、“无欲见真体”、“超然”之乐以及“寒根固生意”等；“去脉”大体呈现为“静坐”“知行合一”以及“三教关系”等。[③]邓国元以束景南“王门八句教”为中心对“天泉证道”进行了考察，指出：“天泉证道”是围绕“四句教”而发生的思想史事件，“天泉证道”是证“四句教”之道。束景南先生“‘天泉证道’是证‘王门八句教’之道”之说，大有可商榷的余地。阳明“无善无恶”说的基本意旨，在于揭示心体“廓然大公”的本质，彰显良知本体形而上的超越性。“四句教”以本体工夫合一为基本立场，是阳明“天泉证道”中“彻上彻下”的教法宗旨。[④]

“立诚”说是王阳明在提出“致良知”话头前的为学问头脑，在其思想中具有重要的地位，王磊、杨亮军、王艳等学者围绕这一话题展开了研究。王磊深入分析了王阳明“立诚”说的内在逻辑，指出：王阳明的“立诚”说是一个自成逻辑体系的思想蕴涵：一是诚其必为圣贤之志向，以此确立人生方向和为学动力；二是立其纯乎实理之诚体，此是圣人之为圣人的核心因素；三是诚其好善恶恶之情感，此是为善去恶而恢复纯乎实理之

①马俊：《“无善无恶心之体”义解——王阳明“四句教”首句宗旨新探》，《中国哲学史》2019年第4期。

②邓国元、秦佳慧：《“廓然大公”与“无所偏倚”——王阳明“四句教”之“无善无恶”原义探微》，《贵州大学学报（社会科学版）》2019年第4期。

③程海霞：《王阳明龙场悟道的“来龙”与“去脉”略诠》，《扬州大学学报（人文社会科学版）》2019年第3期。

④邓国元：《王门“天泉证道”探释——以束景南先生“王门八句教”为中心的考察》，《中国哲学史》2019年第5期。

诚体的直接动力；四是实其为善去恶之行为，此是恢复纯乎实理之诚体而成就圣人人格的落实下手处。“立诚”说将王阳明当时的学术理论和修养功夫尽数收摄在内，但因“立诚”说不能直接表述知善知恶之明这一维度，王阳明最终放弃了“立诚”话头而转向“致良知”头脑。[①]杨亮军、王艳以王阳明“立诚”思想为中心，考察了明代“举业”与“圣学”之间的关系问题，指出：在“举业”与“圣学”的问题上，王阳明从自己的亲身经历出发，以心学思想作为阐述基础，认为“举业”与“圣学”并不存在无法调和的矛盾冲突，只要做好“立诚”的功夫，就能平衡两者之间的关系，获取举业的成功，并且能够更好地实现修齐治平的政治理想。[②]

陈清春就王阳明思想中“良能”概念的理论意义进行了阐释，指出：王阳明晚年的良知学在“知行”问题上区分了“良知”和“良能”两个概念，并通过“知行本体”的内涵变化，赋予“良能”概念以“好恶”的新含义，这一含义在其心学思想的理论建构中起着关键性的作用。在本体论上，“良能”的“好恶”含义：一是阐明良知的爱敬感受与是非善恶的道德认识之间意识关系的桥梁，二是蕴含着并昭示出天理的全体内涵，三是解决“无善无恶”问题的一个重要的理论依据。在工夫论上，“良能”的“好恶”含义，不仅是道德认识的先天根据，也是道德行动的先天根据，因而成为道德实践的价值方向和内在动力的共同基础。[③]

何彦彤逐层分疏了王阳明的“忠恕一贯”思想，指出：程朱理学主张“忠体恕用”，王阳明从体用一源的角度将“忠恕”视为混一之整体。心即是理，在主体性道德高度挺立的前提下，忠恕被绾摄入心体中，体现了其“致良知”教的一贯之旨。心学立场下的“忠恕”被视为修养工夫的关键，体现了王阳明对“内圣与外王”高度一贯的追求。“忠恕一贯”思想

①王磊：《王阳明“立诚”说的内在逻辑蕴涵》，《中国哲学史》2019年第1期。

②杨亮军、王艳：《明代“举业”与“圣学”之间的紧张关系及其弥合——以王阳明“立诚”思想为中心》，《天府新论》2019年第2期。

③陈清春：《王阳明“良能”概念的理论意义》，《中国哲学史》2019年第3期。

表明，王阳明心学是一注重“行”的哲学，后人对其虚玄蹈空的指摘是难以体现其哲学价值的。[①]汪学群从本体与工夫一致、工夫内涵及特征、工夫达于本体的过程等三个方面，探讨了王阳明在本体与工夫关系问题上的主张。认为王阳明把本体与工夫提升到前所未有的高度，本体与工夫合一或统一是王阳明思想的内在逻辑。[②]龚开喻从王阳明对《大学》、对儒家经典、三教异同、万物一体的理解，考察了王阳明对体用关系的理解与运用，指出：王阳明两种不同的体用结构：一是体用一源、圆融一体的同质同层的体用结构，二是异质异层、既分又合、有主有从的“主—从”式的体用关系。这两种体用结构既互相相关，又存在着张力。[③]

黄明同考察了王阳明“一体”论的理论意义及其社会价值问题，认为：王阳明的“一体”论主要体现在“心即理”与“仁者以天地万物一体”两个命题中。“一体”论揭示了宇宙为一体，天下犹一家，蕴含了世界具有统一性的理论取向，是马克思主义传进中国之前最具高度、最为深刻的宇宙整体观。其社会意义在于：对阳明所处时代的救赎，对当今家国建设的启迪，可以为构筑人类命运共同体提供理论支撑。[④]段重阳探讨了王阳明在未发已发问题上的看法，指出：在阳明那里，“未发”是伴随着“已发”而给出的。“未发”作为一种根本性的“能”，意味着人格存在的整体和意识行为的自身同一，“未发”只能在“已发”的进行中伴随着给出自身，且意味着一系列已发活动的统一。这种统一意味着“未发”必须经由“已发”而实现自身的变更，即致良知工夫只有在每一个“已发”处实行才能实现“未发”的整体转变。[⑤]“颜子没而圣学亡”是王阳明关于儒家道统思想的一个重要命题，在中晚明思想界有着巨大影响。彭丹在晚

①何彦彤：《王阳明“忠恕一贯”思想探赜》，《武汉理工大学学报（社会科学版）》2019年第1期。

②汪学群：《本体与工夫之辩——兼论王阳明思想的内在逻辑》，《贵阳学院学报（社会科学版）》2019年第1期。

③龚开喻：《“一体”与“主从”：王阳明对体用关系的理解与运用》，《赣南师范大学学报》2019年第4期。

④黄明同：《阳明“一体”论的理论意义及其社会价值》，《江南大学学报（人文社会科学版）》2019年第4期。

⑤段重阳：《作为人格存在的良知：王阳明论未发已发——兼论与朱子中和说之区别》，《贵阳学院学报（社会科学版）》2019年第6期。

近学界已有研究的基础上对阳明此语进行了审视，重点考察了阳明此语的来龙去脉以及所引发的巨大思想效应。[①]

对王阳明思想进行多维度诠释和阐发，既可以再现王阳明思想的丰富性和多向度，也为王阳明思想注入了现实性和生命力。李旭、朱晓鹏、刘笑非、贾庆军、陈振杰等学者就王阳明的圣人观集中进行了阐发，李旭指出："心之良知之谓圣"，是王阳明基于其良知学的新圣人观。其圣人观有一个发展丰富的过程，在"人伦之至"这一基本含义中，融摄了聪明睿智的智性维度，最终迈入了"赞天地之化育"的至诚至圣境地。王阳明基于"良知"思想的圣人观，具有道中庸和极高明的双重维度。学界通常根据阳明及其后学"见满大街都是圣人"的话头，认为阳明心学将儒家圣人观通俗化平民化了，此观点有一定的合理性，但不够全面。[②]朱晓鹏以王阳明思想为中心，考察了圣人如何可学而成的问题，指出：王阳明结合自己的躬行实践，对"圣人如何可学而成"难题实现了根本性的突破，不仅找到了适合自己的成圣之路，使得自我本心与圣人之道能够吻合统一，而且揭示了"凡人"如何可学而成为"圣人"，从而很好地解决了"人虽有限而可无限"的重大难题，实现了"圣凡一体"的可能性，形成了阳明心学所独具的主体性、平民性和实践性特质。[③]

此外，刘笑非以宗教多元论理论为依据，考察阳明心学对"圣人"的具体阐释，指出：从本体论上看，阳明认为圣人之心与常人之心在本体上是相同的，都是与终极天理合而为一的，这是其圣人可学而至的基础；从功夫论上看，阳明强调圣人在"生知"方面有优势，但常人可以通过"学知"的方式达到圣人的高度；从道德践行的角度看，阳明认为圣人是从两个方面进行的，一方面是个人的自我修养，另一方面是建立在此基础上的

---

①彭丹：《"谈圣学者莫不曰"——"颜子没而圣学亡"的思想效应》，《孔子研究》2019年第4期。

②李旭：《道中庸而极高明：论王阳明良知学圣人观的双重维度》，《浙江学刊》2019年第1期。

③朱晓鹏：《圣人如何可学而成？——以王阳明思想为中心的考察》，《杭州师范大学学报（社会科学版）》2019年第3期。

忧国救民的道德实践。[①]贾庆军、陈振杰论述了王阳明“大人”思想及陷阱，指出：阳明一生追求“大人”之学，“大人”就是以天地万物为一体之人，“大人”之学也是良知之学。“大人”之学隐含着四个陷阱：没有良好制度保证的良知“大人”，将是空中楼阁；良知心学不是现代自由主义，不能带来现代的自由平等；对良知“大人”的不当追求可能导致道德绑架；大小之对立会人为地制造分裂和敌对。[②]

从政治哲学的视域对阳明学进行解读，是近年来阳明学研究的一个新趋向。彭国翔将中晚明的阳明学作为一个整体，从政治取向的角度，深入分析了“得君行道”与“觉民行道”两种不同政治取向的涵义及其关系，对阳明学所蕴含的“民众政治主体”观念以及儒家传统的政治理想予以了现代的分析和评价。具体对如何理解阳明学者在“得君行道”之外所另行开辟的“觉民行道”路线、如何理解“觉民行道”和“得君行道”在阳明学中作为两种不同政治取向之间的关系、如何理解阳明学中所隐含的“民众政治主体”观念及其所面临的困难、如何才能建立儒家的政治主体并实现儒家的政治社会理想等问题展开了讨论。[③]朱承认为阳明学研究的政治维度呈现为三种形式：一是以王阳明之政治军事事功为中心的政治史考察；二是以阳明学所蕴含的理论品格、精神气质为中心的思想史考察；三是以阳明学之核心概念、命题以及社会教化活动为中心的政治哲学考察。对阳明学上述三种形式的政治维度考察，特别是对阳明学政治哲学思考，可以拓展中国传统政治哲学的研究领域。[④]

在王阳明社会治理思想的研究方面，崔树芝探析了王阳明的乡治思想，认为：王阳明的乡治思想主要体现在乡约实践中，在乡约由民间走向官方，由地方走向全国的发展过程中，王阳明是过渡性的人物，他既焕发

①刘笑非：《圣人可学而至——宗教多元论视野下的阳明心学“圣人”观》，《王学研究》2019年第1期。

②贾庆军、陈振杰：《王阳明“大人”思想及四个陷阱》，《宁波大学学报（人文科学版）》2019年第3期。

③彭国翔：《阳明学的政治取向、困境和分析》，《深圳社会科学》2019年第3期。

④朱承：《阳明学研究的政治之维》，《贵阳学院学报（社会科学版）》2019年第4期。

了乡约的新生命，在某种程度上也牺牲了乡约的民间自治精神。王阳明的乡约实践借助于行政权力，但不能简单理解为官方性质。与宋儒得君行道不同，王阳明选择觉民行道，并以书院讲学为主要载体。书院与乡约呈现体用或本末关系，乡约是书院讲学的延伸，是良知发用的治民事业，目的在于移风易俗。王阳明的乡治思想对当前的乡村振兴具有重要的启发意义。[①]此外，余治平以《南赣乡约》为中心，论述了王阳明的美政美俗旨归以及乡村治理设计问题，指出：对“同约之人”进行“彰善”和“纠过”，构成《南赣乡约》两个基本功能和要求，目的在于使人做“良善之民”，营造出“仁厚之俗”。[②]

在王阳明教化及教育思想的研究方面，向辉对王阳明的教化哲学展开了研究，认为：王阳明教化哲学是“敬”的成人之教，“敬”是学的起点，具体而言，可谓之立志；“敬”基于事，无事则无敬，阳明学所揭橥的“事上磨炼”即本于“必有事焉”，并以之为为学的起点；“敬”首先是一种对于先圣先贤的亲近，儒者注重经典的传承和诠释，正是在尊经重道的传统中，尊德性和道问学成为理学家的共同话语；教育的目的则是“修己以敬”，即以德行和文化作为教育的鹄的，提升教者和学者的生活能力，改良其人格品性，改善其生活的品质，并以此促进社会的和谐与发展。[③]王雅克、陈华森以《告谕》为中心，论述了王阳明的社会教化思想，指出：王阳明的社会教化思想，旨在通过教化民众，实现民风的改善，达到稳定社会秩序、巩固政治统治的目的。《告谕》的颁布起到了引导社会舆情的政治宣传作用，为相关政策的推行奠定了思想基础，取得了“敦教化厚风俗”的显著效用。对当前移风易俗、构建和谐社会有着重要的借鉴

①崔树芝：《从书院到乡约——王阳明乡治思想研究》，《黑龙江社会科学》2019年第5期。

②余治平：《“彰善”“纠过”与儒家的“以礼化俗”——王阳明〈南赣乡约〉的美政美俗旨归与乡村治理设计》，《伦理学术》2019年第1期。

③向辉：《敬道心筌：王阳明教化哲学的“学—教”洞见》，《教育史研究》2019年第3期。

意义。[1]此外，石霞以《训蒙大意》《教约》为中心，探究了王阳明的儿童教育思想，指出：王阳明针对当时儿童教育之弊病，着眼于童蒙教育的特点、儿童的性情特征及其身心发展的实际，重申了儒家传统“明伦成德”的教育宗旨，提出顺情导性、循序渐进、因材施教的教育原则，并以“歌诗”“习礼”“读书”为具体的教育内容，凸显了一代大儒强烈的社会责任感与人文关怀。[2]

李强探析了王阳明的友朋观，指出：王阳明所论之友朋，主要是指包含同学在内的志同道合之友。王阳明认为友朋重在道德与识见，与年龄和地位无关。理想的友朋需要放下姿态去寻找，指正友朋错误时要讲究方式方法。友朋是修行圣学的重要助力，友朋间的切磋砥砺是精进学问的重要方式。王阳明对于友朋的特殊强调，与阳明心学的内在修行路径及其学说传播之需要密切相关。[3]赵志浩辨析了王阳明仁孝观，指出：王阳明继承了宋儒以“体”“用”解释“仁孝”关系的做法，认为“孝”是“仁”体之用，体认万物一体之“仁”需从对父母尽孝开始，然后延伸到国家天下乃至宇宙万物。强调超越家庭伦理之爱，在行孝尽孝基础上逐步扩大爱的对象，直至达到体恤万物的“仁”之境，体现了其对待“仁”“孝”关系的既入世又超越的辩证思路。[4]

单虹泽阐发了阳明心学的劳动观，指出：良知概念是一种具有普遍性的自由意志，它的提出为四民平等奠定了本体论的基础。因世人的一切劳动都是良知的呈现，因而在遵循道义前提下的追求私利也往往被视为合理的行为。在“万物一体”视域内，士农工商都是为社会创造公共价值的重要力量，他们能够充分发挥各自的才干，在谋求私利的同时增进社会的公

①王雅克、陈华森：《王阳明〈告谕〉中的社会教化思想研究》，《保定学院学报》2019年第5期。

②石霞：《王阳明儿童教育思想管窥——以〈训蒙大意〉〈教约〉为中心》，《国际儒学论丛》2019年第1期。

③李强：《道谊日相求：王阳明友朋观探析》，《文化学刊》2019年第1期。

④赵志浩：《“仁”与“孝”的矛盾与超越——王阳明“仁孝”观辨析》，《河北青年管理干部学院学报》2019年第1期。

利。[①]李铭以《传习录》为中心，探讨了王阳明的自然法思想，认为：王阳明"以儒为主，兼通释道"的哲学体验，突破了传统儒家法思想的一般认知，阐发了人本主义与思想解放的先声，并以"本心"得失作为社会观念和法律制度的正义性基础，在中西自然法思想辨析中具有重要的法哲学意义。[②]

王胜军阐发了王阳明的良知史观，认为其具体表现为以下三个方面：良知作为意所构建的形器世界的法则，是实有而非虚无，万事万物及人类历史均在其发用流行之中呈显；王道理想的根本精神在于良知而非外在制度和言行，良知依托于圣贤君子这一人文力量，最终决定着人类历史的治乱兴衰；良知是历史意识构建的标准，应该以良知为准衡，删隐恶迹，减少习染对人类心灵的遮蔽。王阳明的良知史观对虚无主义、功利主义做了批判，深刻和充分地表现了人作为历史发展主体的意义。[③]钱明论述了王阳明的军事思想，讨论了兵学与心学、用兵与用心的关系问题，指出：从根本上说，王阳明是把人、人心、圣心放在了最为重要的位置，他虽强调体用不二、内外合一，但在实际战事中却始终把本心、良知作为最终目的。与破山中贼、兵学、武备之策、机数、成功等形而下的"用"和"术"相比，阳明更重视破心中贼、心学、致良知、万物一体之仁、成圣等形而上的"体"和"道"，这正是其不同于一般军事家乃至军事战略家的根本之处。[④]黄昊对阳明思想中蕴含的生态智慧进行了阐发，认为："天地万物一体""万物一体之仁""良知上自然的条理""存天理去人欲""知行合一"等理念蕴含有生态思想、生态智慧和践履特性，可以为生态文明建设提供一种不同于以往、不同于国外的思想文化基础，可以丰富生态文明建

①单虹泽：《论阳明心学的劳动观——从明代的商品经济到"万物一体"》，《特区实践与理论》2019年第4期。

②李铭：《王阳明〈传习录〉的自然法思想寻隐》，《教育文化论坛》2019年第1期。

③王胜军：《论王阳明的良知史观》，《王学研究》2019年第1期。

④钱明：《王阳明的兵学术及武备策》，《浙江学刊》2019年第1期。

设的思想文化理论基础，对生态文明建设有着重要的意义与作用。[①]

本年度，还出现了多篇以王阳明为研究对象的硕士学位论文。王明从良知“见在”的含义、“见在”与良知的三层含义、“见在”与良知的当下呈现、良知的“好恶情感”与“是非判断”的区分和张力、“见在”与工阳明的致知工夫等方面，对王阳明良知说的“见在”观念进行了探讨。[②]曾燚从“万物一体”视域，对阳明之“意”进行了考察，对如何建构“意”与“气”“心”“知”“物”的关系、“性”之善恶与“行”之善恶、“意”论的超越之处以及如何“诚意”等展开了具体论述。[③]王志刚从“念”与“意”之辨、“念”之不可息及其依据、“念”的本体意义、“念”的现象意义、“克念”的工夫论、“良知之念无碍流行”的圣人境界等方面，论述了王阳明“念”的思想。[④]周阳平从学术背景、思想内涵、“乐”的遮蔽、复“乐”工夫等方面，对阳明“乐”思想进行了全面系统地诠释。重点从“一体之乐”“真我之乐”“良知之乐”三个角度来诠释了阳明“乐是心之本体”命题的内涵。[⑤]李明书以《大学问》和《传习录》为中心，研究了王阳明“一体之仁”思想的内涵，及其思想发展的脉络。[⑥]提秀华从王阳明的心路历程、良知本体论、良知工夫论、良知境界论等方面，对王阳明的良知论进行了探究。[⑦]

此外，赵玲漫从王阳明政治哲学的背景、构成、实践以及影响与困境等方面，对王阳明的政治哲学展开了具体论述。[⑧]王龙从为学的历程、为学的内容、为学工夫、为学指向等方面，探究了王阳明的为学思想，指出：

---

①黄昊：《阳明文化中蕴含的生态思想研究》，《贵州社会科学》2019年第2期。

②王明：《王阳明良知说的“见在”观念研究》，武汉大学硕士学位论文，2019年。

③曾燚：《“万物一体”视域下王阳明“意”论研究》，山东大学硕士学位论文，2019年。

④王志刚：《王阳明“念”的哲学研究》，山西大学硕士学位论文，2019年。

⑤周阳平：《王阳明“乐”之哲学研究》，贵州大学硕士学位论文，2019年。

⑥李明书：《王阳明“一体之仁”思想研究》，东北师范大学硕士学位论文，2019年。

⑦提秀华：《王阳明良知论研究》，河北大学硕士学位论文，2019年。

⑧赵玲漫：《王阳明政治哲学研究》，云南大学硕士学位论文，2019年。

王阳明为学的内容是良知之学，良知之学具有为己之学、人情物理之学、万物一体之学三重内涵；其为学思想有学以为政、学为圣人、学以挽复三代之治等三种指向，也是为学的三重境界。[①]吴媛媛从王阳明理欲思想的形成背景和内涵、王阳明“存天理去人欲”的论学工夫、王阳明理欲思想的影响及其当代价值等方面，探析了王阳明的理欲思想。着重论述了“存天理去人欲”的必要性，批判了将儒学作为理论知识弥补现代的工具理性独尊格局，阐发其对当下社会人格的修复与主体的真正觉悟的意义和价值。[②]刘大榕结合王阳明的教育实践和事功意识，研究了王阳明的“心性实学”思想。从王阳明“心性实学”产生的历史背景、王阳明“心性实学”教育实践的核心和主要内容以及影响等方面展开了具体论述。认为王阳明之学融合了心学和实学，是一种“心性实学”思想。[③]

二、阳明后学研究

随着阳明学研究的不断深入和拓展，关于阳明后学的研究，近些年来成为学界关注的一个重点和热点议题。可以说，“阳明后学”已然成为阳明学研究中的一个独立领域。本年度，在阳明后学研究方面亦取得了丰硕的成果。研究的议题，既涵盖了阳明后学的整体性研究，也包含了阳明后学学派和人物个案的研究。就学派而言，泰州学派、黔中王门是关注的重点；就人物个案而言，刘蕺山、王艮、王龙溪是关注的重点；理欲关系问题，是整体性研究中的核心议题。

在阳明后学的整体性研究方面，随着阳明学研究的不断深化和拓展，学者开始关注阳明后学发展过程中的内在问题。其中，理欲关系问题，作为宋明理学的重要议题，也是阳明后学研究中的重要问题。在本年度，魏志远、刘增光、陈诗师等学者均对这一问题展开了研究。魏志远从总体上

①王龙：《王阳明为学思想研究》，上海师范大学硕士学位论文，2019年。

②吴媛媛：《王阳明理欲思想研究》，山东大学硕士学位论文，2019年。

③刘大榕：《王阳明“心性实学”及教育实践研究》，云南师范大学硕士学位论文，2019年。

阐释了阳明后学理欲观，指出：明中后期以来，为了消除心学末流耽空蹈寂、任情恣肆的思想流弊，部分阳明后学通过论证本心“生生不容已”的自然发用，强调人之本性是道德理性与自然欲求的统一，主张立根于本心，通过即体即用的诚意工夫达致寂感合一的良知本体并依心体发用。在现实层面，部分阳明后学为了维护民众的普遍性利益，限制统治者的私欲膨胀，将絜矩之道阐释为协调统治者个人欲望与民众社会性欲望的道德规范，赋予公私关系以新的内涵，进而发展了王阳明的亲民思想。[①]刘增光分析了阳明后学对欲之合理性的论证及其思想意义，指出：阳明后学中出现了肯定欲的思想现象，强调性与欲的相即一体关系，认为欲不可能消除，乃至从道统论的层面上揭示出“圣学以欲始，以欲终”的命题。这一思想现象，一方面意味着阳明学士人从生命整体的视野来看待人性，颠覆了程朱理学的人性论；一方面在道德价值的基础与动力上，揭示出了作为价值感受的好恶正是人人所同，这才是通“人我为一体”的理想社会形成之基础。从儒学史的发展脉络来看，清代乾嘉儒者的新义理学以好恶言说性情和诚意乃至《大学》八条目，正与阳明学重诚意和以好恶言良知有一致之处。[②]陈诗师具体论析了阳明后学何心隐的理欲观，指出：何心隐在继承泰州学派思想的基础上，进一步对人欲进行了深刻的思考和较为全面的探讨，具体表现为：肯定“欲”存在的合理性、批判“无欲”、主张“寡欲”“育欲”“与百姓同欲”，形成了极具启蒙意义的理欲观。[③]

此外，朱承就阳明后学的道德信念与伦理实践展开了论析，认为阳明后学的道德信念主要体现在对王阳明个人的信念、对良知的信念以及对“万物一体”“三代之治”的信念等方面，其伦理实践主要表现在讲学和乡村社会教化活动中。阳明后学的道德信念与伦理实践，依旧是传统儒家

①魏志远：《阳明后学对理欲关系的新阐释》，《天府新论》2019年第2期。

②刘增光：《“可欲之谓善”——阳明后学对欲之合理性的论证及其思想意义》，《孔学堂》2019年第4期。

③陈诗师：《何心隐理欲观论析》，《哈尔滨学院学报》2019年第10期。

式的信念与教化活动，在新的时代里，既需要对这一传统予以重视，也需要重新反思其缺憾。[①]阮春晖论析了阳明后学中的神秘体验问题，认为：阳明后学的神秘体验都指向神妙道体，在悟得神妙道体后又能汲汲于谋道用道，将神妙道体与圣贤之道、人伦日用之道相联系，表现出道之神妙性与神圣性的合一，可称之为“神妙境界”。阳明后学的神妙境界，是其精神境界展开的一种方式，从不同侧面丰富和发展了阳明的良知学说，并以自身独有的学术特色在阳明心学中独树一帜，在中国儒学的整体构成中带有别样思想风貌。[②]张辉辨析了阳明后学的本体与工夫关系问题，指出：在“天泉证道”和“严滩问答”中，阳明提出了“即本体证工夫”和“用工夫合本体”两种为学路径，强调二者相资为用。王龙溪在阳明论述基础上进一步深化，指出工夫不离本体，本体即是工夫，二者相即不离，互证互成。针对割裂工夫本体关系所造成的流弊，晚明不断有学者批评辨正，尤以刘蕺山为集大成。刘蕺山一方面讲本体要通过工夫来证显，重视实做工夫的作用；另一方面又讲认定本体做工夫，重视本体的统领作用，认为二者相互依存，互相涵摄，互证互显，在究极上是合一的。蕺山完成了中晚明学界对本体与工夫关系之辨问题的总结。[③]

刘蕺山作为“王学殿军”，在本年度受到了学界高度的关注。武文超、王驰、雷震、燕连福等从“四句教”切入，展开了对刘蕺山思想的研究，论述了其对明清学术转型的影响。武文超从本体、工夫、境界三个层面，解析了刘蕺山对阳明“无善无恶”思想的发展，指出：刘蕺山批评王阳明“四句教”和王畿“四无说”，提出了自己的“四句教”，强调心体只是个“有善而无恶”。在其晚年重要著作《人谱》中又明确提出并详细地阐发了心体“无善无恶”的思想，作为其心性理论的基础。蕺山学说在

①朱承：《阳明后学的道德信念与伦理实践》，《伦理学术》2019年第1期。

②阮春晖：《阳明后学中的神妙境界》，《邵阳学院学报（社会科学版）》2019年第3期。

③张辉：《中晚明学界中本体与工夫关系之辨》，《特区实践与理论》2019年第4期。

思想史上作出了承先启后的重大贡献，对明清实学产生了重要的影响。[1]王驰、雷震探析了刘宗周视域中的“四句教”问题，认为：刘宗周借助于理学、气学的理论资源，以“意”为中心，通过整合理学诸范畴，在蕺山学视域中批评了“四句教”中对“意”的定位，将“意”提升至本体高度，并区分了“意”与“念”，将“知”“好”皆纳入“意”中，“意”由此得以从本体界贯穿至经验界，将儒学心性论所欲凸显的人的主体性推向了极致。这种改造使得心学更加内向，也更加超越，导致刘宗周在通过“意”确认人的自由意志的同时，为了统一成德标准，又不得不回归到“以孔子之是非为是非”，走向了阳明学的反面。在一定程度上，将阳明学所忽视的客观世界无意间带入蕺山学中，埋下了反理学的种子，为明末清初学风的转变开辟了道路。[2]燕连福、王驰论述了刘宗周对阳明四句教的批判与重构，指出：刘宗周针对当时阳明学流弊横行之现状，通过与阳明后学辩难，不仅批判了当时流行的禅学化心学及其理论源头“四无”说，更是依据自己的“慎独”“诚意”思想，对阳明四句教进行了批判。他批判了阳明四句教中对“心”“意”的界定，认为“意”是“心之所以为心者”，肯定了“意”所具有的本体特征。并对“意”与“念”进行了区分，不仅肯认了“意”所具有的道德属性，还将“知”“好”等认知属性也归于“意”，使得“意”贯穿本体界和经验界，为“诚意”张本。他又借助于其他理学学派的理论资源，以“意”为核心，对阳明四句教进行了重构，将阳明学所忽略的现实世界纳入格致的范围，成为了实学兴起的先声。[3]

丁思伟、邹建锋探讨了刘蕺山对王阳明良知学的发展，认为其从批评儒佛合流、讨独知、讨意根、转念、率念与化念等多个角度修正了阳明

---

①武文超：《刘蕺山对王阳明“无善无恶”思想的发展》，《中国哲学史》2019年第3期。

②王驰、雷震：《内向与超越——刘宗周视域中的“四句教”》，《南昌大学学报（人文社会科学版）》2019年第4期。

③燕连福、王驰：《试论刘宗周对阳明四句教的批判与重构》，《浙江社会科学》2019年第12期。

后学。[①]吴天寒以刘蕺山对《大学》《中庸》的诠释为例，分析了蕺山学对德性本体的重建问题，认为：在阳明后学使心性学发生了异变，宋儒所建立的先验德性本体面临消解的背景下，刘蕺山厘清了《大学》中以诚意为宗的心、意、知、物等修身工夫，以及《中庸》所具形上色彩的人心与道心、气质之性与义理之性。最后合道心、人心为一心，合气质之性、义理之性为一性，再合心与性为一体，并在强调以诚意、慎独作为核心的工夫的基础上，重建了德性本体，在思想史上产生了重要的影响。[②]张慕良以《阳明传信录》按语为例，认为刘宗周对于王阳明思想的“批评”，实际是其对于“致良知”的“误读”。刘宗周继承“湛学”的思维模式，将具有现象学意义“自明性”前提的自然存在的“良知”，理解为可界说的“知识性”存在，这种解读方式在学理上乃是“心学”之倒退。[③]冯前林论述了刘蕺山对《大学》理解以及其对王阳明的批判，指出：刘蕺山认为《大学》主旨乃“诚意”，并对阳明的良知学说进行了批判，在批判的过程中亦有所维护。王阳明的“良知”“致良知”与刘蕺山的“意根”“诚意”，并不如黄宗羲所讲两者无甚分别，亦不如牟宗三所言两者“地位及层次皆相等”：“良知”相较于“意根”来说，更为浑融宽阔；“诚意”则是针对“致良知”所未加以突出强调的葆任源头处的洁静精微而发。[④]

此外，张瑞涛分析了刘宗周师弟子的人格气象，认为刘宗周师弟子群体人格气象具有三重面向：因明清易代，刘门师弟子殉节尽义，忠孝气节精神与日月齐辉，尽显忠义人格气象；刘门师弟子入仕谋政则尽心治国，出世读书则重经世实学，言性命之理不舍匡济实策，治学路向和事功实行皆强调学以致用、经世开物，反对谈虚说玄、空论矫作，展露出经世人格

①丁思伟、邹建锋：《阳明后学刘念台“讨意根”对良知学的再推进研究》，《教育文化论坛》2019年第4期。

②吴天寒：《试论蕺山学对德性本体的重建——以其对〈大学〉〈中庸〉之诠释为例》，《昭通学院学报》2019年第6期。

③张慕良：《刘宗周对王阳明思想的“误读”——以〈阳明传信录〉按语为例》，《北京师范大学学报（社会科学版）》2019年第4期。

④冯前林：《“致知”与“诚意”之间——刘蕺山论〈大学〉主旨及对王阳明的批判》，《哲学动态》2019年第6期。

气象；刘门师弟子视“自得”为治学根本，更以学以自得为价值追求，强调为学不求苟同先儒，但求言出有理，其著述立说的自得精神彰显了创新人格气象。[①]日本学者早坂俊广辨析了刘宗周与史孝复在“意为心之所存”问题上的争论，指出：刘宗周晚年提出了“意为心之所存”命题，史孝复坚持王阳明“知为心之所存”立场而反对这一命题，认为会引发不必要的误解。进而刘宗周提出了“意为心之本体”“好善恶恶意之动”，史孝复指出由此而来的“存”之工夫无法践行。于此可见，虽然与王阳明的提法有所不同，但刘宗周始终坚持与王阳明思想的一致，努力融纳史孝复的批评，黄宗羲的相关批判有失公允。[②]

在阳明后学研究中，学派研究历来是一大重点。在本年度，泰州学派和黔中王门，受到了高度的关注。在泰州学派的研究方面，主要涉及泰州学派的创始人王艮、泰州学派后劲罗汝芳，以及泰州学派的平民讲学等方面。李承贵认为王艮对阳明心学的独特贡献主要有以下三个方面：一是致力讲学，扩大了阳明心学的影响；二是侍讲阳明和筹建书院，为阳明心学的传播提供了实际的助力，三是广招弟子，壮大了阳明心学的队伍；四是阐发义理，使阳明心学思想得以传承和弘扬。[③]高正乐探讨了王艮晚年工夫论，指出：王艮根据古本《大学》，将“八条目”划分为三个次第：一是“格物致知”，即在以身格家国天下的过程中认识到吾身为本，吾身应当达到的至善境界；二是诚意，即躬身践履，把“格物致知”的内容实现出来；三是正心以及修齐治平，即在践履过程中自觉本心，使本心在吾身与世界的交接过程中真体存存，进而将本心推扩到一家、一国乃至天下，最终达到至善之境。王艮的工夫论特重践履，对阳明心学的发展具有重要意

①张瑞涛：《论蕺山学派刘宗周师弟子的人格气象》，《孔子研究》2019年第4期。

②[日]早坂俊广著、申绪璐译：《论刘宗周思想的意与知——从与史孝复的争论来看》，《浙江社会科学》2019年第8期。

③李承贵：《王艮对王阳明心学的独特贡献——兼及若干相关问题》，《贵阳学院学报（社会科学版）》2019年第6期。

义。[①]杨浩阐释了王艮对四书的理解，认为：王艮并不注重历代的注释，而是强调文本自身的“本义自足”，将四书文本的阅读作为“印证”自心的手段。王艮最重《大学》，不仅表现在他颇为独特的“淮南格物”说上，也体现在对“止于至善”“诚意”工夫的特别重视上。其对《中庸》的“中”，对《论语》《孟子》的文本都有自己独到的理解。[②]

此外，张雨、武道房探究了王艮的圣人观，认为王艮通过将“天理良知”改造成“日用良知”，使玄虚神秘的天道等同于老百姓的日用；将一直备受推崇的君子之道——“舍生取义”新解为“立本安身”，关怀到百姓最基本的生存需求；将“乐”与“学”结合起来，将晦涩深奥的“圣人之学”转换为“至简至易之学”，打破了精英阶层对于教育的垄断。王艮把原本高高在上的圣人拉下神坛，重新建立起一套常人成圣论，力图填平圣人与平民之间的鸿沟。[③]赵胤论述了王艮对良知超验性的消除及其心学意义，指出：王艮逐渐消融了良知的超验性，在其视域下，良知的流变引起整个本体工夫系统的流变。在此过程中，呈现出民众化、自然人性论萌芽、民本主义萌芽等新情况，开启了心学在明清之际的新转向。[④]朱义禄阐发了王艮身本论及其对罗汝芳的影响，认为王艮的身本论有别于气本论、理本论与心本论，是一种新的理论形态。罗汝芳在构建自身思想体系时，兼容了身本论与王阳明的“良知”说，提出了“赤子之心”作为宗旨。

郭淑新、秦瑞波阐发了泰州后学罗汝芳的生命观，指出：罗汝芳的生命哲学以阳明心学为本，纳佛道思想为己用，以“赤子之心”替代阳明的良知本体，追求“万物一体之仁”的生命境界。罗汝芳的生命观，可以为解决现代人的生存焦虑提供理论借鉴，为当今社会进行生命教育提供学理

---

①高正乐：《王心斋晚年工夫论新探》，《孔子研究》2019年第4期。

②杨浩：《“印证吾心”与“本义自足”——王艮对四书的理解》，《儒家典籍与思想研究》2019年总第11辑。

③张雨、武道房：《人人皆圣：王艮对儒家“圣人说”的新解》，《安徽农业大学学报（社会科学版）》2019年第4期。

④赵胤：《心斋对良知超验性的消除及其心学意义探析》，《内蒙古电大学刊》2019年第5期。

启示与实践导引。[①]除了人物个案的研究外，唐东辉就泰州学派的平民讲学进行了整体性的考察，指出：泰州学派的平民讲学活动，以罗汝芳的“孝弟慈”思想为“实落处”。王艮的身本孝道观为其“孝弟慈”思想奠定了理论基础，颜钧对“圣谕六条”的阐释为其“孝弟慈”思想奠定了实践基础。罗汝芳在此基础上发展出泰州学派独树一帜的“孝弟慈”思想：在理论上，以本末观贯串“孝弟慈”，既以“孝弟慈”修己立本，又以“孝弟慈”率人达末；在实践上，则以乡约为载体，着力阐发“圣谕六条”。罗汝芳的“孝弟慈”思想，其实践意义在于，为泰州学派的平民讲学找到了落脚点；其理论意义在于，一方面为儒家的内圣外王之道提供了一种新的诠释方式，另一方面为“四民异业而同道”找到了更加坚实的理论依据。[②]

黄宗羲谓“阳明先生之学，有泰州、龙溪而风行天下”，除王艮及其泰州学派之外，关于王龙溪的研究也是本年度阳明后学研究中的一大热点和重点。陈晓杰以“凝”字为线索，考察了王龙溪在阳明学中的定位问题，指出：王龙溪历来被认为是阳明后学“良知现成派”的代表人物，但其著作中却有很多阳明后学“良知修证派”的代表性论述，如“凝”等。在王龙溪思想中，“凝”主要属于工夫论范畴，是以体悟本体为前提下所做的先天工夫，他关于“凝”“收摄”工夫论的表述也隐含了道教色彩。在成圣的阶段论上，王龙溪吸收了禅宗的顿悟渐修等理论思想。从对“外缘”以及“家事”的负面评价来看，他在思想上偏离了阳明学的万物一体精神。[③]邓国元对王龙溪语境中的“四有说”进行了考察，指出：王龙溪语境中的“四有说”，是指阳明“四句教”。判定“四有说”的依据不在是“至善无恶”还是“无善无恶”，而在“有善有恶意之动”。相对以“先天正心”为理论基础的“四无说”，“后天诚意”是龙溪语境中“四有

①郭淑新、秦瑞波：《罗汝芳生命观发微》，《理论与现代化》2019年第6期。

②唐东辉：《“孝弟慈”——论泰州学派平民讲学的“实落处”》，《贵阳学院学报（社会科学版）》2019年第2期。

③陈晓杰：《王龙溪在阳明学中的定位问题——以“凝”字为线索》，《湖北大学学报（哲学社会科学版）》2019年第3期。

说”的基本内涵。“四有说”体现了龙溪对阳明“四句教”的特定理解和定位。[①]

黔中王门是近年来贵州学者努力发掘并建构的一个阳明后学流派，本年度也得到了学界尤其是贵州学界的极大关注。其中，王阳明第二代弟子、黔中王门集大成者孙应鳌是研究的重点。张明以《四书近语》为中心，探析了孙应鳌的“仁本”心学思想，指出：其“仁本”心学思想体系，包括“仁本论”“求仁论”“工夫论”，具体探析了孙应鳌“仁本”心学思想的内涵、特点以及在阳明后学中的地位和作用。[②]王晓昕论述了孙应鳌的“《四书》学”，指出：孙应鳌在《四书近语》中，以大量篇幅对“四书”展开了颇具深度的讨论，形成了自己独具特色的“《四书》学”。如以“求之六经而一变至道”为其总纲，以“中”与“诚”为要旨，以“温故知新”为手法，对《论语·述而》篇“加我数年”章之“五十以学《易》”，发出“五十学《易》非五十之年岁学《易》，乃以五十之理数学《易》”的颠覆性惊人之语。[③]张新民对黔中王门大儒李渭的学行作了全面梳理。[④]王雅克对郭子章的治黔思想进行了分析，指出：郭子章针对贵州的基层社会治理取得的显著成效，为后世执政者提供了很多宝贵经验，其治黔的经验和思想对后来者有极大的借鉴价值。[⑤]

张卫红分析了江右王门邹守益的为政理念及其对江西地方官员的影响，指出：邹守益把为政之道区分为以私欲为政、以资禀为政、以学为政三个心性层面，这些理念对官员的学术倾向、文教举措、个人品行及心性

---

①邓国元：《论王龙溪语境中的“四有说”——兼论钱绪山在王门“天泉证道”中的观点立场》，《浙江社会科学》2019年第10期。

②张明：《黔中王门孙应鳌“仁本”心学思想探析——以〈四书近语〉为中心的研究》，《贵阳学院学报（社会科学版）》2019年第5期。

③王晓昕：《黔中王学大师孙应鳌及其“〈四书〉学”五题》，《贵州民族大学学报（哲学社会科学版）》2019年第1期。

④张新民：《黔中王门大儒李渭学行述要——〈李渭集〉序》，《贵州文史丛刊》2019年第2期。

⑤王雅克：《阳明后学郭子章治黔思想初探》，《孔学堂》2019年第2期。

工夫等方面产生了积极影响。他与江西地方官员的讲学、交游、通信、撰文等种种交往，都是实践并传播良知学政治理念的方式。[①]阮春晖辨析了周汝登的良知观，认为其良知观从阳明而来又异于阳明，突出表现在无物而物在、手持足行是道、自我现成三个方面。周海门的良知观，与其对良知本体地位的一再强调有关，它在思想定位、核心构成和作用流行等方面，与阳明之学的基本方向相符，可将之视为阳明之学在晚明的进一步发展。[②]林莉飒、邹建锋阐释了王阳明浙东衢州地区的重要亲传弟子徐东溪的神理良知论，指出：徐东溪从神理说、觉念归善与虚寂良知说三个层面，继承与发展了王阳明的良知学思想，对浙东地区阳明心学学术文化的传播和体认有着深远影响，以《东溪文集》为中心，从道德修养论方面具体分析了徐东溪的神理良知论。[③]

向世陵探析了杨东明心学的"广仁"说与同善呼唤思想，指出：杨东明从阳明学理气合一的观点出发，阐释了生生之仁，主张亲民爱物，以生名仁，生生之仁从"里面"生发出来。推此心于天下，父天母地，民胞物与，通天地万物为一体。万物一体既植根于天道的生机畅达，也依赖于人世的养心劝善，更立足于性命主体的存仁存生和赞天地化育的积极参与。"广仁"落实于救民众所急的生存关怀和"以遂吾大同之愿"的博爱实践。人能全仁，则生机所畅，泽及后裔，行善会带来更大的福报。杨东明倡导"同善"不回避利益的计度和报偿，但重点在宣扬克私为公，力求避免人世间的冷漠。从一体流行之气到内在生发之仁再到出以公心的善举，合力推动着他的同善呼唤。[④]

除了阳明后学学派整体及人物个案的思想研究之外，在阳明后学人物

①张卫红：《为政与良知——阳明学者邹守益的为政理念及其对江西地方官员的影响》，《中山大学学报（社会科学版）》2019年第1期。

②阮春晖：《周海门良知观辨析》，《伦理学研究》2019年第6期。

③林莉飒、邹建锋：《阳明后学徐东溪神理良知论研究》，《教育文化论坛》2019年第4期。

④向世陵：《杨东明心学的"广仁"说与同善呼唤》，《王学研究》2019年第1期。

学行、交游等方面也涌现了大量的研究成果。在《明儒学案》中，黄宗羲将周汝登与陶望龄一道划入了《泰州学案》，认为其是泰州学派罗汝芳之后学。龚开喻通过对陶望龄与周汝登交往的考察，指出：无论是从地域、思想传承还是自我认同来看，周汝登都属于王畿之后学，王阳明—王畿—周汝登—陶望龄，构成了阳明学在浙东传承的一条重要线索。[①]陈寒鸣通过对阳明后学在北京讲学活动的考察，指出：阳明后学承继阳明重视讲学、以为不讲学不足以明道的思想精神，以讲学为事、以讲学为乐，使中晚明的心学思潮与讲学运动密不可分。[②]郭翠丽对潘士藻的交友作了考述，指出：潘士藻师承泰州学派耿定向，属阳明后学，亦笃信李贽之学。与李贽性情相似、志趣相投，与同门焦竑情谊契合、亲如兄弟，晚年和“公安三袁”成为文学上的同道者。[③]此外，邹建锋、王迪对王阳明在湖州地区的3位亲传弟子、11位再传弟子作了详细考述。[④]张宏敏考述了浙中王门学者黄绾与泰州王门学者的交游。[⑤]

在有关阳明后学的研究中，本年度也出现了一大批硕士学位论文值得关注。尤源对刘宗周的心学思想作了整体性的考察，指出：蕺山之学始终是围绕着矫正晚明阳明后学之失、重建道德理性本体而展开的。在学术立场上，蕺山以阳明心学为基础，容纳吸收了程朱理学和张载的气学的某些因素，对明代中后期的心学思潮进行了一次深刻的批判总结，在理论上继承并发展了阳明心学。[⑥]胡海丹就刘宗周的君子人格思想展开了研究，从《论语学案》和《人谱》入手，对其早期和晚期的君子人格思想特征进行了对比研究。认为刘宗周《人谱》所表达的君子人格思想，与其晚年

①龚开喻：《构建心学道统：陶望龄与周汝登之交往》，《南阳理工学院学报》2019年第1期。

②陈寒鸣：《阳明后学在北京讲学活动述论》，《贵阳学院学报（社会科学版）》2019年第6期。

③郭翠丽：《阳明后学潘士藻交友考》，《上饶师范学院学报》2019年第5期。

④邹建锋、王迪：《湖州地区阳明后学弟子考》，《湖州师范学院学报》2019年第5期。

⑤张宏敏：《黄绾与泰州学派之关联》，《朱子学研究》2019年第2期。

⑥尤源：《刘宗周心学研究——本体—功夫论的视角》，河北大学硕士学位论文，2019年。

《论语学案》中的思想存在着一定的差异和转变，这种转变并非思想上的断层，而是具有延续性和一贯性的。[①]田翔辉从梳理李贽“真心”思想出发，探讨了李贽“真心”思想下的伦理价值。认为“真心”通过对人的“自我”、人的主体性价值的认可，引出“个体性”伦理价值。[②]佟雨恒通过对《毅斋查先生阐道集》的分析，较为全面地展示了查铎的哲学思想。指出：查铎作为王阳明的再传弟子、王龙溪的亲炙门人，一生笃信良知，修习致良知之学。在坚守龙溪的先天之学和见在良知的立场前提下，从探求良知本体，良知发用，再到人的道德践履，形成了一整套关于良知的学说。[③]郭明对王龙溪的“先天正心之学”展开了论述，认为传统上有关王畿一意于“先天之学”而“提撕本体过重脱略工夫”的评价并不客观，王畿论学处处追求“简易直截”，将先天工夫与后天工夫的落实想得过于简单，这是其“荡越”的一面。[④]

此外，王依从君臣论、民本论、礼制论、人才论等四个方面，对张元忭政治思想的内容展开了论述，总结了张元忭政治思想崇古与革兴两种倾向、内圣外王的统一、重经世致用之道的特点。认为张元忭的政治思想，对挽救当时败坏的社会风俗有一定的作用，对宦官专权和党争具有一定的先见性，对实学思潮的兴起产生了较大的影响。[⑤]杨学慧探究了楚中王门蒋信的心学思想及其影响，指出：蒋信以心为本体，构建了“心”统摄之下的本体论，同时援引“气”“理”“性”等要素，丰富与完善了心学思想体系，主张心气理性合一，重视“默识”“慎独”等工夫，以“万物一体”为思想宗旨，旨在达于仁者之境界。蒋信之学入于王门、卒于湛门，与王湛两门学者都有着广泛的交往，对湖湘文化和贵州文化都产生了重要

---

①胡海丹：《刘宗周君子人格思想研究》，杭州师范大学硕士学位论文，2019年。

②田翔辉：《李贽“真心”思想及其伦理价值研究》，上海师范大学硕士学位论文，2019年。

③佟雨恒：《查铎思想研究》，山东大学硕士学位论文，2019年。

④郭明：《王畿“先天正心之学”新探》，南开大学硕士学位论文，2019年。

⑤王依：《张元忭政治思想研究》，华中师范大学硕士学位论文，2019年。

的影响。[1]白同旭从政治理念、学术思想、教育主张三个层面，对明中后期王学北传第一人穆孔晖的思想展开了论述，指出：其政治理念具有明显的儒家特色，将“絜矩之道”贯彻其中，认为君臣都要恪守道德操守，各司其职，不以自身喜恶为行事标准，主张客观认识财货的重要性；其学术思想将阳明心学与程朱理学相结合，援佛入儒，利用佛道理论来诠释儒家经典；其教育主张更多强调教育的重要性与道德教育，注重孝道文化，推崇践行孝道。穆孔晖的思想具有阳明心学与程朱理学的双重特点，是两派思想初期碰撞的结果，也是北方王门不同于南方王门之所在。[2]

三、阳明学文献整理与研究

文献整理与研究是思想研究的基石，阳明学文献的整理与研究在阳明学研究领域无疑具有基础性的意义，一直为学界所高度重视和关注。任文利、邹建锋对《阳明先生文录》作了文献学的考察。任文利对《阳明先生文录》闻人诠姑苏刻本作了辨析，通过文献学的考察，认为国家图书馆藏28卷本《阳明先生文录》是嘉靖二十六年范庆重刊姑苏本《文录》所据母本。国图此本即闻人诠姑苏刻本，经钱德洪手自编订。该本乃钱德洪所编《阳明文录》的初刻本，弥足珍贵。一般为著录者、收藏者、研究者普遍称为“闻人诠刻本”者，当非文献所指向的嘉靖乙未闻人诠刻本，乃亦经钱德洪编订的稍晚出之别本。[3]邹建锋考证了《阳明先生文录》的版本源流，指出《阳明先生文录》主要有黄绾、钱德洪、佚名、董聪4种版本体系。由于钱德洪多年不懈的努力，最终掌握阳明文集的编辑权，其精简版与续编版汇合体系获得大规模的流通。[4]

高海波对刘蕺山《阳明传信录》的相关问题进行了考辨，指出：刘宗

①杨学慧：《正学之道：楚中王门蒋信心学思想及其影响研究》，贵州大学硕士学位论文，2019年。

②白同旭：《穆孔晖思想述论》，聊城大学硕士学位论文，2019年。

③任文利：《〈阳明文录〉闻人诠姑苏刻本辨正》，《中国哲学史》2019年第4期。

④邹建锋：《〈阳明先生文录〉版本源流考》，《浙江社会科学》2019年第1期。

周之作《阳明传信录》，旨在正本清源，纠正浙中王学重本体、轻工夫，将良知导向“玄虚而荡”“情识而肆”，逐渐与禅学合流的倾向。为此他重新删定阳明文集，努力突出阳明学中体现儒学道德内涵的内容，并调和朱王之间的分歧。其关注的焦点在于，突出良知即是天理的内容，强调致良知就是慎独，强调意念之别。《阳明传信录》处在刘宗周对阳明“中信”到“终而辩难不遗余力”的过渡阶段，体现了其试图通过重新整理阳明文献而纠正阳明学流弊的特殊用心。刘宗周在自己慎独、诚意之学的基础上，通过对阳明文献的选编、评论，重现诠释了阳明的某些文献，并对阳明的某些观点进行了质疑、批评，通过这些质疑、批评，也发展了自己的思想。[①]此外，方旭东对刘蕺山“前四句”的文本差异问题展开了研究，指出：蕺山“前四句”的第三句“知善知恶是良知”当作“知好知恶是良知”，二者在义理上可以互换；耿宁关于蕺山“前四句”与“《大学》之言心”条可以相互发明的看法是一个洞见。此外，“《大学》之言心”条可能存在传写错误。[②]

邬国平对李贽《答耿司寇》的文献问题进行了进一步考论，指出：《答耿司寇》是李贽与耿定向进行思想论争的重要书信，李贽有两次修改。第一次修改，将七封信合并为一封信，刊于初刻《焚书》。第二次修改，删去此信约三分之一文字，刊于后来重刻的《焚书》。李贽作第二次修改的背景，是他与耿定向的紧张关系出现了缓和。这次修改，保留了《答耿司寇》根本的思想内涵，删掉了措辞最为激烈、涉及耿定向个人品格及其家族人事的第六封信，体现了李贽既基本保持自己一贯思想，又认可与耿定向和解的意愿。[③]张山梁通过对李贽所编《阳明先生道学钞》的考

①高海波：《刘宗周与〈阳明传信录〉》，《中国哲学史》2019年第5期。

②方旭东：《蕺山“前四句”的文本问题——基于耿宁工作的进一步讨论》，《清华大学学报（哲学社会科学版）》2019年第1期。

③邬国平：《再论李贽〈答耿司寇〉的文献问题》，《上海大学学报（社会科学版）》2019第1期。

察，阐述了该书在文章取舍、编排体例上的独到之处。[①]

许家星对王阳明《大学古本旁释》进行了重新审视，运用比较研究的方法，通过旧序与改序、《旁释》学山本与函海本、改序与函海本的比较，并综合阳明文字仅及改序而不及改文、王龙溪使用学山本、阳明学尚简易而不求著述等事实，重新检讨了论者“改序与改文同步”说、就“亦尝就以此训推之”说推出改本等问题，认为：在全力改序的基础上，阳明实无必要对《旁释》“三易其稿”；函海本《旁释》论致知与改序的差距，亦证明其不可能是出自阳明的“三易其稿”之作；与其从复杂的角度，还不如从易简的角度来认识《旁释》版本问题。[②]刘艳通过对王阳明《朱子晚年定论》的考察，论述了朱子阳明会通的可能性问题。认为：《朱子晚年定论》是王阳明为了宣扬其学说，以朱子之言论为自己的思想体系作论证的一部编著，同时也是研究会通朱熹与王阳明的重要著作。在《朱子晚年定论》中，王阳明从朱子对往日之学的悔悟、强调“立本”、重视体认本心、提倡“静坐”、倡导“省察”等多个方面，来证明其学说并不谬于朱子，以此来消弭学者对其学术思想的非议，从而达到宣扬自己学术思想的目的。《朱子晚年定论》首开会通朱熹与王阳明之先河。[③]杨晓维、秦蓁对阳明《送日东正使了庵和尚归国序》的写成、著录与递藏进行了详细梳理，并依据墨迹原件对文本进行了校录和辨证。[④]

曹诣珍对王阳明《纪梦》诗作了考论，指出：王阳明此诗并非伪作，与宸濠之逆及忠泰之变有密切关联。诗中的郭璞形象是冀元亨与王阳明双重影像的叠合，而诗中的忠奸之辨、生死之问则是王阳明“致良知”思想即将成型的体现。诗中显露的“原心定罪”思想以及“异端”色彩，是其

---

①张山梁：《李贽和他的〈阳明先生道学钞〉》，《福建史志》2019年第4期。

②许家星：《王阳明〈大学古本旁释〉之重思》，《学术界》2019年第1期。

③刘艳：《会通朱熹与王阳明如何可能？——以王阳明〈朱子晚年定论〉为中心》，《南昌大学学报（人文社会科学版）》2019年第1期。

④杨晓维、秦蓁：《了庵桂悟使明与阳明学之初传日本——基于〈送日东正使了庵和尚归国序〉真迹实物与文本的研究》，《史林》2019年第5期。

心学理论影响其历史观的重要表现。[①]钟翌晨在考察《居夷集》的成书过程、版本流衍、文献价值的基础上，以《居夷集》中诗歌、散文为研究对象，通过对阳明生平、性格及思想变化的考察，以互证、论述、分析等方法，挖掘阳明文学的思想深度，展现阳明诗文创作之风貌，对王阳明文学的独立价值作了客观评价。[②]谢一丹对邹守益等人辑述的《王阳明先生图谱》的视觉形象与编纂意图展开了论述，指出：该书以图文并具的形式，生动再现了阳明一生的仕宦、讲学行迹，绘图以呈阳明肖像，作文以叙阳明事功。传神的肖像，简明的图画，释以精炼的文字，满足了市井民众好图的趣味性审美需求，有助于扩大阳明其人其事其学的社会影响力，改善阳明及阳明学在嘉靖年间备受官方冷遇的境况。[③]此外，莫德惠对史籍记载的关于王阳明故后获罪的原因做了考察，指出：王阳明病故后获罪的原因，主要有两种说法：一是官方认为王阳明事功与学术多有非议，二是黄绾提出的吏部尚书桂萼陷害之说。官方的观点实际代表明世宗的决定，黄绾提出的桂萼陷害说法实际并不准确。王阳明故后获罪还与其复杂的人事因素有关，朝廷长期以来对于其事功皆存在争议，嘉靖八年的结果实际是对这些争议彻底地加以论定。[④]

四、阳明学与地域阳明学派

阳明学在发展、传播的过程中存在着“地域性”形态，呈现出一定的地域特色，考察和研究阳明学的地域分布、传播发展，发掘其地域特色，是阳明学研究深化和拓展的题中应有之义。张立文总结了学界三种王门分派法，即黄宗羲以学者所在地域分、嵇文甫以学者身份分、冈田武彦以学者思想倾向分，指出：这三种王学派分，各有坐标，各有特色，但均不列

---

①曹诣珍：《王阳明〈纪梦〉诗考论》，《文艺研究》2019年第1期。

②钟翌晨：《王阳明〈居夷集〉研究》，贵州大学硕士学位论文，2019年。

③谢一丹：《〈王阳明先生图谱〉视觉形象与编纂意图探赜》，《广东开放大学学报》2019年第1期。

④莫德惠：《谤起功高：王阳明故后获罪原因考述》，《船山学刊》2019年第2期。

“黔中王门学派”，然而黔中王门学派之存在，历历可考，不容忽视，并对黔中王门学派之梗概及其思想之要义作了梳理。①任健从多重维度论述了王阳明对贵州的影响，指出：王阳明谪居贵州虽仅三年，但对贵州影响深远。其讲学授徒、传道授业、兴学化民，培养了大批人才，推动了贵州思想、文化和教育的发展；给地方官吏出谋划策，促进了地方社会治理；遍游贵州秀美山水，所到之地皆作诗留念，留下诸多阳明的印迹。随着阳明文化的复兴和贵州旅游认知度的提升，形成了以阳明在黔旅游线路为主轴的“心学之旅”，对推动贵州旅游文化和旅游经济的发展影响颇甚。此外，阳明的实践精神对新时代贵州精神亦有着深远影响。②张明、管华香通过梳理王阳明在黔诗文史料以及相关的贵州地方文献，运用诗文证史的方法，对王阳明在贵阳期间的事迹进行了考论，追寻王阳明在贵阳的具体行踪，并就钱德洪编纂的《王阳明年谱》对王阳明在贵阳漏载的事迹作了补充，特别是纠正了该书关于王阳明“主讲贵阳书院”的错误记载。③

孙钦香考察了“南中王门”的学派构成及其思想特征，指出：南中王门概指南中地区阳明亲炙弟子及其再传弟子构成的阳明后学流派，其思想特征主要表现为：亲炙弟子均能认同乃师“心即理”“致良知”等观念，同时在不同学派之间形成兼容并蓄之风气；再传弟子师从复杂，甚而对讲学活动、“四无说”等多有反省和批评，并将横渠“气”学思想重新引入，以致南中王门的思想来源及其发展显得较为丰富和多元。南中王门的思想特征，既在阳明良知学的范式内展开多元拓展，又在一定意义上出现反省和批评阳明心学的思想新动向。④

翟爱玲对明代洛阳王学的发展进程及其阶段性特征进行了探究，指出：洛阳地区是明代中后期阳明心学北传的两大中心之一，其学术风尚与

①张立文：《王门分派与黔中王门学派之要义梳理》，《北京行政学院学报》2019年第2期。

②任健：《王阳明对贵州的多维度影响》，《贵州广播电视大学学报》2019年第2期。

③张明、管华香：《王阳明与贵州贵阳》，《教育文化论坛》2019年第6期。

④孙钦香：《“南中王门”的学派构成及其思想特征》，《贵阳学院学报（社会科学版）》2019年第5期。

地位在阳明后学中独树一帜。洛阳王学的发展经历了开创、兴盛和转型发展等三个阶段。尤时熙将心学引入洛阳，以聚徒讲学而带动一批学者探究阳明心学，初步形成洛阳王学的气象。至其弟子孟化鲤时期，洛阳王学不仅学术队伍更加壮大，思想内容更为丰富，而且在与境外学者的往来交流方面达到前所未有的程度。在明代末期，以吕维祺为代表，洛阳王学在思想内容上日益突显出经世致用的特色，在与全国学术转型趋势相应的情形下体现出明显的前沿性。[①]

钱明具体考证了王阳明在巡抚南赣期间，对府治所在地赣县进行的文治教化，通过设学兴教、淳化民风、授徒讲学、刊刻著作等活动，培养了一大批江右学人，其影响力在赣州地区广泛而深远。[②]张宏敏以浙江台州天台山为中心，深入考证了王阳明与台州亲炙弟子交往以及再传弟子的学行情况；同时通过这些弟子的著述，进一步发现了浙中王门、粤闽王门、江右王门弟子与以“佛宗道源，山水灵秀”著称的天台山之间的密切关系，对于深入挖掘阳明学地域性学派之间的相互影响，具有一定的启发和借鉴意义。[③]周纪焕、周心逸对衢州阳明弟子进行了深入的考察和辨析，廓清了他们的生卒年、墓葬、著述、师承等诸多疑云。在此基础上，剖析了该弟子群在地域分布、思想来源、学术交往、笃行良知、乡村建设等方面所具有的鲜明特征。[④]

王黎芳、刘聪以明代泾县水西讲学为中心，考察了阳明学的地域化传播实践，指出：明代嘉靖万历年间的泾县水西讲学，是阳明心学讲学活动的重要组成部分。在嘉靖年间，水西讲学先后经历“水西会”“水西精舍讲会”“水西书院”等发展阶段，主讲者是王畿、钱德洪、邹守益、罗汝芳等当时著名的阳明学者。万历年间，水西讲学一度因张居正“禁讲学”

①翟爱玲：《论明代洛阳王学的发展进程及其阶段性特征》，《洛阳理工学院学报（社会科学版）》2019年第6期。

②钱明：《王阳明与江西赣县》，《教育文化论坛》2019年第6期。

③张宏敏：《王阳明与浙江台州》，《教育文化论坛》2019年第6期。

④周纪焕、周心逸：《王阳明在“南宗圣地”衢州的弟子群及其特征》，《孔学堂》2019年第2期。

而停止，万历十三年以后得以恢复。经过嘉靖、万历年间的发展，水西讲学不但传播了阳明心学，形成了具有地方特色的阳明学流派，而且受益于讲学宣传，泾县及周边地区都出现了提倡道德教化的风尚，实现了学术思想与社会治理的有效结合。[①]此外，张文靖的硕士学位论文从军事、政治、文化三个方面探讨了王阳明对赣南畲族地区的治理，并从教化和民族交往、交融方面论述了王阳明的治理措施对赣南畲民带来的深远影响。[②]

五、阳明学与佛道思想

阳明学与佛道二教的关系问题，一直以来都是阳明学研究领域的重要议题之一。本年度，大陆学界对这一议题也有着进一步的探讨。具体展开为，一是王阳明对三教关系的理解，二是阳明学与佛学关系辩证。

三教异同是宋明理学的一项重要议题。米文科、刘学智考察了王阳明的三教思想，指出：王阳明认为儒佛道三教同出一源，三教一道，圣人既“本天”又“本心”，“本心”即是“本天”。儒家与佛老的差异不在以心为学，也不是认心为性，而是在于见道有偏全，以及由此产生的经世与出世之分。“虚无”也并非佛老专属，圣人也讲“虚无”，“虚无”既是良知的本然状态，也是境界上的无执无着。王阳明对儒佛道三教思想异同的认识，在很大程度上改变了北宋以来理学儒佛之辨的致思方向，加深了儒佛道三教在心性论上的互动与融合。[③]

贾仕厚、郑文泉从本体论、实践论以及道德教化三个层面，着重论述了慧能禅学与王阳明心学的内在关联，认为：阳明心学的良知论、工夫论以及教化论，在本体论倾向、体用关系处理以及实践论特点上，都可以明

①王黎芳、刘聪：《阳明学的地域化传播实践——以明代泾县水西讲学为中心》，《贵州大学学报（社会科学版）》2019年第1期。

②张文靖：《论王阳明对赣南畲民地区的治理》，烟台大学硕士学位论文，2019年。

③米文科、刘学智：《儒佛之辨与王阳明三教思想的变化》，《哲学研究》2019年第7期。

显看到慧能禅学思想的痕迹。[①]董群从儒佛比较的角度，探讨了禅学对于阳明心学的影响，说明了阳明学似禅实非禅、是儒亦似禅的特点。通过分析禅家对于阳明的拈提评论，揭示出禅界视阳明为“近禅”的观点。通过对阳明之心即理、致良知、知行合一与禅家心即佛、明心见性、定慧等学的比较，具体说明阳明对于佛教思想的吸收。[②]向阳认为阳明心学中的“心即理”“致良知”“四句教”等主张，均带有鲜明的禅宗色彩。[③]

六、阳明学与文学及文艺学研究

王阳明不仅是哲学家、思想家，同时也是文学家，在文学及文艺学领域取得了非凡成就。从文学及文艺学的视角观照阳明学，不仅可以丰富阳明学的意涵，也为阳明学研究的深化和拓展提供了重要视角。

侯丹、范蝶探析了王阳明诗歌中“桃花”“空”“闲”三词的内涵与境界，指出：“桃花”一词，既描写自然色相之活泼及禅居环境之清幽，又喻示禅理、开悟学人；“空”不仅营造出超越现象、空灵静默的艺术境界，还开解作者身心，求得精神解脱和自由；“闲”是诗人与自然和谐共生、自在闲静的山居生活写照，更是诗人对回归故里，过随缘自适生活的最大向往。这些独特的诗歌语言现象，是阳明禅学素养在文学创作中的体现。[④]文雯分析了王阳明散文中的自我形象书写，指出：王阳明的散文是认知阳明形象的重要资料，阳明骁勇豪迈的狂者形象、旷达济世的反思者形象、自由洒脱的隐者形象，在其散文中均得到呈现。狂者、反思者、隐者形象，既是阳明个性特质的映射，也表现出阳明作为封建士大夫对儒道文化的融合与传承。[⑤]侯丹论析了王阳明诗歌的禅宗美学境界，认为王阳明的

---

①贾仕厚、郑文泉：《六祖惠能禅学对王阳明心学的影响》，《法音》2019年第7期。

②董群：《论作为禅式儒学的阳明心学》，《新世纪图书馆》2019年第2期。

③向阳：《略论阳明心学的禅宗色彩》，《牡丹江大学学报》2019年第11期。

④侯丹、范蝶：《王阳明诗歌中“桃花、空、闲”的禅宗内涵与美学境界》，《宜春学院学报》2019年第11期。

⑤文雯：《王阳明散文中的自我形象书写》，《大众文艺》2019年第16期。

诗歌创作体现出物我两忘的直觉境、消解对立的圆融境的禅宗美学境界。直觉境体现出万象冥然、思与境偕的特点，圆融境体现出彰显无尽、万物和谐的特点。前者与阳明心学思想之参悟有关，后者是阳明援禅入儒精神的体现。①

孟莉就王阳明书法艺术展开的研究，指出：王阳明奉重道尚意理念为书学圭臬，取法魏晋书法之率真韵致，师法“二王”，直追宋人尚意尚势书风，由道统艺，以艺臻道，兼擅行草书。其翰墨承晋唐风骨，参以古人雅致之气，英辞妙墨，气韵高古，德艺兼备，颇具格高韵胜的审美意趣，寄寓着对主体情感与个性解放的自觉追求，对于明代中后期浪漫主义书风发展，可谓厥功至伟。②张雪从王阳明的诗赋著作入手，探究了王阳明的古琴理念，指出：阳明之所以将古琴同书放在同等的地位，是因为古琴的中和之音可以涵养本心拓展良知，引导内心趋于平和，成为致良知的助缘。同时，还比较了王阳明与朱熹古琴思想的不同，认为：朱熹将古琴作为“禁欲去邪心”之用，而王阳明则是将古琴作为发现良知的助缘和引导。③

陈鑫从范式角度探析了李贽的时文观，指出：李贽对八股文并非一味鄙弃，这与其“童心说”中的文学观有关。在传统文学观范式渐趋失效，人格和文章由传统的追求“道”变为追捧“程朱”的背景下，李贽以“童心范式”作为改良，并在新范式下重新审视八股文，找到其闪光点及由此转变八股文风的可能性，进而借此扭转思想文化的颓势。④妥建清运用比较研究的方法，论述了魏晋与晚明个性解放的异质性，指出：魏晋时期个性解放之潮，以贵族为主体，依托玄学思想，注重形而上之情；晚明之际的个性解放之风，以市民为主体，依托阳明学，注重形而放之情。晚明“去

①侯丹：《从直觉境、圆融境看王阳明诗歌的禅宗美学境界》，《闽江学院学报》2019年第4期。

②孟莉：《王阳明书法艺术探赜》，《中国书法》2019年第10期。

③张雪：《略述王阳明的古琴理念——从王阳明的古琴诗赋谈起》，《名作欣赏》2019年第23期。

④陈鑫：《范式角度探析李贽时文观》，《六盘水师范学院学报》2019第4期。

贵族化”的个性解放思潮，被嗣后“五四”新文化运动的代表者所肯定，表明了在晚明发现中国自身现代性的可能。①

此外，徐晟的硕士学位论文阐发了阳明心学的美育精神，指出：王阳明从其心学理论体系出发，通过本体—功夫—境界的理路，构建了一个宏大而复杂的美育思想体系。王阳明以“乐是心之本体”为起点，为美育找到了“乐”这一本体。基于本体功夫论，王阳明将“乐是心之本体”的功夫分为心上功夫与事上功夫，心上功夫强调乐之本体的自觉呈现，表现为诚意格心和直觉体验的功夫；事上功夫从实践出发，强调乐之本体在美育实践中活泼泼地效验与落实，具体表现为知行合一与诗教化育的功夫。阳明美育境界最终是“有我之乐”与“无我之乐”的统一，即“有无之境”。阳明美育的“有无之境”是天人合一的人生审美境界，其中“有我之乐”表现为“以天地万物一体”，而“无我之乐”则表现为“情顺万事而无情”。阳明美育展现出了独特的特质，一方面其发轫于传统心性之学与乐感文化之中，与中国人血脉中的审美基因相契合；另一方面阳明美育对主体精神与个性的高扬，恰恰与当代美育精神相融通。阳明美育启示我们，美育的本质是对人精神世界的塑造，是人生修养的过程，是身心合一的审美体验。当代美育要以美育人与立德树人的统一为根本任务，面向生活实现日常生活审美化。②

七、阳明学诠释研究

诠释学作为方法论，为解读古典文本提供了新的视角，因而受到现代学界的高度关注和重视。将诠释学引入阳明学研究中，具体呈现为两个方向：一是阳明学本身对经典的诠释，二是对阳明学的现代再诠释。本年度大陆学界的阳明学研究，在这两方面均取得不俗的成就。具体而言：

①妥建清：《形而放与形而上之美：晚明与魏晋个性解放的异质性蠡测》，《人文杂志》2019年第8期。

②徐晟：《阳明心学的美育精神》，南京师范大学硕士学位论文，2019年。

张兴通过对具体文本的解读，阐释了阳明对于《大学》诠释的转变，同时对阳明诠释《大学》中所存在的问题进行了检讨，指出：阳明对“格物”与“格心”的诠释存在一个转变的过程。在“格竹”之前，阳明一直是按朱子的“格物”说进行实践的，在此之后经龙场悟道而转向“格心”。阳明通过对“物”与“心”的转变，顺利地开始从对外在事物的探求向内在的心转变。阳明认为朱子所提出的格物说是以探求外在事事物物之理为主的，这种理解是片面的。阳明并不是将诚意、致知与格物理解为一件事，在阳明的认识中，这三者是同一工夫的不同说法而已。阳明以“格物”为“格其非心”，为“正念头”，这种解释在传统的经学注释与《大学》本身的文本中会产生一些问题。[①]景云探析了王阳明《大学》诠释的演进历程，指出：王阳明“心学”的构建历程，实则是其对《大学》不断诠释的历程。王阳明对《大学》的诠释可以划分为四个阶段，在其“心学”发端阶段，走出程朱理学“格物”视域下物人二分的格局，以“知行本体”揭示本体心体；在其“心学”深化阶段，告别知行之论，进入“意”的层面，主张于“意”中用功，倡导“诚意”功夫法门；在其“心学”成熟阶段，由“意”进入“良知”，力倡“致良知”功夫法门；因“良知”直契本然心体，故归越后王阳明由功夫转入境界，主张“以天地万物为一体”而进入“心学”化境阶段。通观王阳明“心学”演进历程，其“心学”的建构与其突破朱熹《大学》观实则是一体而两面之关系。[②]唐明贵论述了李贽《论语评》的诠释特色，指出：受泰州学派影响，李贽对《论语》的诠释极具创新性，在极力将孔子世俗化、平民化，重塑孔子形象的同时，运用“评点”的新诠解方式，将儒家经典解释平民化。在具体诠释过程中，援引佛道用语和思想解释《论语》，驳正宋儒和心学家的解释，注重观照现实，将《论语》视为“六经注我”的工具，彰显了与众不

---

①张兴：《从“格物”到“格心”的转变——兼论阳明〈大学〉诠释所存在的问题》，《内蒙古社会科学（汉文版）》2019年第4期。

②景云：《从知行至境界——王阳明〈大学〉观演进探析》，《王学研究》2019年第1期。

同的时代特色。[①]

陆永胜讨论了阳明学诠释理论的建构问题，指出：阳明学诠释理论，是以二度诠释研究为视角的，并以阳明学诠释史为基础而建构的话语体系。其建构具有明确的问题意识和“历史”与“理论”的双重必要性，在“史”与“论”融合视域下，呈现出显性与隐性双重建构结构。阳明学诠释理论是对阳明学五百余年的发展与诠释史的理论升华与回应，对当下的文化建设具有启示意义。[②]张小琴以海德格尔现象学为视角，剖析了王阳明对朱熹的批判与继承，并探索了王阳明心学的后现代价值和意义。认为王阳明心学蕴涵着对朱熹理学的三重解构：在本体论上，以“万物一体”在世结构方式解构朱熹“理一分殊”，重新诠释本体与万物关联方式；以“心理为一”解构朱熹“心理二分”，建构“心即性即理”心学体系；以自我伦理实现的途径解构朱熹“格物”和“进学”方法。通过实践日常伦理生活的忠孝礼仪之事，磨砺本性，回归平静心，自下而上体悟道体，通达“天人合一”。[③]刘增光从现象学的视域对罗汝芳的身心之学进行了解读，指出：罗汝芳扭转了传统的“心灵身拙”观念，回到人的生命整体去思考身心关系，提出“身心灵妙”说，此不同于身心二元论；罗氏提出“原日身体”或“初生身体”，揭示了身的形上之维以及身与世界之间的意向性结构，此相当于梅洛·庞蒂的“身体意向性”或舒斯特曼的“身体意识”；“原日身体”所具有的源初意识就是赤子之心所具的孝弟，世界就是一个“孝弟慈”的世界，这与现象学在宏大范围内谈论世界不同，构成了儒家道统的重要内容。[④]

罗高强对阳明学研究的神秘主义进路作了阐释，指出：阳明学如何描绘宇宙和世界的真实面貌，是阳明学研究中无法回避的问题。阳明学关于

①唐明贵：《李贽〈论语评〉的诠释特色》，《贵阳学院学报（社会科学版）》2019年第1期。

②陆永胜：《阳明学诠释理论建构的问题与思考》，《贵阳学院学报（社会科学版）》2019年第4期。

③张小琴：《论王阳明对朱熹的三重解构——以海德格尔现象学为视角》，《唐都学刊》2019年第4期。

④刘增光：《“原日身体”与身的形上化——罗汝芳身心之学的现象学诠释》，《学术月刊》2019年第5期。

宇宙与世界真实面貌的论述，表现出消除对立的整体性世界观，即对象世界与关乎对象世界的意识是合一的，不存在主客、内外、有无等分别。对阳明学而言，“相信”世界作为整体性存在，便将阳明学拽入神秘主义视域中。具体从这类观念如何让人相信以及如何获取两个方面，以及阳明学的神秘主义进行了探讨。[①]王宝峰采用“还原性诠释法”对李贽尊孔与否的问题作了论析，指出：李贽自以为终生尊孔，也确有晚年真尊孔之时。但将他的思想言行置于整个儒教社会正统观念之下，其颠倒儒教史论褒贬、蔑视“六经”、反对礼教，以及不避二教之异端言行、有伤礼教风化的行径，是本质意义上的反孔。以诠释学视域观之，李贽启蒙思想的现实意义在于，敢于运用自身理智的启蒙精神，以及“返本开新”的批判性继承和创造性发展的经典诠释学方法。[②]杨虎从存在论的视角，对王阳明的心物之思所呈现的心物关系是怎样的，以及它能够成就何种存在论形态这一问题展开了论析。运用“姿态性的存在论”这一解释模式，展示了阳明心物之思的心物感应，自证其为姿态性的存在论形态。[③]张新从“生存—存在论”的角度，对“恻隐之心”作了释读，认为：王阳明关于“恻隐之心”的思想，可以从明觉之感应与一体之仁两个角度来理解。在其思想中，“恻隐之心”是形上与形下一贯、经验与先验相互融通的。“恻隐之心”乃是本源情境中的本真情感，其所言说的乃是前主体性、主客未分的共同存在。“恻隐之心”绝不能仅仅理解为经验性的道德情感，因为经验性的道德情感乃是隶属于主体的；亦不能理解为性情合一式的先验情感，因为就当代的思想视域而言，其是有待于奠基的。[④]

八、阳明学比较研究

因为阳明学本身是在关系中创建和存在的，因而比较研究对于开阔视

①罗高强：《神秘主义视域下的阳明学研究》，《贵阳学院学报（社会科学版）》2019年第4期。

②王宝峰：《李贽尊孔与反孔问题的诠释学意义》，《同济大学学报（社会科学版）》2019年第5期。

③杨虎：《阳明心物说的存在论阐释》，《当代儒学》2019年第1期。

④张新：《“恻隐之心”的存在论阐释》，《当代儒学》2019年第1期。

野、拓展阳明学研究的范围和空间具有不可替代的独特价值。比较研究既是阳明学研究的重要方法，也是阳明学研究的重要论域。通过比较研究，阳明学的内涵和特征得以更加清晰地呈现。本年度大陆学界对阳明学的比较研究，大致呈现出四个向度：一是阳明学与朱子学的比较，二是心学内部的比较，三是阳明学与西方文化的比较，四是阳明学与域外文化的比较。

阳明学与朱子学的比较方面，向世陵比较了朱子和阳明在闻见之知与德性之知问题上的不同，认为：二者的主要争议在于，是否可经由闻见知识进入到内在德性的自我觉醒和彰显，从而打破自然生理与至善伦理之间的障壁。朱子认为“做圣贤”与“格天下之物”为一事；阳明以亲身经历予以否证，强调吾心良知自足，良知之外无知。阳明虽不否认知识，但毕竟吾心即物理，闻见表现为良知本体的彰显流行，这既有克服朱学致知路向的理论需要，也有“拔本塞源”、矫正不良社会风气的现实理由，最终目标则在成就完善的圣贤人格。[①]陈佩辉以朱子和王阳明对《大学》“诚意”章的解释为中心，比较分析了二者“诚意”思想的异同，指出：由于朱子与王阳明对《大学》“明明德”的理解不同、对知识与道德之间关系的认识不同、对心所具有的能动性重视不同，故而他们选择的文本结构及对“诚意”的解释也有所不同。但二者所解决的问题与目的是一致的，即落实好善恶恶的道德意识，使意皆善而无恶。[②]

在心学内部的比较方面，何静考察了王阳明与湛甘泉的学术论辩，认为二者学术分歧主要在于：甘泉坚称儒与佛道不同根枝，阳明则认为佛道是儒之大道之发用；甘泉认为格物即把握天理，阳明认为格物是正念头。阳明认为甘泉的格物是求之于外，甘泉申辩这是因为阳明的心为腔子里心。实际上俩人皆有本体心认识心义，但在论辩时，都忽略了对方的本体

①向世陵：《闻见与德性——朱子、阳明“知”论辨析》，《复旦学报（社会科学版）》2019年第1期。

②陈佩辉：《朱子与王阳明“诚意”思想之异同——以二者对〈大学〉“诚意”章的解释为中心》，《平顶山学院学报》2019年第1期。

心而只着眼于对方的认识心。甘泉不赞成阳明的致良知宗旨，认为良知的获得和拓展均仰仗学问思辨行，否则难免冥行妄作。阳明认为甘泉的随处体认天理的旨归是溺事外求、缺乏主宰。“勿忘勿助”是甘泉体认天理的根本方法，阳明批其悬空，主张“必有事焉”也即致良知的工夫，勿忘勿助为良知的固有属性。[①]吴龙灿比较分析了王阳明与刘宗周在“四端”问题上的不同理解及其意义，指出：王阳明以“良知”解“四端”，并以良知学说确立其心学思想的主干。刘宗周以“良能”解“四端”，打通了心学和气学。从王阳明到刘宗周，从以良知到以良能以诠释“四端”，不仅在哲学上逐步精密地解决了道德情感、实践理想和道德法则之间的内在关系，而且对中晚明士人坐而论道风气和心学狂禅末流，具有纠偏补弊和实践指导作用。[②]

此外，冯琳从知与行的内涵、诚意与致知、良知与良能等三个方面，比较分析了王船山与王阳明知行观的不同，认为阳明和船山知行观的不同所反映出来的是“心本体”与“气本体”哲学思想的差异。阳明的良知在践履的过程中虽然有扩充，但这种扩充虽范围有扩大、内容有充实，但良知本质上在孩提之时与成年之时并无区别。秉持着“性日生日成”说，船山认为作为起点的心、性，抑或良知，在人生的各种社会实践中不断充实变化。这种变化，在船山看来应该不仅仅是用强弱大小等词汇描述的外在形态改变，而且应该是二气细缊神化后的性质改变。[③]刘振维比较分析了王阳明“良知”说与牟宗三“道德心”的异同，指出：王阳明对“良知”的理解，突出由功夫而本体的路径，通过克治省察、事上磨炼以回复良知，特别强调“知是知非”义，无涉及外在的客观知识。其“致良知”之教，结合了《孟子》“良知”与《大学》“致知”，融会后重新作出的诠

①何静：《王阳明与湛甘泉的学术论辩》，《东岳论丛》2019年第2期。

②吴龙灿：《从良知到良能——阳明和蕺山“四端”异解及其意义》，《王学研究》2019年第1期。

③冯琳：《王船山与王阳明知行观的比较研究》，《王学研究》2019年第1期。

释；牟宗三以辩证法方式标举出“形而上的绝对真实”，也就是“道德心”，以之解释“良知”，称此为“道德的形上学”。绝对真实的“道德心”通过“良知自我坎陷”“逆觉体证”得以融摄道德主体与外在知识于一体，故能开出知识。牟宗三“道德心”的立论，融会了康德“道德底形上学”、黑格尔辩证法以及传统儒家心性论重新作出创发。二者揭示了主体性意义颇具“现代性”的特色，但此价值理性又与现代性的工具理性有别。王阳明活泼泼的“良知”并不等同于牟宗三所诠释的“道德心”，因为“良知”与具体客观知识无涉，“道德心”则能开出外在知识。[①]

在阳明学与西方文化的比较方面，姚新中、张燕考察了斯洛特和王阳明两种不同的“心学”理论，指出：斯洛特用中国哲学的“心”来重新界定西方传统的“心灵”概念，反对理性主义把心灵作为纯理智活动的观点，认为所有心灵活动都包含情感因素，所有理智活动都可还原为情感或情感属性，而王阳明认为心即先天的良知。斯洛特认为他的心灵概念与中国传统思想中的心概念相一致，并能够为中国思想中理智与情感相融的心学预设提供哲学论证，而阳明心学也可以从情感主义角度进行分析和论证，但前者的“情感”和“心学”更多呈现出当代情感主义的基本特质，通过经验性的移情和同情发挥作用，而后者更注重情理交融、以情为主的先验性与直觉性。从比较的视角来分析，可以在情感主义伦理学框架下为理解两种“心学”理论开拓出更大的空间和可能性。[②]徐晓虹比较了王阳明龙场悟道与格式塔顿悟学习论，认为就格式塔顿悟学习论的顿悟学习、学习迁移和创造性思维三个构成部分而言，王阳明“龙场悟道”过程与之相比，具有高度的相似性，王阳明的龙场悟道就是格式塔顿悟学习论的最好

①刘振维：《良知与道德心》，《王学研究》2019年第1期。

②姚新中、张燕：《两种情感主义的“心学”理论——斯洛特与王阳明比较研究》，《中国人民大学学报》2019年第6期。

范例。[①]

在阳明学与域外文化的比较方面，李妍静将阳明心学与退溪心学进行了比较研究，指出：李退溪从批判的视角展开对阳明学的诠释，逐渐形成了独特的心学体系。退溪比朱熹更强调对道德主体的探索，这点将其思想与阳明“心学”区别开来。退溪对程朱学内的“尊德性派”加以继承和发挥；退溪心学是在重新审视和关照程朱学和陆王学的过程中逐渐形成的一种新的思潮。[②]黎黄南比较论述了王阳明与越南儒者阮廌思想上的相同点，认为二者在亲民、仁义、提高道德和正义思想有相同点，具体体现在君子明德、致善、有良知、能分辨善恶、走向善意、爱民、修身、忠孝等观念，以及教育哲理、文化自豪、和平渴望和人文主义等方面。[③]范越胜比较分析了王阳明与越南儒者黎贵惇在政治思想上的共同之处，认为二者都吸收和继承了儒家的核心思想，主张王道及“阳儒阴法”。[④]此外，姚文永比较分析了宗喀巴“发菩提心”与王阳明“致良知”的相似性，指出：发菩提心与致良知分别是佛家大乘与儒家成圣的关键，二者都具有扩展性的特点，一个普度众生，一个万物一体；二者均有可操作性的生成途径，且人人具有成功的可能。在具体修行上，宗喀巴与王阳明均反对一蹴而就。二者虽然体系不同，但他们的出发点与归旨却有寻找永恒的价值存在的共同指向。[⑤]

九、阳明学与域外文化

阳明学在域外特别是日本、韩国、西方世界的传播与影响，也是本年度阳明学研究的重要内容。金容载分析了韩国阳明学研究的相关问题，指

①徐晓虹：《龙场悟道与格式塔顿悟学习论——阳明心学与心理学之辨析二》，《贵阳学院学报（社会科学版）》2019年第3期。

②李妍静：《阳明与退溪之心学比较》，《王学研究》2019年第1期。

③黎黄南：《王阳明与阮廌的思想在越南与中国文化交叉过程中的相同点》，《王学研究》2019年第1期。

④范越胜：《比较王阳明政治思想与越南黎贵惇政治思想的相同》，《王学研究》2019年第1期。

⑤姚文永：《浅析宗喀巴发菩提心与王阳明致良知的相似性》，《王学研究》2019年第1期。

出：韩国阳明学的存在，对于以朱子学为中心的韩国性理学的发展和巩固发挥了重要作用。阳明学通过其他学问间接体现的情况值得关注。[①]朴成浩以郑霞谷之生平及对四句教的解释为中心，探究了其思想的形成背景及其特征，指出：郑霞谷并不是单纯地吸收阳明思想，而是把阳明学的主要核心思想要素与当时朝鲜学术的潮流加以整合，进而建立了自己独特的学说。霞谷对阳明思想的理解不仅具有一定的深度，还在某些特定的点上进行了“独辟蹊径”式的探索。[②]方旭东从心灵哲学的视域考察了李退溪对王阳明的批判，指出：从心灵哲学看，王阳明与李退溪的观点分别代表了对行为主义的反对与辩护。按照王阳明的观点，孝行不必然伴以孝心，他把那种有孝行而无孝心者称为“扮戏子”；按照李退溪的观点，孝行必然伴以孝心，无法想象一个人有孝心却无孝行，或有孝行却无孝心。王阳明的论证对行为主义构不成威胁，并且他本人最后也倒向了行为主义。[③]

朴红姬以韩国阳明学研究代表性人物郑寅普为研究对象，具体从致良知说、感通思想、实心说等三个方面，梳理了郑寅普的阳明学思想，总结了其思想特点和不足之处，考察了其对韩国阳明学的贡献。[④]李娜就陆王心学在韩国的传播、展开及其特征问题展开了探究，指出：朱子之学与象山之学，虽同在高丽末期、朝鲜朝初期传入朝鲜，然由于朝鲜朝初期王权基础十分薄弱，急需以忠于君王为核心的强有力的意识形态作为支撑，朱子学恰好迎合了这种需要，顺利获得“一统”的独尊地位，而象山学与阳明学在韩国儒学史上的地位甚微。在朝鲜朝，阳明学受政治强权的迫害而被视作“异端”和“斯文乱贼”。在这种背景下，有志之士不得不表面上标榜朱子学，暗地里研究阳明学。因此，在朝鲜朝，阳明学就以“阳朱阴

---

①金容载：《韩国阳明学研究的本质问题》，《王学研究》2019年第1期。

②朴成浩：《韩国阳明学者郑霞谷的生平及其阳明思想——以对“无善无恶心之体”的解释为中心》，《王学研究》2019年第1期。

③方旭东：《孝心与孝行——从心灵哲学看李退溪的王阳明批判》，《道德与文明》2019年第4期。

④朴红姬：《郑寅普阳明学思想研究》，延边大学硕士学位论文，2019年。

王”的特殊形式获得发展。[①]

颜莉莉论述了李贽思想对日本明治维新先驱吉田松阴的影响，指出：吉田松阴尤为倾心于李贽的“童心说”，其所倡导的“狂愚”精神既有勇往无畏的积极意义，又带上了极端民族主义者的强力意志色彩，陷入了“童心”悖论。[②]崔在穆考察了东亚阳明学者的“梦”和“觉悟”问题，指出：东亚阳明学者大多是通过由梦到觉悟，进而诞生思想理论。阳明将梦与占术有机地结合起来，把处于预兆梦、占卜征兆终极点的“天”，完全内藏于良知之中。此一现象在韩国郑霞谷、日本佐藤一斋处，也有不同程度的体现。东亚阳明学者重视梦与觉悟的关联性，不懈地倾听“无意识生命”“一体混沌”的召唤，打开了思想史的新一页。阳明学梦想“人的热血在流动”的“万物一体”值得再回味。[③]高海波以东亚的性理学为例探讨了道德实践的动力问题，指出：朱子、王阳明、刘宗周、李栗谷、李退溪等人的思想表明，在人的心理意识结构中，情感、意志、理性都可以为道德实践提供动力，只是不同的哲学家对这三者的侧重或排序有所不同。[④]

费周瑛、辛红娟考察了《传习录》在西方世界的传播与研究，将其历程划分为通识译介阶段（1960前）、学术繁荣阶段（1960—1980）、多元研究阶段（1980至今）三个阶段，指出：通识译介阶段的传播主体以兼通中西方语言文化的传教士与出洋华人学者为主；文本译介主要以重良知说为主；学术繁荣阶段以华裔学者为代表，战后的西方世界从阳明学中汲取人文精神养分，显现中西哲学比较研究的趋势；20世纪80年代以后新生代汉学家群体崭露头角，研究视角日趋多元，比较哲学成为主要研究范式。[⑤]司马黛兰评述了20世纪90年代以来西方王阳明研究的成果，指出：自20世纪90年

①李娜：《陆王心学的韩国本土化进程及特征研究》，延边大学硕士学位论文，2019年。

②颜莉莉：《吉田松阴对李贽“童心说”的接受》，《泉州师范学院学报》2019年第5期。

③崔在穆：《东亚阳明学者的“梦”和“觉悟”问题》，《船山学刊》2019年第1期。

④高海波：《道德实践的动力问题——以东亚的性理学为例》，《道德与文明》2019年第5期。

⑤费周瑛、辛红娟：《〈传习录〉在西方世界的传播与研究》，《浙江社会科学》2019年第5期。

代以来，王阳明思想中的“良知”与“知行合一”在西方一直备受瞩目，思想史和比较哲学一直是理解王阳明思想的主要方式。近十年来，出现了从环境研究、地方史、社会史、军事史和边疆研究等视角进行的研究。[①]刘孔喜、许明武以《传习录》为中心探究了阳明心学著作英译及相关研究问题，认为美国学者亨克以《传习录》核心内容为主体的首个英译本——《王阳明哲学》具有开创之功，具体梳理了亨克译本的翻译背景、译本总体特征及其出版发行状况。[②]吴文南考察了阳明学在美国的译介与传播，指出：20世纪80年代以来，美国成为西方世界阳明学研究的先行者，且始终处于领先地位。面对西方哲学困境的诊断，阳明学作为一种伦理与精神真相的复合体，其“德性伦理学”和“孝慈现象学”等带有中国传统思维色彩的现代性研究，正在美国阳明学界崭露头角。[③]此外，吴文南还考察了李贽思想在美国的译介与传播，将其分为1930—1979年的发轫期和1980年以来的发展期两个时期，指出：20世纪30年代后，李贽思想开始在西方传播；20世纪80年代以来，李贽思想在美国的研究、译介与传播，经历了从政治、历史和文化的意识形态研究到文学艺术审美研究的发展过程。[④]

十、阳明学与宋明理学及儒学

将阳明学置于整个宋明理学乃至中国儒学发展史的视域进行研究，可以从不同角度共同展示阳明学的思想内容和理论特质。黄明同考察了明代心学的发展进程，指出：心学作为儒学的一个流派，其理论源于孟子“尽心”论，陆九渊是心学的创始者。明代心学由陈白沙拉开序幕，湛甘泉完善与发展，王阳明集陆九渊心学与陈、湛心学之大成。其发展的基本进程是白沙心学—甘泉心学—阳明心学三阶段，形成陈、湛心学与阳明心学两

①司马黛兰著、倪超译：《王阳明研究在西方》，《杭州师范大学学报（社会科学版）》2019年第4期。

②刘孔喜、许明武：《亨克及王阳明心学著作在英语世界的首译》，《国际汉学》2019年第3期。

③吴文南：《阳明学在美国的译介与传播》，《重庆三峡学院学报》2019年第2期。

④吴文南：《李贽思想在美国的译介与传播》，《泉州师范学院学报》2019年第3期。

流派。它是中国社会早期的启蒙思潮，在中国文化发展史上具有划时代意义。[①]陈畅就心学伦理的内在张力及其克服问题展开了论述，认为：心学是一种复杂且多元的思想体系，心学内部诸种思想形态的演变均与社会政治实践密切相关。明代心学家以陈白沙和王阳明为代表，建构了恕道的两种形态：一是因应万物变化、一体地予以包容接纳的“平等”形态，二是以情为核心建构富有情谊的公共社会的“差等”形态。这两种形态在阳明学派中以内在张力的形式存在。黄宗羲对感应与恕道的诠释克服了这种张力，并建构了一种极具创造性的个体性伦理体系。[②]

彭彦华论述了心学与中国人的信仰问题，指出：心学的旨归在于“为天地立心”，心学的宗教精神在于“圆而神”的人生智慧，心学修行的本质是“人心”返“道心”。心学或心文化内涵着关于世道人心的深邃洞见，体现着崇高生命境界的实践智慧。它促使中国人对客观世界和人类自身表现出全面的关注和旺盛的热情；使人们的视域从人类社会虑及天道自然，又从天道自然回顾人类社会，最后把思维的重心落实在人身上，他相信人和天道自然本来存在着一致性，主张人遵循天道自然努力发展自己，创造自己，自强不息；与时俱进，求变求新，革故鼎新。这种优良传统一直流淌在中华民族的血液里，成为一种中国人的基因，一种促进民族生存图强的内在力量。[③]刘培功、单虹泽论述了儒家人类命运共同体思想及其当代价值，指出：儒家的共同体思想展开为一个不断演变的过程。先秦儒学中的“大同世界”作为一种政治共同体，不能在现实层面得到实施，在中国政治社会真正占据主导地位的是以“家国一体”为核心的小康礼制。宋明儒学吸收了佛教思想，将儒家的政治共同体转化为道德共同体，使“万物一体”概念落实到现实的人我交往之中。儒家思想打破了西方的逻辑惯

①黄明同：《明代心学：白沙—甘泉—阳明——略论明代心学的发展进程》，《中国哲学史》2019年第1期。

②陈畅：《良知与恕道——心学伦理的内在张力及其克服》，《道德与文明》2019年第5期。

③彭彦华：《心学与国人的信仰哲学》，《东岳论丛》2019年第2期。

性，“以和为贵、和而不同”的共同体思想展现出“中国式”处世方式，透过儒家视角对人类命运共同体进行探析具有独特的当代价值。[①]段江波探讨了对中国传统道德哲学“悟”的运思方式，指出：“悟”是一种集道德情感、道德理性与道德行动总和效应下，实现个体道德境界提升的道德认知实践活动，是中国传统道德哲学较为独特的一种运思方式。王阳明“悟道”的亲历，揭示了“悟”作为中国传统道德哲学的运思逻辑，即以体会“成圣之道”为目标，历经“疑”“困”“遇”“通”“证”，最终完成“悟道”。[②]

杨祖汉、丘山石等论述了程朱理学与陆王心学的会通问题。杨祖汉借用康德“自由与无条件的法则互相涵蕴”与“对于无条件的实践的东西的认识，是从自由开始，抑或从实践法则开始”之说，说明程朱与陆王两种思想形态的特性，并提出可以会通之途径。[③]丘山石认为程朱与陆王之学，虽形态不同、致思路向有异，但在学理、学的、工夫等方面多有互相会通之处。二者始终互相补充、互相会通、互相依存，始终同气相求，共同构筑中国传统思想文化的摩天大厦。[④]曹晔以明代绍兴府为例，探讨了理学讲会的发展形态以及在长时期的礼教下渗过程中所扮演的角色，地方士人社群对此的接受与回应。指出：由王阳明开启的阳明学讲会，不仅促进了理学自身的发展，也培养了一批对学说本身颇有造诣，且能积极从事化乡工作的领导人。中晚明围绕着王阳明学说而形成并逐渐壮大的讲会群体，不仅与其自身的身份形塑有关，且与礼仪制度密切相关，可以看到一种群体自觉意识与礼仪实践的具体事务之强化的趋势。讲会成员的自修生活、对理学家的纪念仪式等等，均为之提供了持续稳定的身份认同来源，并在此基础上与地方政府形成良性的互动，共同促进以礼化乡的文明进程。[⑤]

①刘培功、单虹泽：《从“大同世界”到“万物一体”——论儒家人类命运共同体思想及其当代价值》，《河南社会科学》2019年第8期。

②段江波：《“悟”：一种中国传统道德哲学运思方式》，《华东师范大学学报（哲学社会科学版）》2019年第6期。

③杨祖汉：《再论程朱、陆王二系的会通》，《杭州师范大学学报（社会科学版）》2019年第5期。

④丘山石：《简论程朱陆王之会通（上、下）》，《朱子文化》2019年第2期、第3期。

⑤曹晔：《明代的理学讲会与地方礼教——以绍兴府为中心的考察》，《中国文化研究》2019年第4期。

姚浩逸通过对“无善无恶”之辨的学术史考察，探讨了明清之际的学术转型问题，指出：“无善无恶”之辨，由王畿、钱德洪发其端，经许孚远、周汝登进一步发展，至东林学派顾宪成、高攀龙，使得学界展开了“由王返朱”思潮，并对刘宗周产生了影响。清初，随着“无善无恶”之辨的进一步深入，“由王返朱”思潮得以进一步展开。文中重点梳理了清初理学家有关“无善无恶”的辨析，指出：吕留良与陆陇其的辨析在“援佛入儒”上具有很多相似之处，张烈的辨析较为严苛，魏裔介主要致力于重新恢复“性善”论，熊赐履主要是为了重新挺立“理”在“理学”中的核心地位。[①]吴玉琨考察了宋明儒者对《中庸》“隐”思想诠释不同面向，指出：宋儒侧重于从形上学和工夫论来解读，明儒则侧重从心性论和实用论角度解读。阳明及王门后学多认为“隐”不是存在于外界事物中，而是存在于人心中的。其对天人关系的理解与宋儒有所区别，将“客观”转入到“主观”上，认为“隐”是“蕴于心者”“纤毫莫遁”的存在，将“隐”与“几”联系在一起，构成一种“精一”“精微”的“隐”思想理论。[②]

冯静武探析了李光地对阳明心学的认识与批判，指出：李光地一方面“俱言王学”，在为学初期质疑程朱理学，对王阳明心学抱有“同情”；一方面又认为“伯安之失大”，对王阳明心学展开了批判，认为“王学病源”在于“心之即理”，“王学病根”在于“无善无恶为心之体”，认为王阳明错解了朱熹的“格物穷理”论。在批判阳明学的过程中有两个转向：一是由批判王阳明心学转向批判王阳明的其他学说；二是由批判阳明心学转向批判阳明学派。李光地对阳明心学态度的转变，其主要原因在于，明清之际社会环境的巨变，其宦海沉浮的人生历程，以及个人的儒学立场尤其是朱子学的立场。[③]唐青州探讨了阳明心学对魏校的影响，指出：魏校与阳明之间，曾

①姚浩逸：《“无善无恶”之辨与清初由王返朱思潮》，杭州师范大学硕士学位论文，2019年。

②吴玉琨：《宋、明儒对“隐”思想的诠释——以〈中庸〉为核心》，河南大学硕士学位论文，2019年。

③冯静武：《刍议李光地视域中的阳明心学》，《中州学刊》2019年第11期。

有过一次学术交锋，两者从心体动静的问题入手，显示出心学与理学对“心体”的不同理解。以此为契机，魏校形成了自己独特的“天根天机，动静弗离”的天根之学。其特点在于，把工夫重点放在心体—即天根—未发前的“静存涵养”工夫，指向“喜怒哀乐之未发”状态的回归、静存和体认。“静存涵养”的旨趣在于回归心体（天根），不仅扭转了胡居仁“主一持敬”之学，同时也有别于陈白沙的“端坐澄心，于静中养出端倪”的观点。魏校的天根之学，是对阳明学“心体常动”良知之观点的一种矫正。①

十一、阳明学的现当代研究

以现代思想家和现代性的视角研究阳明学，是阳明学研究的重要维度，可以凸显阳明学的现代价值和对现代思想的影响，促进阳明学的创造性转化和创新性发展，具有重要的意义。李雅萍以《大学》释义为中心，探析了熊十力对“致良知”与“格物”关系的新解，指出：熊十力继承了阳明良知观的要义，同时扬弃了阳明后学“耽虚溺寂”的弊端，建立了本体是大用流行的学说。在此前提下，区分作为“本体”的良知与作为“自体”的良知，全面阐述“致良知”与“格物致知”的关系，批判了只面向外在事物的工具理性，也批判了空谈道德而忽视经世致用的倾向。通过吸纳阳明及朱子的学说和赋予《大学》经文新诠解，熊十力建立了独特的宇宙本体论体系，有助于把道德修养工夫与实学研究相结合，为解决困扰我们时代的重大问题作出贡献。②宋大琦以心性之学的“二性”或“二心”问题为切入点，探讨了牟宗三的学术倾向，指出：程朱借鉴《大乘起信论》“一心二门”和华严宗事理分界的思路，通过天理气质、人心道心之分，心统性情、心包理之和，来实现“即理”和“造作”“存有”和“活动”的统一；阳明认为，人心道心，或道德心和认知心却只是一心，不存在二

①唐青州：《心学视域下的魏校“天根之学”阐微》，《周易研究》2019年第6期。

②李雅萍：《“致良知”与“格物”关系的体用论新解——论熊十力〈大学〉释义对阳明心学的补阙》，《云南大学学报（社会科学版）》2019年第3期。

门二性之说。牟宗三的自由无限心概念接近于阳明学的良知，又判朱熹一系“别子为宗”而推崇五峰—阳明一系，故学者惯以为其思想近王而远朱。然而从一心开二门、良知坎陷而为认知理性的思路，以及对阳明学人性论的批评等关键问题来看，牟宗三在基础性的思维方式上与朱熹的二元论更为接近，实为近朱而远王。①

张倩论述了唐君毅对阳明“乐是心之本体”的解读，指出：阳明“乐是心之本体”说，将儒学中关于“乐”的讨论形上化，并赋予其绝对性。唐君毅承续了阳明这一思路，从本体之乐、生生不已之乐、人文世界之乐三个层面来说明“乐是心之本体”，在此基础上说明了中国文化的特质以及中西文化融合的着力点，较好地沟通了形上本体和人文世界。②李玮皓探讨了唐君毅诠释视域下王阳明思想的治疗学向度，指出：在唐君毅的诠释视域下，阳明“万物一体”论有治疗之意蕴。此治疗意义有助于当代之吾人立于生存需求之上，进而追寻“意义价值之需求”，自觉自我之生命意义并实践之。在唐君毅之诠释下，阳明良知教之义蕴可体贴于吾人所处之生活世界中，治疗受疏离与异化之苦痛之吾人，使吾人之生命获得“治疗”，恢复与天地万物本具之一体感，体现儒者之终极关怀。③李玮皓比较了牟宗三与唐君毅对阳明良知学诠释视域的异同，指出：在牟宗三的诠释视域下，阳明良知学于现当代有两个诠释向度：一是成就了知识逻辑等之“执的存有论”向度；二是从形上学方面以道德实体之呈现落实，而贞定天地万物之在其自己之“无执的存有论”向度；唐君毅立基于“良知”为吾人生命之意义之根本之诠释视域下，提供一条吾人论述阳明良知学如何建立现代人文世界的可供参照之道。其相同之处在于，二者立说皆建立在阳明文本之充分把握上，而正面肯定王阳明良知学之意义价值。其不同之

①宋大琦：《牟子近朱远王论——从一个心性学的视角》，《孔子研究》2019年第5期。

②张倩：《唐君毅对阳明“乐是心之本体”的解读》，《贵阳学院学报（社会科学版）》2019年第5期。

③李玮皓：《论唐君毅诠释视域下王阳明思想的治疗学向度》，《宜宾学院学报》2019年第11期。

处在于，“思辨分解”与“辩证体验”、“逆觉体证”与“性情感通”、“宋明三系说”与“朱陆之通郇”的诠释视域差异。[①]

程海霞考察了徐梵澄对王阳明龙场彻悟原理的阐述，指出：在《陆王学述》一书中，徐梵澄对王阳明龙场彻悟原理作了极为清晰的阐述：“大知觉性”为龙场悟道得以实现提供了本体依据；“大知觉性”的层次划分使得彻悟的位次得以明晰；理智作为较高知觉性为彻悟提供了另一种可能；彻悟的实现意味着知觉性层次的跃迁。反映出徐氏对神秘主义、心灵体悟所作的独特定位，不仅仅是对“一悟便了”的钟情，更是对定然真实的推崇、对儒佛融合的精思。[②]李卓以《陆王学述》为中心，考察了徐梵澄对陆王心学的诠解，指出：徐梵澄从精神哲学的立场出发，借助“知觉性”的概念，对象山、阳明之学的心性与功夫做了独特的诠释，又以科学和方式来研究“精神知识”“玄秘科学”的领域，对宋明儒者精神修为中的“前知”“顿悟”做了理性层面的说明。[③]此外，辛红娟、费周瑛从宏观与微观两个层面，探讨了陈荣捷《传习录》英译本在语言、文化上的转喻特点，指出陈荣捷英译《传习录》时直视中西文化差异，通过转喻式术语置换，在文本中呈现中西哲学话语体系的差异，属于典型的比较哲学意义上的文本翻译，对于构建中国海外学术话语体系具有启示意义。[④]

十二、阳明学的当代价值研究

立足当前的时代课题和现实需要，挖掘、汲取王阳明思想的精华，对其进行创新解读和继承发展，实现其意义与价值的现实转换，是阳明学研

①李玮皓：《论牟宗三与唐君毅对王阳明良知学诠释视域之异同》，《南昌大学学报（人文社会科学版）》2019年第5期。

②程海霞：《“大知觉性”及其实现——徐梵澄论王阳明龙场彻悟之基本原理》，《世界宗教文化》2019年第5期。

③李卓：《精神哲学与陆王心学——以徐梵澄〈陆王学述〉为中心》，《世界宗教研究》2019年第5期。

④辛红娟、费周瑛：《陈荣捷〈传习录〉英译的转喻视角研究》，《国际汉学》2019年第2期。

究中的一项重要课题。王磊、车辙论述了王阳明道德教化思想对当代的启示意义，指出：王阳明认为教育应以道德教化为先务，道德教化是在道德情感、道德行为、道德理性维度开展的系统工程。道德情感以艺术熏陶来兴发更有效果，道德行为以习惯训练来培养更易成就，而道德理性则以理性思辨、克己实践来开显更为合适。在道德教化过程中，道德情感的兴发应该在先，之后道德行为的养成和道德理性的开发双管齐下、互相促进，如此才更易收获实效。王阳明的道德教化思想对当今的德育工作具有重要的启示作用。[①]赵潜等以“知行合一”为中心，论述了阳明心学对践行社会主义核心价值观的启示，指出：阳明心学与社会主义核心价值观具有同质性，二者都强调人的主体性、社会的责任意识以及对“德”的追求，是涵养社会主义核心价值观的重要源泉。其“知行合一”思想，对新时代培育和践行社会主义核心价值观有着深层启示意义，即心上学、事上磨、致良知、合为一，使之内化于心，外化于行。[②]

滕永琛从人格精神的建构意义展开，从经世致用的政治向度切入，探讨了阳明心学对当下“为民服务”“实干兴邦”以及“廉洁从政”的积极意义。[③]王伟论述了王阳明廉政思想的当代价值，指出：阳明心学中蕴涵的廉政思想，不仅是中国传统廉政文化中的精华，也是增强中国人廉政文化自信的切入点之一。“破心中贼”与当前正在构筑的“不想腐”堤坝，无论在反腐倡廉的对象、范围、内容上还是理念、路径、措施上都有很大程度的同质性；以为善去恶为主要内容的“致良知”，可提供“党性”与“心性”之间跨时空对话的基础；“知行合一”对研判和治理“两面人”“两面派”现象具有重要的借鉴意义。[④]赵文会论述了阳明心学对当代

①王磊、车辙：《王阳明的道德教化思想及其当代启示》，《当代中国价值观研究》2019年第1期。

②赵潜、叶进、李艳娇：《知行合一：新时代阳明心学对践行社会主义核心价值观的深层启示》，《南京航空航天大学学报（社会科学版）》2019年第2期。

③滕永琛：《阳明心学的再认识与当代意义初探》，《青年发展论坛》2019年第5期。

④王伟：《王阳明心学廉政思想阐释及其当代价值》，《四川理工学院学报（社会科学版）》2019第5期。

贵州教育发展的启示，认为：王阳明“心即理”思想提升了贵州教育发展的文化自信，“致良知”思想指出了贵州教育发展的远大理想，“知行合一”思想提供了贵州教育发展的道路选择。无论从历史还是现实维度，阳明心学对贵州教育的发展都意义深远。[①]

万绪珍、邹秀季论述了王阳明德育思想的当代价值，指出：“心即理”表明德育应高扬人的主体性；“学莫先于立志”，表明理想信念教育对于德育的重要意义；“致良知”，意味着德育贵在“内化于心、外化于行”。[②]白立强阐发了《传习录》中所蕴含的人自由全面发展思想及其当代启示，认为其包括了主体性、自觉性、身心和谐、天人一体等特征。不忘初心回归人之为人的完美状态、牢记天命塑造我材有用的积极势态、物我齐一构建和合共生的良性生态，在当下具有一定现实价值。[③]陈复论述了阳明心学对心理咨询的启发，认为：由心学心理学的角度发展智慧咨询工作，基本特征有三：“士人”混同“庶人”的咨询伦理、“先觉”启发“后觉”的咨询关系、“实相”对峙“表象”的咨询方法。[④]徐春林论述了阳明学的心灵治疗学意义，指出：心灵问题不仅是阳明学产生的“问题意识”，且贯穿于阳明学的形成与发展，是阳明学的基本内容，具有显著的心灵治疗学意义。其心灵治疗是通过“意义赋予”的途径实现的，是典型的意义治疗法。这种意义治疗法是通过心即理、致良知、知行合一等思想来实现的。阳明学的心灵治疗学意义，可以成为解决当下心灵问题的良方，具有重要的现实意义。[⑤]

黄诚、钟海连探讨了阳明心学对当代社会心态建设的意义和价值，指出：阳明心学对于调适人的身心健康、情绪状态以及救治不良的社会心态

①赵文会：《论阳明心学对当代贵州教育发展的启示》，《中国地名》2019年第7期。

②万绪珍、邹秀季：《论王阳明的德育思想及其当代价值》，《广西科技师范学院学报》2019年第5期。

③白立强：《〈传习录〉对人自由全面发展的当代启示》，《扬州教育学院学报》2019年第3期。

④陈复：《智慧咨询的理念与实作：阳明心学对心理咨询的启发》，《贵阳学院学报（社会科学版）》2019年第3期。

⑤徐春林：《论阳明学的心灵治疗学意义》，《贵阳学院学报（社会科学版）》2019年第3期。

有积极作用。开掘心学思想资源，加强社会心态建设，有利于心学与社会心态形成良好的互动影响，有利于提升个体生命的德性修养和心灵境界，有助于推动社会和谐局面的出现与人的自由全面发展，有益于良好、健康和绿色社会心态的形成与建构。[①]此外，二者还具体论述了阳明心学对企业家心态建设的意义和价值，指出：阳明心学中丰富的思想资源，可以为培育企业家健康向上的良好心态提供理论支持和方法启迪，有助企业家更好地为中国特色社会主义市场经济的改革创新做出更大的贡献。[②]孙敏明论述了王阳明美育思想对于当代大学生人格建构的启示和意义。[③]

黄玉顺就阳明心学与儒学的现代化问题展开了论述，指出：阳明心学的伦理学及政治哲学的内容，基本上还是帝国时代的那套社会规范及制度；其心本体论，为儒家哲学的现代转型开辟了巨大的空间。虽然阳明心学本身还算不上现代性哲学，但却在学理上孕育了儒家的现代性哲学。[④]

十三、阳明学研究的回顾与前瞻

在不断深化和拓展阳明学研究的同时，本年度部分学者也对阳明学研究的历史和现状进行了回顾与反思，对阳明学研究的未来走向做了前瞻性研究。这些研究无论是对于推动阳明学的深入开展，还是更好地传承弘扬阳明学都具有重要意义和价值。魏义霞回顾了中国近代阳明学研究的历程，指出：近代哲学家基于各自的哲学理念、政治诉求和价值旨趣审视王阳明的思想，以不同范式解读、诠释阳明学，形成了孔教视域、孔学视域、西学视域、东方文化视域、心理建设视域、国粹视域等六种不同的阳明学研究范式和形态。近代阳明学研究带有与生俱来的时代烙印和鲜明特征，反思近代哲学家的阳明学研究，既有助于直观感受阳明学在近代的传

① 黄诚、钟海连：《论阳明心学与当代社会心态建设的互动关系》，《贵州大学学报（社会科学版）》2019年第1期。

② 钟海连、黄诚：《王阳明心学智慧与企业家心态建设》，《中国文化与管理》2019年第1期。

③ 孙敏明：《论王阳明美育思想和现代教育》，《学理论》2019年第1期。

④ 黄玉顺：《阳明心学与儒学现代化问题》，《中国文化论衡》2019年第1期。

播，又可以得到诸多启示和启迪。[1]毕游从分系和范畴两个角度入手，考察了近代以来关于朱熹、陆九渊、王阳明比较研究的主要观点，认为今后宋明理学的研究，应继续在道德的权威性和知识性方面深入发掘。[2]

何善蒙针对当前阳明心学被成功学化、心灵鸡汤化的趋势，指出：未来阳明学的研究，在传统人文学的概念诠释的同时，更加需要采用社会科学研究的视角和方法，避免纯粹概念化的抽象所导致的鸡汤化、成功学化的倾向，社会科学的视角和方法是更加贴合阳明心学思想的一种研究方式。[3]吴震就朱子学与阳明学研究中的相关问题作了阐释，指出：朱子学与阳明学可以有广狭两义的理解，狭义指朱子或阳明个人的哲学思想，广义则包含朱子或阳明之后学以及后世的朱子学者或阳明学者有关朱子学和阳明学的思想诠释、理论发展。朱子学和阳明学不是封闭的静止的理论系统，而是可以不断发展和开拓的动态的思想体系。因而转换审视的角度，既要将朱子学和阳明学置于广义宋明理学视域中，同时亦须将宋明理学视作一场整体的思想运动，才能对朱子学和阳明学获得整体性的思想了解和历史把握，以重现作为广义宋明理学视域中的朱子学和阳明学的理论意义及其思想价值。[4]

①魏义霞：《论中国近代的阳明学研究》，《中共宁波市委党校学报》2019年第1期。

②毕游：《20世纪以来关于朱、陆、王之异同的比较研究综论》，《中国史研究动态》2019年第4期。

③何善蒙：《阳明心学的研究应多采用社会科学的视角和方法》，《贵阳学院学报（社会科学版）》2019年第4期。

④吴震：《宋明理学视域中的朱子学与阳明学》，《哲学研究》2019年第5期。

贰

中国台湾阳明学研究综述

2019年台湾阳明学相关研究成果丰硕，笔者从2019年的期刊论文当中，分别摘录数篇来进行论述。笔者以台湾重要期刊、重要学者、对阳明学义理有新意之论文或青年学者等为主要依据，提供论文摘要整理，并根据研究成果作一综述。根据研究内容，约略区分为七种类型：第一，阳明后学研究；第二，当代新儒家之阳明学；第三，明代庄学研究；第四，东亚阳明学；第五，比较哲学；第六，阳明学当代诠释；第七，阳明礼学研究。

一、阳明后学研究

黄宗羲在明儒学案中，认为“姚江之学，惟江右得其传”。罗念庵则是江右王门代表之一。当代新儒家学者牟宗三及唐君毅，二人对于罗念庵之学有不同的分判。牟宗三认为罗念庵采取分解的进路将良知区分成已发和未发二者，在工夫论上通过“致虚守寂”归到那“未发之体”，此非王学之思路。唐君毅不同于牟宗三的观点，认为罗念庵的“由工夫证本体一路”，属于对治“见在良知”的流弊之工夫型态。由此观之，“罗念庵思想型态归属？”一问题，目前学界尚未形成定论。陈佳铭《罗念庵之学对“归寂”的超越与发展》[①]一文的目的在于：对罗念庵的哲学型态进行定位。过去学者都受到黄宗羲的影响，将聂双江、罗念庵视为同一思想型态，于此，作者认为有必要区分双江、念庵二人的思想型态为两种不同的心学型态。作者首先指出，聂双江思想型态问题在于：第一，割裂心体为二，将良知区分为已发及未发，即良知之本体及良知之名觉；第二，混杂良知之超越层之本心与感性层之气性情感；第三，在工夫论上，双江宗于归寂，不合于阳明“逆觉体证”之型态；第四，归寂工夫造成无穷后退之问题，即对于本心之善端之发不能信，而必归寂于“未发之体”，又此“未发之体”又需呈显。再者，作者认为罗念庵的思想历程不出于胡直的“三变”说，不同于当代学者之处，作者指出，罗念庵的“三变”说实属

①陈佳铭：《罗念庵之学对“归寂”的超越与发展》，（台湾）《淡江中文学报》2019年总第40期。

“致虚主静”型态的三阶段深化及发展，即：“早期为致虚主静”“中期为反省‘归寂说’的时期”“晚期为收摄保聚”。作者透过分析“三变”说，认为罗念庵并未受到王龙溪“见在良知”及聂双江“归寂说”的影响。在《明儒学案》中，黄宗羲将罗念庵视为江右王门，但作者认为不应将罗念庵归属于阳明系统。作者指出：罗念庵的心体虽也有知善恶并为善去恶的道德动力，但他求的是“纯净无杂之体”，与阳明言“致良知”强调“时时可以呈显而发用流行”之型态有所不同。据此，作者认为有必要将罗念庵的思想型态从王阳明及聂双江中区分开来：一者，不应该将罗念庵视为王门后学；二者，在良知的解释上，不同于聂双江，罗念庵并没有区分已发、未发以及割裂心体之问题。作者指出罗念庵的思想，在心性论上是继承明道主静、识仁思想；在工夫论上属于杨龟山“超越的体证”之工夫型态，此一型态可以解决聂双江归寂理论的困境。最后，作者认为罗念庵之学实属另一种心学型态，但是过去学界错误地将罗念庵视为阳明学系统。

笔者将作者的重点章节罗列如下，以便读者掌握。一，聂双江思想型态的问题；二，从罗念庵之学的“三变”论起；三，罗念庵哲学的定位问题。

《罗念庵之学对“归寂”的超越与发展》一文，属于开创性的研究，作者指出：第一，过去学者错误地将聂双江与罗念庵视为同一思想型态；第二，主张罗念庵与阳明实属于二种不同之“心学型态”。笔者认为此二观点都是作者相较于过去研究更进一步之处。

二、当代新儒家之阳明学

方东美作为当代新儒家重要学者之一，目前学界多半关注方东美在《易经》及“华严学”上的研究成果，而宋明儒学的发展研究成果，却罕为学界所关注。游腾达《方东美之“王阳明”研究探微——兼论明中叶“重返程明道”的学术思潮》[①]一文，目的在于：以方东美的《中国哲学精神及其发展》一书为依据，来掌握方东美对于阳明学的研究心得。此文可以区分出两部分，第一，方东美对于阳明哲学的诠释：第二，明代中叶后“重返程明道”的学术思潮。在第一部分中，作者花了不少心力，细心地分析整理方东美对于阳明学的诠释，归纳出几个重点。第一，以“机体一元论”作为阳明哲学的起点；第二，阳明学说深受道家影响；第三，阳明心学受到释氏影响，例如阳明“鉴喻之说”“饶有禅宗机趣”，以及良知时亦受到大乘佛教般若系统的影响。以上都是方东美对于阳明学独特的诠释之处。第二部分，作者指出，明代中叶时，包括王阳明的理学家兴起一学术风潮，即：重返程明道思想。作者处理了王阳明对程明道思想的继承，指出阳明确实有受到程明道的《定性书》、“万物一体论”的影响。在此思潮当中，除了王阳明之外，作者另举出了三个重要理学家，胡敬斋、湛甘泉、罗整庵作为对照。从作者的举例来看，“重返程明道”的学术思潮同时包含了程朱学者及阳明学者。由此观之，在15—16世纪时，明道思想作为一个当时儒家学者共同的学术资源，并且从作者的分析来看，很清楚当时儒家学者都欲透过明道思想，进一步处理当时的学术争论。例如，作者指出湛甘泉透过彰显程明道言“内外合一”之学，来超克当时的朱、陆之争；又罗整庵也吸收了明道之学，提出“理气为一物”的主张，来修正伊川、朱子理气二元两相悬隔之问题。作者以提纲挈领的方式，分析了当时儒家学者如何吸收明道思想后，进一步会释当时的学术争论。

笔者将作者的重点章节罗列如下，以便读者掌握。一，方东美对“阳明哲学”的论析及其启示； 二，明代中叶“重返程明道”的学术思潮。

在主文中，作者发掘过去长期被忽略的方东美研究成果，清楚指

---

①游腾达：《方东美之“王阳明”研究探微——兼论明中叶“重返程明道”的学术思潮》，（台湾）《当代儒学研究》2019年总第27期。

出方东美在宋明理学上的独特观点；在旁论中，作者考察了明代中叶后“重返程明道”的学术思潮，并以四个重要的理学家为例。笔者认为作者的论述试图在回答一重要问题，即：“为何15—16世纪时，在儒家思想中，会出现‘重返程明道’的学术思潮？”

三、明代庄学研究

明代初期儒家思想仍以程朱理学作为主流，在此学术氛围之下，当时儒家学者对于《庄子》的相关注疏进入一个停滞时期；而相较于明代初期，晚明时期的“庄子学”研究则是蓬勃发展、百家争鸣，此中的转折关键之一来自阳明学者朱得之。朱得之以阳明心学的义理思想来诠释《老子》《庄子》等书，著有《老子通义》《庄子通义》。当代台湾学界中，对于朱得之的研究并非属于显学，但在杨儒宾2016年出版《儒门内的庄子》一书后，学界开始关注庄子儒门化的议题，进而朱得之的思想亦为学界所注意。2019年便有两篇朱得之的相关论文，分别处理朱得之《庄子通义》及《老子通义》。笔者综述如下：

在《心物之间——从朱得之〈庄子通义〉一书见明代阳明学与庄学互涉之意义》[①]一文中，作者关注的问题在于：朱得之如何以阳明心学的思想来诠释庄子学，使庄子儒家化（特别是阳明学）。作者讨论的进路则放在“心物关系”上，其整理了朱得之如何继承阳明“良知之教”，并清楚说明了阳明后学流弊之所在。在“心物关系”上，作者提出重要观点，即：朱得之对于“物”的格外重视，在工夫论上，提出不同于阳明的“格物说”强调“一己之心念”；朱得之将“格物”解读为“通物情”，亦即“物各付物”之“用”，强调“心念所在的客观”之“物”，强化“物”具有独立性的位置。作者认为此诠释的转换，除了修正王学末学“情识而

---

①王斋慈：《心物之间——从朱得之〈庄子通义〉一书见明代阳明学与庄学互涉之意义》，（台湾）《汉学研究》2019年第3期。

肆”与“虚悬而荡”弊病之外，也进而影响到朱得之对于庄子的诠释，亦造成晚明庄学对“物”之独特见解。最后，作者认为在《庄子通义》中，庄子学与阳明学交涉过程中，除了互相发明彼此的思想体系外，背后亦反映朱得之继承阳明晚期所强调的“三教道一”思想。

文章重点章节罗列如下：一，朱得之生平思想与心学背景；二，朱得之《庄子通义》一书中的思想与心学内涵。

在《“人者，天地之心，道之都也”——论朱得之〈老子通义〉对老子思想之接受》[①]一文中，作者清楚地交代了朱得之的生平背景及思想源流，并引述诸多当代相关研究，让读者能清楚掌握朱得之对于老子思想的接受、转化、注疏《老子》之目的等。对于老子思想接受方面，作者认为与朱得之受到阳明言“虚灵良知”“万物一体”等论述的影响，以及朱得之当时处“三教一家”的时空背景下有密切相关。再者，作者分析朱得之撰述《老子通义》的目的在于：批判当时俗儒对于老子思想的误解与抹杀。根据作者的叙述，当时老、列、庄三子的思想不在科举考试范围之中，于是常为当时俗儒所忽视。作者认为朱得之对于老子颇有体会，认为当时儒者不能深明老子言“天道自然”之义。朱得之在《老子通义》中对于老子思想的转化，作者提出一重要的观点，即：“老子思想的心学式的重构”。此重构可以区分出两部分；一者，心之扩张与上扬；一者，良知之引入与融合。首先，作者指出老子与心学得以融合的背景在于老子所关注议题在于社会及人生，此一部分与心学实有共通之处。再者，根据作者的说明，“心之扩张与上扬”是指朱得之主张“心性不能相分”，道不离心、道不离性，透过此一诠释来扩张老子言“心”之功能，上扬其道德价值，让老子亦能含有“体现天地之心”之思想。而“良知之引入与融合”指的是，作者认为朱得之有意引入阳明“良知之教”，以诠释老子言“天

①覃友群：《“人者，天地之心，道之都也”——论朱得之〈老子通义〉对老子思想之接受》，（台湾）《东吴中文在线学术论文》2019年总第46期。

道”之概念，来作为老子“道论”之基础。

笔者将作者的重点章节罗列如下，以便读者掌握。一，朱得之对老子思想之接受；二，朱得之撰作《老子通义》之目的；三，《老子通义》对于老子思想之转化。

综述：笔者所列探讨“庄子儒门化”的两篇文章各有所长。《心物之间——从朱得之〈庄子通义〉一书见明代阳明学与庄学互涉之意义》一文，以问题意识为导向，关注阳明与朱得知在“心物问题”上的诠释差异，并透过探讨阳明与朱得之二人对于“格物”诠释的转换，并指出此转换背后的理由。《“人者，天地之心，道之都也”——论朱得之〈老子通义〉对老子思想之接受》一文，作者通过优秀的古文掌握能力及大量的二手文献，整理出朱得之《老子通义》的重要观点。二人都为朱得之思想研究提供了重要的初步研究成果。

四、东亚阳明学

在台湾学界中，谈论到“冥契主义”，多以佛老为主，而儒家式的冥契主义少为学者所关注，目前除了杨儒宾透过荣格理论作为进路来讨论王门学者之外，尚有冯友兰及陈来，但二位学者都是以介绍的方式来讨论儒家式的冥契主义。陈廷嘉《对阳明神秘经验问题的重新思考——以汤浅泰雄哲学为参照》[①]一文，则聚焦在儒家式的冥契主义上，并以京都学派作为参照点，重新思考王阳明神秘经验问题。首先，作者认为应将东西方的冥契主义放在不同脉络下讨论，也就是区分出东方与西方冥契主义的差异。作者讨论京都学派的两位重要学者西田几多郎和汤浅泰雄，指出京都学派重视“内在的超越”，强调“心”反求诸己的问题等，可以作为与王阳明对话之可能途径。作者试图从阳明言“良知本体”及“知行合一”与汤浅言

①陈廷嘉：《对阳明神秘经验问题的重新思考——以汤浅泰雄哲学为参照》，(台湾)《当代儒学研究》2019年总第27期。

“行为的直观”及“宇宙的真理”等进行对话。

第一部分，作者说明阳明言“良知本体”是先于经验的，具有“先天性”与“普遍性”。再者，阳明“四句教”言“无善无恶”，作者认为“无善无恶”本身即是属于“绝对否定的方式”，此与京都学派，如西田“场所逻辑”，即：“绝对矛盾的自我统一”是一致的。在第二部分，作者讨论阳明言“知行合一”及汤浅言“身心一如”的相关性。作者认为二者的相通性就在于“纯粹经验”。作者以《传习录》中，言“孺子入井”一段文献，指出此“纯粹”指的是“不具有任何思虑分别，它是真正的经验原样的状态”。最后，作者认为阳明学中的神秘经验来自“良知本体”或“理”在意识现象上显现时所伴随的“一体之感”。

作者首先以京都学派汤浅雄泰为参照，但作者在论文中涉及诸多哲学家的观点，如西田几多郎、海德格尔等人，以交错的方式进行讨论，虽然各种哲学观点、概念交错进行，有时会造成读者在阅读上的吃力，但亦反映了作者大量阅读二手哲学文献的成果。再者，学界常以暴力的方式直接使用西方的理论来讨论东方思想，而忽略了东方思想的独特性。作者亦意识到此一问题，在论文开始时，便强调不应该用西方理论直接来讨论东方的冥契主义。

五、比较哲学

在当代中国哲学研究中，自牟宗三以降，儒家与康德道德哲学之比较研究已经成为当代显学，但在康德实践方法及儒家工夫论上的比较研究，仍较少受到学者关注。陈士诚《论阳明之本体工夫：一个哲学之比较研究》①一文，则将焦点放在康德与儒学工夫学之比较。首先，作者在“判断与动机间之分离及其困难”一节中，指出康德的实践方法学在伦理学上存在一个预设，即：道德判断与动机之分离。作者指出此预设也造成了实

①陈士诚：《论阳明之本体工夫：一个哲学之比较研究》，（台湾）《“国立”政治大学哲学学报》2019年总第42期。

践方法之特征在于：训练人在道德情境中进行道德判断，强化判断能力进以培养道德感。作者强调，对于康德而言，“道德法则”之概念，即普遍性原则，是依自身而有，表现在自身反思关系中，即所谓“自律”；“道德情感”指对于道德法则之敬畏，作者清楚说明在德文中，此“敬畏”含有“提醒”“警告”之意。作者认为人对于道德法则之敬畏不是依自身而有，是因法则的警告而有。顺此，道德法则与道德情感，二者实属异质关系，在此关系下，作者认为必然会产生“道德判断”与“道德动机”之二分，此亦是康德实践方法学上之基本原则及特征。另一方面，作者认为阳明言“知行合一”，在“知仁义”中已含有“行仁义”的动机在，客观地对仁义之知中，已有其主观之意愿在，即知（判断）行（动机）合一，此知与行之心都属于同一心。作者指出：知行合一是解决道德判断与动机之间分离之关键所在。

作者在“知行合一之伦理学证成”一节中，提出一重要的观点，即：阳明知行合一超越了康德道德判断与动机之二分，开展出一依良知之即知即行的伦理学体系。阳明言“知行合一”，知行一心之同一性，知之判断与行之动机合一之道德主体，也就是，知与实现此知的动机间必然联结着道德主体自身，即“良知”。作者清楚指出：当知行属于不同主体，会产生两方面的伦理学困境。一方面，属于与知分离之困难；另一方面，属于与行分离之困难。前者为：第一，无法说明道德之知对于行动者之有效性如何可能；第二，行动者亦失去此知的自主性。后者为：第一，道德判断之知变成事实性认知；第二，此知亦不能有价值地相关于行动者，从而不能被理解为一道德规范。

论文后半部，作者将讨论重心放在阳明工夫学上，首先，作者指出阳明工夫来自两本文献，《大学》言“诚意正心”，克于私欲方萌之工夫；《中庸》言“戒慎恐惧”，即以培养为旨，防于私欲未萌之工夫。前者属于第二序；后者属于第一序。作者认为二者皆是良知工夫，即本体工夫，差异仅在着落处有所不同，此着落处不同在于：落于本体与落于挟善恶的意体。再者，作者区分阳明工夫及康德实践方法之差异。康德之工夫型态属于实践应用某伦理规范，因此规范相对于工夫而有，具有优先性，即先有规范，后用工夫去实现但阳明并非将工夫视为技术性、工具性等。阳明属于本体工夫，此工夫乃良知“一根而发”，属于良知自身之扩充延展，即良知作自己工夫，亦可称为“即本体即工夫”。作者认为本体工夫有三个意向之内容：立志、敬畏、戒慎恐惧。接着，作者处理了“本体工夫之伦理学证成”，分别有工夫之主观证成及工夫之客观证成，而主观证成可以开启客观证成之路。

根据笔者的解读，最后作者讨论“为恶咎责”之问题，根据本体工夫论，作者认为良知呈显不需自身外之工夫，其自身即是工夫，并且良知必然是连贯无间而在人之心灵之中成为一统一体。据此，作者强调恶仍须被究责，理由在于：良知天理不间断地存在于意识中的，且（恶人）愿意服从良知之动机，只是在扩充中最后放逸背弃此良知天理。作者举例，当人在心理状态极度不稳定下行恶，是否须要接受伦理批判？作者认为良知是无间断之主宰，人本身即须要早先培养自己的心灵质量，不使自己处于心理状态不稳定之情况，以致行恶。人之恶行之所以可以批判之理由在于：良知天理无间断的存在于心灵当中，并且时时在那警告着。

作者以比较哲学的角度阐释中西哲学的异同，此文条理分明、论证清晰、架构明确，指出了阳明本体工夫与康德实践方法学之重大差异。并且，为“为恶仍须咎责”提供一伦理学上的证成。

六、阳明学当代诠释

白宛仙《阳明心学实有诸己的精一之论》[①]一文，以阳明弟子徐爱言：“精一之功”形容阳明龙场悟道作为论题核心，此“精一之功”即是指阳

①白宛仙:《阳明心学实有诸己的精一之论》,（台湾）《当代儒学研究》2019年总第26期。

明“良知之教”。作者最为核心的观点在于：阳明良知学有双重指向，即“现在我”指向“理想我”；个体性与他者之向度。首先，作者指出，阳明心学具有“合著说”的特征，并引述了蔡龙九、任文利等学者的观点作为支持。再者，作者处理了“阳明良知学如何关系到理想我及现在我？”的问题，作者认为阳明言“心之本体”即是“理想我”，并以杨国荣及荒木见悟等学者观点作为支持。三者，作者处理了“私欲及恶”的问题，并引述了刘桂标、林雅萍、黄信二等学者观点作为支持，提出一观点，即：每一个体见自我私欲之时刻，即同时体见良知本体之契机。亦可说，所障蔽者与被障蔽者同时被体见的。

阳明“精一之功”，作者认为就良知本体而言，指心体不断体见私欲，不间断去除私欲，不断显露本体，此为良知心体之双重意含的两种指向。最后，作者归结阳明“精一之功”实为“良知本体无人己内外”。

作者处理的实为中国哲学上的老问题，此文虽不以论证为强项，亦未有重大突破之观点，但论文中引述诸多当代学者之观点，亦是作者大量阅读二手文献的成果。

七、阳明礼学研究

当代阳明学研究大多集中在“良知之教”的当代哲学诠释或比较哲学上，陈仪《王阳明礼学论述的思想奠基》①一文，是少属讨论阳明“礼学”之论文。首先，作者根据徐复观的研究，指出“礼”作为儒家重要概念之一，其发展大略可以区分几个时期：第一，在周初时期，“礼”指的是“祭祀仪节”；第二，周公制礼时期，此时“礼”概念增加了政治制度与生活行为原则的道德人文精神；第三，春秋时期，“礼”概念内涵与道德人文精神紧密的结合，原初“祭祀仪节”内涵已不复存在；第四，孔子时期，将“礼”与“仁”概念融合，成为儒家人文精神基础。作者探讨当代

①陈仪：《王阳明礼学论述的思想奠基》，(台湾)《思与言》2019年第2期。

新儒家学者牟宗三及徐复观等人之观点，随后指出：礼是一客观规范，此一规范包含道德自觉及知识学习等两种实践活动。在“礼”与“仁”的关系上，作者指出一重要问题，即：“仁”作为内在超越之道德性，当发展成为外在客观规范的“礼”时，便会产生落实之困难。《论语》中“三年之丧”便是一典型的例子。作者根据林月惠的观点，认为此一问题在阳明后学时已经不存在，理由在于：在阳明后学中，“礼”内涵具有的外在知识客观规范，完全被“道德自觉”所取代。同样的，作者引述了林远泽的观点，认为在阳明心学的架构中，政治实践完全地附属在个人的道德自主性之下。

再者，作者将讨论焦点放回阳明“礼治思想”上。作者指出阳明礼治的基本立场不同于朱子学，而是采取“以理释礼”的诠释策略。阳明强调“礼”即是“性命天道之本身”。在阳明良知学的架构下，“礼”与“仁”具有同一性之关系，天道秩序即是人道秩序，作者称之为“体用一源”。作者论文后半篇幅处理了一重要问题，即：“阳明礼治思想如何调合‘内在道德’与‘外在规范’本末次序？”对此问题，作者提出三方面来讨论：第一，经典阅读；第二，品格陶冶；第三，大人之学。其认为阳明“礼治思想”基底在于“生活性的德性教育”，此可以提供根源性的道德规范；再者，当内在道德转换成为外在规范时，必须以“道德反思”作为媒介，作者认为此一“反思性”的诠释策略，可以让阳明学脱离道德主体本位的限制。

作者论文问题意识清楚，行文条理分明，同时也将自身立论奠基在过去的学者研究上。阳明礼学思想长期被学界所忽略，笔者认为此文可作为一重要的研究开端。

综上而言，2019年台湾阳明学研究成果呈现几个研究风向，第一，承继、扩展当代新儒家学者的相关研究成果；第二，关注在东亚儒学新领域，比较中、日阳明学的继承与发展之关系；第三，与康德实践理论之交涉，指出康德实践哲学与阳明工夫学之重大差异；第四，发掘过去长期忽略阳明“礼治思想”，补足阳明礼学领域的研究；第五，关注明代庄学儒家化问题，特别对明代中叶之后的“援儒入庄”思潮，提供了重要的初步研究成果。

叁

日本阳明学研究综述

日本境内2019年发表的阳明学研究，有关中国明代阳明学的论文仅有3篇，有关日本江户时期的阳明学研究，主要围绕中江藤树、熊泽蕃山、山田方谷、横井小楠等人物仍然有众多论文。日本由传统学问向现代西学转化的重要人物西村茂树，亦有2篇研究论文发表。

二松学舍大学阳明学研究所前所长松川健二先生的遗作《论刘宗周〈论语学案〉》终于问世，该作延续松川先生著作《论语思想史》的研究思路，从刘宗周的《论语》诠释中发现刘宗周的思想特色。松川先生弟子久米晋平发表《冯少墟的王阳明理解》，该文分析冯少墟对于王阳明人格及其思想的态度，以此分析冯少墟的思想观点。此外新田元规发表有《黄宗羲〈明夷待访录〉“原君”中君主政体的起源论》。日本学者的文献译注整理方面，东洋大学吉田公平、小路口聪团队发表有王畿的《余氏家会籍题辞》①和邹守益的《龙华会语》《惜阴申约》《惜阴说》②。二松学舍大学王龙溪读书班发表了王畿《重刻阳明先生文录后序》和《读先师再报海日翁吉安起兵书序》的译注。这些版本的校对和文本译注，具有宝贵的参考价值。

日本江户时期的阳明学思想研究，日本阳明学创始人中江藤树及其弟子熊泽蕃山一直是日本学界的研究重点。时隔9年远山敦再次发表《中江藤树的〈中庸解〉（2）》，高桥文博在2018年发中江藤树研究之后，继续发表关于熊泽蕃山的研究《俟后之君子的熊泽蕃山——近世日本阳明学的展开（2）》③。日本江户幕府末期的阳明学者，山田方谷与横井小楠也是学界

① [日] 小路口聪：《王畿〈余氏家会籍题辞〉译注——阳明门下的讲会活动纪录精读（4）》（《王畿「余氏家會籍題辭」訳注：陽明門下の講会活動記録を読む（4）》），《東洋思想文化》第6号，2019年。

② [日] 吉田公平、小路口聪等：《邹守益会语资料〈龙华会语〉〈惜阴申约〉〈惜阴说〉译注——阳明门下会语纪录精读（3）》[《鄒守益「会語」資料（龍華會語•惜陰申約•惜陰説）訳注：陽明門下の会語記録を読む（其の3）》]，《白山中国学》第25号，2019年。

③ [日] 高桥文博：《俟后之君子的熊泽蕃山——近世日本阳明学的展开（2）》（《後の君子を俟つ熊沢蕃山——近世日本における陽明学の展開（2）》），《就実大学大学院教育学研究科紀要》第4号，2019年。

研究的热点。原信太郎发表《山田方谷晚年思想的同时代评价》[①]，高泽修一发表《幕末时期阳明学者的财政改革——以山田方谷和河井继之助的藩政改革为中心》[②]，捷克学者大卫·拉布斯发表《幕末时代的技术与公论——以横井小楠为中心》。自熊泽蕃山以来，日本的阳明学者往往有着政治、经济等方面的思想和实践，日本阳明学者的研究往往不限于思想方面，经济、管理等方面都有大量的论著。志野好伸的《西村茂树〈小学修身训〉的道德观——西方与中国的间隙》以及小路口聪的《"自识"（意识）的发现——读西村茂树的〈心学讲义〉》，两篇论文都关注日本明治维新时期，由传统学问向近代西学转化过程中的思想交错，对于反思传统思想以及近代西学的吸收都具有重要价值。

心学的当代价值，江藤茂博的《阳明学与二松学舍大学》[③]呈现了具有阳明学渊源的二松学舍大学，如今该校主编的《阳明学》杂志仍然每年出版。石田梅岩的心学具有独特的思想和广泛的影响，清水正博《石田梅岩的真髓与当代传承的石门心学》不仅概述了石田梅岩的生平与思想，更结合作者长期对于日本全国各地石门心学讲舍的调查，分析石门心学讲学活动特点以及当代传承。尤其是对石门心学的践行者松下幸之助、稻盛和夫等人的分析，进一步强调石门心学的当代价值。

一、王阳明及其后学

久米晋平的研究长期关注冯少墟（从吾）、彭南均（定求）等明末学者，以往的论述指出冯少墟师从许敬庵（孚远），重视性善说而反对无善无恶。冯少墟的思想经历了阳明学的接受、批评再到朱王调和的阶段，

---

① [日] 原信太郎：《山田方谷晚年思想的同时代评价》（《山田方谷晚年の思想の同時代評価》），《日本儒教学会報》第3号，2019年。

② [日] 高泽修一：《幕末时期阳明学者的财政改革——以山田方谷和河井继之助的藩政改革为中心》（《幕末期における陽明学者の行財政改革：山田方谷と河井継之助の藩政改革を中心に》），《経営論集》第38号，2019年。

③ [日] 江藤茂博：《阳明学与二松学舍大学》（《陽明学と二松学舎大学》），《アジア文化》第36号，2019年。

强调朱熹的主敬说和王阳明的致良知说。久米晋平《冯少墟的王阳明理解》[①]一文，具体从“人心仲尼诗”“理想之儒”“王阳明事迹的评价”“良知的把握”“笃信圣人”“致良知”这六个方面分析了冯少墟对于王阳明思想的接受。

冯少墟9岁之时，其父冯友赠其王阳明《咏良知四道示诸生》的“人心仲尼诗”，“个个人心有仲尼”，冯少墟以此为学问标的，终身奉行。作为理想人格，冯少墟区分了真儒、醇儒、大儒。对于明儒薛瑄、陈献章、胡居仁、王阳明四人从祀孔庙，冯少墟称赞四人“咸真修实悟，有光圣门”。阳明平定宁王之乱、地方动荡，其功绩的取得是否在于“机权”，冯少墟提出王阳明之才“用于正则为经济”，称赞王阳明龙场流放的“从容”，平定宁王之乱的“谨让”，都反映了冯少墟对于王阳明品格及其学问的赞赏。但是对于阳明学之传，冯少墟认为只有关中先贤南元善（大吉）“以致良知为宗旨，以慎独改过为致知工夫”最为得当。对于王阳明所说的良知，冯少墟认为就是“至善”，就是赤子之心，人心的仲尼。笃信圣人，就是笃信自己内心的良知本体，进而提出“论本体不离工夫，论工夫不离本体”的工夫论思想。对于王阳明的“致良知”，冯少墟提出：“吾辈今日为学，不在远求，只要各人默默点检自家心事，默默克治自家病痛，则识得本体，自然好做工夫。”此处的“默默点检”“默默克治”与南元善的“慎独改过”工夫有相通之处。虽然冯少墟有朱王调和的主张“考亭严主敬，姚江致良知”，但其学问的根本都立足于阳明所说“个个人心有仲尼”。

本文研究利用的材料主要就是刘学智、孙学功点校，2015年出版的《冯从吾集》。相关文献的整理与资料的出版为学界的研究提供很大的便利，之后学界有关晚明思想中北方王学、关中王学的思想研究也会越来越多。

---

①［日］久米晋平：《冯少墟的王阳明理解》（《馮少墟の王陽明理解》），《大東文化大學漢學會誌》第58号，2019年。

二松学舍大学阳明学研究所前所长松川健二先生2017年去世，该校阳明学研究中心主办的《阳明学》杂志2018年第28号上刊登相关纪念文章，去年的综述已有介绍。2019年《阳明学》杂志又刊载松川健二先生的遗稿《论刘宗周〈论语学案〉》[①]。松川先生著有《论语思想史》（汲古书院，1994年出版。汉译本由林庆彰、金培懿、杨菁合译，万卷楼图书有限公司，2006年出版），之后写有本文《论刘宗周〈论语学案〉》。据我国台湾清华大学学者锅岛亚朱华所记，2004年其即将返台之时，松川健二先生表示此文没有发表计划，暂此托付。2017年得知松川先生去世，还忆起此文，15年以后终于在《阳明学》杂志发表。松川先生指出，日本江户幕府末期，刘宗周的著作已经广为当时儒者阅读，但是刘宗周的《论语学案》鲜为学界注意。本文从四个方面分析刘宗周的《论语》诠释及其背后的思想。

由“多学而识章”“子张学干禄章”“太宰问于子贡章”以及“盖有不知而作之者章”的解释，松川先生指出刘宗周相较于王阳明的解释，更重视“多闻多见”。而且对于王阳明所说的“知行合一”，刘宗周强调“知先行后”。总结自己以往的研究，松川先生提出明末士人强调良知、真知与闻见之知的差别的有董沄、王畿、李攀龙、罗汝芳、林兆恩、袁黄、焦竑和李颙。另一方面，强调良知与闻见之知一体的有侯一元、孟秋、李材、吕坤、杨东明、顾宪成，刘宗周亦可看作良知与闻见之知一体派。

由“孝弟也者，其为仁之本与章”“由，诲女知之乎章”以及“不逆诈章”三章的解释可见，刘宗周一方面强调良知的本来性、先觉性以及普遍性，另外由于现实中的私意可能导致良知的蔽塞。松川先生指出，与当时的一般儒者相比，刘宗周有关良知的解释没有不同，都强调良知不滞于闻见，闻见不离良知。主要在工夫论方面，刘宗周有着自己的思想特色。

对于“克己复礼为仁章”，与朱熹将“己”解释为“身之私欲”不

① [日] 松川健二：《论刘宗周〈论语学案〉》（《劉宗周『論語学案』について》），《陽明学》第29号，2019年。

同，刘宗周提出“人生有己则有仁”，仁与己密不可分。刘宗周强调孟子所说“仁者人也”，仁是人之所以为人的根据，同时赞赏程颢所说“仁者以天地万物为一体，莫非己也”。对于“克己复礼”，刘宗周解释为“还他个湛然本体”，将“克”解释为“还”。松川先生指出，阳明门下一般将“克”解释为“能”，即自我扩充之意。但是刘宗周以“还”解释，结合之前所说的“多闻多见”，在具有积极意义的同时还有自我约束之意。另外在“惟仁者能好人能恶人章”“我不欲人之加诸我章”“由也升堂也，未入室也章”“仲弓问仁篇”以及“有颜回者好学章”，刘宗周都反复强调“还”，以复归之意重视克己工夫。

对于“克伐怨欲不行章”，刘宗周区分“克己”与“不行”，提出“克己是最初工夫，不行是最后工夫”。另外由“为政以德章”“朝闻道章”以及“子绝四章”可见，在刘宗周40岁所作的《论语学案》中，“克己”是最重要的工夫，不过“慎独”工夫的思想此时亦有显露。松川先生认为，克己思想虽然可以看作是中年受其师许孚远影响的未定论，但亦不可轻视。以“还”释“克”，以“湛然本体”释“己”，这样的思想后来发展为以“至善之所统会”解释“独”的“慎独”思想。

松川先生弟子久米晋平在后记中提到，松川先生的《论语思想史》中，特别注意后世的思想家以《论语》注释的形式阐述自己的思想的言论。这些思想家们通过孔子的权威，灵活使用相关概念，以形成自己的论述。松川先生有关张九成、朱熹、王守仁、宋翔凤、李退溪以及伊藤仁斋《论语》的考论，都带有这样的问题意识。最后久米晋平推测，虽然锅岛亚朱华是2004年得到此论文，但该文的写作很可能与松川先生作为阳明学研究所长最后一次主编、2002年发行的《阳明学》第14号，即“刘念台特集号”有关，文章亦应为当时所作。

除了以上介绍的两篇研究之外，称为“训读”的日本学者文本整理工作亦不可轻视。具有中国学术研究传统的学校普遍重视文本“训读”的练习，毕业之后往往继续参加各种读书会，共同研读相关文本，进行整理和现代日语翻译工作。2019年发表的文献成果有，东洋大学吉田公平、小路口聪团队的《邹守益会语资料〈龙华会语〉〈惜阴申约〉〈惜阴说〉译注——阳明门下会语纪录精读（3）》《王畿〈余氏家会籍题辞〉译注——阳明门下的讲会活动纪录精读（4）》，二松学舍大学宋明资料轮读会王龙溪班译注的王畿《读先师再报海日翁吉安起兵书序》①《重刻阳明先生文录后序》②。日本学者的译注材料，在参考已有标点本的同时，对照古代的其他刻本以及日本的和刻本，最终集体讨论定稿，其文献价值不容忽视。

二、阳明学在日本

高桥文博在2018年发表《作为原型的中江藤树——近世日本阳明学的展开（1）》后，2019年继续发表关于中江藤树的弟子熊泽蕃山的研究《俟后之君子的熊泽蕃山——近世日本阳明学的展开（2）》。熊泽蕃山继承中江藤树“孝”的思想，但是宇宙根源不使用中江藤树的“皇上帝”，而使用“空”的概念。明确本源与现实的差异，进而试图建立现实存在的秩序和道理。熊泽蕃山的修养论，也是以圣人为方向，以君子为目标。

具体而言，熊泽蕃山自觉继承中江藤树所说的儒学“五典十义”及其心学的形上学，强调因时、所、位而“变通”的经世论。在把握永恒不变的世界本质的同时，根据具体的情况作出不同的应对。有关形而上的宇宙论，熊泽蕃山接受中江藤树思想中“太虚”“孝”的概念，反对“皇上帝”的说法。熊泽蕃山提出：“孝在天地未画前，乃太虚神道。天、地、人、万物皆由孝生。”熊泽蕃山提出作为“孝之理”的“神理”“太虚神

① [日] 二松学舍大学宋明资料轮读会王龙溪班：《王畿〈读先师再报海日翁吉安起兵书序〉》（《王畿〈讀先師再報海日翁吉安起兵書序〉》），《陽明学》第29号，2019年。

② [日] 二松学舍大学宋明资料轮读会王龙溪班：《王畿〈重刻阳明先生文录后序〉》（《王畿〈重刻陽明先生文録後序〉》），《陽明学》第29号，2019年。

道”，认为《易》与《孝经》都为圣人所作，应合在一起理解。理与气就是父与子的关系，“天地未开的太虚之时，以理为老以气为子”。“德性感通之际，以仁为老以爱为子。”进而蕃山区分“道”与“法”，认为道是永恒不灭的，但法因时、所、位而变。

熊泽蕃山提出“我心则太虚，天地四海亦在我心中”。“我心之灵明，则天地万物造化之主宰也。”也即是说，人心即宇宙的根源，天地万物皆在人心。蕃山提出“空则实，形色为无常”“上天无声无臭”“圣学尽无”“太虚只是理气”“理为气之德”“一理万殊”“气为理之形”。蕃山强调理是空空寂寂，没有具体的感应。感应为气，与空寂之本体不同。但是理具有“寂感”的属性，不可见，不可闻，但以此开创天地，“寂然不动，感通天下之故”。现实的存在中含有正确的秩序、道理，变化流动的现实就是理气之感的呈现。

作为人之本质仁，与本体之理一样是空、无，但是感通天下之物而有慈爱恻隐之心。仁之理通过气之层面的感而具体化为慈爱恻隐、人类社会的秩序和道理。熊泽蕃山认为天道与人道一致，仁义礼智信与五行对应。有关智，熊泽蕃山称其为“心之神明”。“空空而妙众理”的神明之智是心法的核心概念。心法就是成为君子的修养论，人道的存立由“知”主宰。这样的神明之知又称为“良知”，为“圣人”和“凡夫”共有，但是“君子”与“小人”的差别，就在于君子“慎独”而小人“自欺”。小人自欺随气，念虑动时为妄，故而有意、必、固、我、闲思、杂虑，甚至落入欲与恶。君子能够察心，去人欲而存天理。

有关熊泽蕃山的研究本文暂到此为止，按高桥文博先生所记还有后继研究。综上可见，熊泽蕃山作为承继中江藤树的阳明学者，对于心学概念、思想的吸收更加全面，理论体系的建构更加完善。今后数年，高桥先生有关日本阳明学的研究也会持续进行。

捷克布拉格查理大学（Charles University in Prague）大卫·拉布斯

（David Labus）发表论文《幕末时代的技术与公论——以横井小楠为中心》[①]。该文提出各种文明为了保持自己的同一性，并理解周围的世界，都会以自己为中心构建世界图像和认知模式。这一过程伴随着伦理道德的理解，儒学也不例外。在德川社会的他我、内外、华夷之辨的思维模式下，与“他者”的文化远近也是通过相互的共通点、不同点来判断。日本幕末时期的排外氛围中，如何找到与西方社会的共通点，以往的研究多以西方技术为中心。但是作为当时社会思想主导的朱子学，其在西方技术选择、接受的过程中有着重要作用。影响当时政治思想层面的后期水户学，为了阻止西方列强的入侵，反而重视接纳西方技术。与西方军事技术相比，后期水户学者更担心日本民众缺少儒家教化，有可能受基督教文化的影响，以至叛乱攻击自己所在的藩。

1851年佩里来航，对于日本思想界的冲击就是开国论的思想开始出现，横井小楠提出：“与有道之国交往，不与无道之国交往。不区分有道、无道，或者完全不与外国交往都有违天地公共之理，失信于世界。有道之国，不仅是对日本谨守信义，对其他国家也应同样谨守信义，没有侵略的暴行。如果是这样的国家要求国际贸易则不应拒绝。”可见横井小楠的主张就是以儒家的思考方式进行分析。对于西方社会，横井小楠认为美国的总统制、公共和谐，英国政府尊重民意，“与古代中国三代的理想政治一致”。作者指出，横井小楠对于西方社会的赞赏仅限于“技术化”的层面，对于西方的政治与宗教仍然要保持警惕。另一方面，随着日本对于西方生产和军事技术的吸纳，不可避免的带来社会结构的改变以及儒学“潜在的空洞化”，西方技术与儒学思想的矛盾越发尖锐。佐久间象山“东洋道德，西洋艺术”的口号，就是希望摆脱这样的困境。但是伴随技术利用规模的扩大，德川社会政治体制的解体最终不可避免。

---

① [日] 大卫•拉布斯：《幕末时代的技术与公论——以横井小楠为中心》（《幕末時代における技術と公論－横井小楠を中心に－》），《比較日本学教育研究部門研究年報》第15号，2019年。

继2018年发表题为《日本近代化的道德问题——西村茂树的道德会与王阳明后学的讲会活动》的论文之后，2019年小路口聪先生继续发表有关西村茂树的相关研究《“自识（意识）”的发现——读西村茂树的〈心学讲义〉》①。小路口聪先生指出，“意识”（Consciousness）是东西方思想共同关心的话题。在明治初年，西方思想涌入日本之时，如何理解西方心理学（Psychology）中的概念，对西村茂树为代表的学者是一个重大的挑战。西村茂树将西方的“心理学”翻译为“心学”，《心学讲义》即介绍西方心理学的著作。在《心学讲义》之前，西村茂树出版有上、中、下三卷的《心学略传》，之后陆陆续续耗时8年，《心学讲义》8册才全部出版。

西村将心理学看作“论心之学”，心是人人本有，一身之主宰。对于西方的“精神哲学”（Mental Philosophy），西村称赞“确实而不流于虚”。此处所说的“心学”并非宋明理学中陆象山、王阳明的“心学”，而是近代意义的“心理学”，将心看作客观对象而予以“考究推索”。西村提出“不知道心学就像无根之树木，无源之川流”。这是一切的学问的基础。儒家的心学是道德学的附属，此处的“心学”是不依道德、不依宗教的“独立之学”，即“知心之学”。

西村茂树将心之功能分作“识性”“感性”和“意性”，在此以外人心具有“自识”的能力，贯穿三者。“自识”即心中出现的现象、活动，这是心之灵。“自识”相当于现在一般所说的“意识”。首先与“认识”不同，“认识”是通过眼、耳、鼻等感觉器官知道外物，“自识”则不依赖“生器”（感觉器官）的媒介而觉察到内心的活动。有关“自识”的讨论，西村认为这是以往宋明理学思想中所欠缺的。

Consciousness的语源拉丁语Conscientia具有“意识”“良心”的两种含义。江户末期1962年出版的《英和对译袖珍辞书》中，Consciousness译为

① [日]小路口聪：《“自识”（意识）的发现——读西村茂树的〈心学讲义〉》（《「自識（意識）」の発見：西村茂樹『心學講義』を読む》），《国際哲学研究》第8号，2019年。

“知觉”，明治十年（1877）出版的《哲学字汇》中，Consciousness译为“意识”。大西祝由Consciousness的德语Bewusstsein翻译为“心识”。西周不仅将Consciousness译作为“意识”，有些地方还译作“独知”，甚至还使用“良知”来解说。显然西周翻译中的“独”源于《大学章句》的“慎独”，而且在解释的过程中，陆象山的“当下便是”与王阳明的“良知”都有使用。可见在西周对Consciousness的翻译、理解过程中，宋明理学，尤其是陆王心学的思想具有十分重要的影响。西田几多郎亦翻译为“意识”，在《善的研究》中提出作为人之“真实在”的“纯粹经验”就是“意识现象”。

小路口聪先生指出，日本近代化以前主流的学问思想就是儒学，具体而言就是朱子学。西学传入日本之际，朱子学、佛学对于所谓“哲学”领域的概念翻译和思想吸收有着关键的影响。朱子学、佛学中形而下的现象与形而上的本质、根据、根源的思想框架，被用来理解西方的哲学。西周以“独知”翻译Consciousness，即受朱子学的影响。朱熹《大学章句》中提出“独者，人所不知而己所独知之地也”。小路口聪先生认为，与朱子学相比，阳明学更重视“心”之存在。甚至可以说与朱子学理先气后说的“本质先于存在”相对，阳明学的心即理说就是“存在先于本质”的存在主义。王阳明弟子王畿提出“吾心之良知，遇父母自能知孝，遇兄自能知弟，遇君上自能知敬”，此处的“知孝”“知悌”“知敬”，知的对象都非外物，而是内心经验活动。这里的知不是需要借助感觉器官的认识，而是内在的感知、觉知，即“意识”的活动。小路口聪先生指出，王阳明所说的“知行合一”，“知”同样不是“对象认知”“外在知觉”，而是直接经验的“内在知觉”，这样的知又被称作“真知”“根本知”。西田几多郎所说的“知即行”，小路口聪先生认为就是王阳明的“知行合一”。甚至在王阳明的弟子王畿那里，“良知即是独知，独知即是天理”。西周以“独知”翻译Consciousness，同时具有拉丁语Conscientia中“意识”“良心”的两种含义，这样的巧合值得注意。最后再回到西村茂树《心学讲义》中的“自识”（意识），西村将“自识”看作“心学”成立的前提。虽然以“自识”翻译Consciousness是新创，但有关“意识”问题的思考是中国宋明“心学”的重要问题。

小路口聪先生长期从事宋明思想中，陆象山、王阳明以及阳明后学的心学思想研究，在将研究视野投射到近代日本的西学接受领域中时，由于以往的研究能够敏锐地发现西村茂树、西周等人接受现代西学思想时的传统思想基础，因此这样的研究是一种新的尝试和突破。

三、近代阳明学

已有近300年历史的石门心学，至今仍在日本经济界发挥作用。1729年石田梅岩在京都上京一个角落开讲，至2019年已有290年的历史，石门心学的各种学习活动仍在举办。清水正博先生认为，长寿企业的存在具有三个条件。第一是社会有用的存在，第二是持续创新，第三是具有能够维持投资业绩、跨越危机的人的资源。这三点皆在石田梅岩的思想中有所体现，发挥社会责任，领悟商人之道，这是石门心学的支柱。“温故知新”，自我发明，这是石门心学的金科玉律。石田梅岩作为教育者，培育人才是其本业。

清水正博《石田梅岩的真髓与当代传承的石门心学》①一文叙述了石田梅岩一生及其讲学活动，即通过农业、商业的体验修证人道。贞享二年（1685），石田梅岩出生于丹波（现京都府亀冈市）的中农之家，其家附近有八幡神社和曹洞宗寺庙，从小受日本神道教和禅宗文化的影响。11岁时到京都的商家帮工，由于经营恶化4年后返乡，继续从事农业。23岁时再次到京都的吴服（和服）商人黑柳家做工，据说此时已经开始讲说神道，以人

---

①［日］清水正博：《石田梅岩的真髓与当代传承的石门心学》（《石田梅岩の真髄と現代に伝承される石門心学》），《大阪経済法科大学地域総合研究所紀要》第11号，2019年。

道劝人。白天除了做工以外，早晚读书，愿以古圣贤之行为楷模。此时京都商业繁荣，除了学问以外，石田梅岩也熟于经营之道，这奠定了石田梅岩心学思想中的实学特质。

三十五六岁之时，石田梅岩开始为“自性”而烦恼，最终遇见隐居的学者小栗了云。据说小栗了云是精通儒学的黄檗宗僧人，由此石田梅岩终于大悟，自称：“一解二十年来之疑，此非文字之所，而是修行之所。”享保十四年（1729），石田梅岩在京都车屋町的住宅中开办学舍，讲学中经常使用的书籍有《四书》《孝经》《小学》《易经》《诗经》《太极图说》《近思录》《性理字义》《老子》《庄子》《徒然草》等，可见主要都是儒家文献。石田梅岩的讲席同时欢迎女性听众，开讲之时男女之间用帘子分开。随着石田梅岩的讲座影响越来越大，元文四年（1739）四卷的《都鄙问答》得到出版，其核心思想“知性”“性为天地人之体”“于法有得皆是得我心”等其中皆有反映。

石田梅岩生活的时代，政府蔑视商人，限制经济活动。在这样的环境下，石田梅岩反复提倡商人“勤勉”“俭约”，商人不是唯利，而是不轻一钱，以此致富。如果商人不知道，所获的金银也是不义之财。石田梅岩提出真正的商人应当克制名利之欲，实现共同获利的“先我两立”。江户时代实行严格的“士农工商”的身份制，石田梅岩提出“士农工商”的四民皆是助天下之治，“士是有位之臣，农是草莽之臣，商、工是市井之臣”。士无禄则不能勤勉，同样商人无利亦无法勤勉家业，商业获利不能简单地称为欲心。商人之心不劣于士人之心，商人之道无异于士、农、工之道。孟子提出“道一”，那么士农工商皆天之一物，天无二道。石田梅岩之教不分出身、不分贫富、不分男女，对于日本商业伦理的形成具有重要的影响。

以上是石田梅岩生平和思想的简述，对于石田梅岩影响最大的就是与小栗了云的交往。但是何时问学，学界有38岁至45岁和43岁至45岁两种说法。在比较各种意见和资料之后，作者提出41岁至42岁间问学的观点。对于石门心学的传播、发展作出贡献的人，作者提出直接问学的“梅岩十大弟子”，分别为：小森由正、黑杉政胤、齐藤全门、木村重光、杉浦止斋、慈恩尼、富冈以直、手岛堵庵、大江资衡、杉浦宗仲。以及未能见到石田梅岩的“心学后继者十哲”，分别为：布施松翁、中泽道二、上河淇水、胁坂义堂、镰田柳泓、大岛有邻、萨埵德轩、柴田鸠翁、奥田赖杖、中村德水。近年，作者致力于调查日本全国各地的石门心学讲舍，文中列出的182处心学讲舍，不仅注明了所在之地，而且包含起止时间等信息。石田梅岩心学的讲学设施，全部以某某舍命名。根据作者的实地调查，已发表25篇《心学风土记》，本文特别介绍了北海道函馆的诚终舍，至今仍在活动的尽心舍、有邻舍、有敬舍，以及大阪的明诚舍。

有关石门心学对于当代经济人的影响，作者举出松下集团创始人松下幸之助和京瓷集团的稻盛和夫。松下幸之助早年做工的地方就有石门心学讲舍，根据心学理念，松下幸之助提出“兼顾盈利和社会正义，发展国家产业，期待社会改善与提升”，“利益是企业对社会贡献的报酬”。稻盛和夫提到“我经营企业之时，始终想着‘心’是最重要的”，“人生的目的就是努力纯化，净化心，使心崇高”。早在稻盛和夫刚刚经营企业之时，正为企业的大义而烦恼，此时接触到石门心学，“商人得利与武士食禄是一样的”，从而确立为社会、为人类而经营的理念。一些日本知名店铺如“半兵卫麸”“叶匠寿庵”等，其经营者都是代代坚持“石门心学”的理念。

该文是作者长年对石门心学研究、调查的总结，对于了解石门心学的产生及其当代影响具有重要的参考意义。如何在中国发挥阳明心学的企业家精神，该文介绍的石门心学具有重要的借鉴意义。①

---

①有关当前石门心学的活动，https://www.yamatoshingaku.com/是一个重要的信息平台。

四、结语

日本明治维新的重要人物西乡隆盛，著名学者三宅雪岭、井上哲次郎、高濑武次郎皆将其看作阳明学者。2018年全年，日本NHK电视台的大河历史剧《西乡殿》演绎西乡隆盛的一生，在日本社会掀起一股西乡隆盛的热潮。日本各地纷纷举办明治维新历史和阳明学思想的讲座，各种讲稿直至2019年仍然陆续刊出。除一般学术刊物以外，各种面向普通读者的经济管理和历史地理杂志也都有关于阳明学文章刊出。比如《东洋经济周刊》刊登冈本隆司的系列文章讲论日本对阳明学接受、作用，以及对待阳明学的不同态度而体现出的日韩文化差异。另外《历史街道》杂志，亦有关于西乡隆盛、吉田松荫、大盐平八郎以及石田梅岩心学思想介绍的相关文章，由此可见当今日本社会对于阳明学以及相关历史的热情。阳明学思想在当代中国的普及和文化传播，日本的相关经验都可作借鉴。

肆

韩国阳明学研究综述

以阳明学、霞谷等为关键词在韩国权威学术研究网站RISS进行搜索，2019年阳明学研究状况如下：专著2部，博士学位论文2篇，硕士学位论文3篇，期刊论文23篇。与2018年相比，学位论文、专著数量基本持平，但期刊论文在数量上有了较大的缩减。

综观2019年阳明学研究成果，按照内容分类，可分为以下六大类：一、对阳明思想本身的研究；二、对韩国阳明学发展的探讨；三、对韩国学者阳明学观点的研究；四、关于阳明学的比较研究；五、阳明学与现代社会的结合与展望；六、其他（关于日本阳明学的研究及书评、读后感）。以下将对各类主题中的代表性研究成果的主要内容进行综述。

一、王阳明思想研究

2019年韩国阳明学研究成果中，属于这一类研究的数量较多，广泛包含于专著、学位论文及期刊论文中。具体的研究情况如下：专著2部，即金世贞的《王阳明的生命哲学》和林弘泰的《作为主体而活着：读王明阳的〈传习录〉》；学位论文2篇，即毛英震的博士学位论文《关于阳明心学之美学特质的考察》和田炳浩的硕士学位论文《王阳明与商谈》；期刊论文1篇，即安载晧的《王守仁功夫论体系管窥——致良知是否是阳明学功夫论之归结？》。

在专著《王阳明的生命哲学》[①]一书中，金世贞基于对现代“生命危机”问题的考虑，试图从阳明学的核心概念——“良知”中寻求答案。在著者看来，所谓“良知”是人与天地万物相感应的主体，是能够对天地万物的生命损伤之痛感同深受的主体，是解决生命危机问题的第一步。基于对“良知”的定义，本书在第一章中，考察了现代文明下生命危机的起因及各种应对方案，并阐明了本书所追求的阳明学研究新方向；在第二章中，考察了王阳明的整个生活过程以及生命哲学的确立过程；在第三章中，

① [韩] 金世贞：《王阳明的生命哲学》，忠南大学出版文化院，2019年。

以“天地万物一体”为中心，从整体上阐明了“天地万物与人合一的世界”“有机体大同社会”“作为天地万物之中枢的人类”等王阳明生命哲学世界观、社会观与人类观；在第四章到第八章中，从生命哲学的立场，重新整理了“心即理说”“知行合一说”“良知说”“致良知说”“新民说”等阳明学主要学说；在第九章到第十二章中，以“阳明学的生命哲学与现代”为主题，探讨了王阳明生命哲学在应对现代社会诸问题中的作用与意义。

在专著《作为主体而活着：读王明阳的〈传习录〉》①中，林弘泰从立意、谁能够成为圣人、如何能够成为圣人、我内心之所有、知与生活合一、圣人能够成为圣人的根据、良知的实现与回复、生活中的实践八个章节，以现代的视角解读了王阳明的《传习录》。

在博士论文《关于阳明心学之美学特质的考察》②中，毛英震从心之美学本质、审美学特性以及生态美学价值三个问题考察了阳明心学。具体在第一个问题中，探讨了心与认识的关联性、看待各种现象时心的美感作用以及身心相互作用的艺术世界；在第二个问题中，探讨了致良知这一体验美的本体、心外无物的美学观点以及知行合一过程中实践美学的完成；在第三个问题中，探讨了自由艺术思想的发芽、大众文化价值以及万物一体说的生态美学价值。

在论文《王守仁功夫论体系管窥——致良知是否是阳明学功夫论之归结？》③中，安载晧主张王守仁晚年所整理的“致良知”并非是《大学》八条目之一的“致知”的变形或者发展，而是包含传统儒学中所强调的本心之保存、发明以及新儒学之修养工夫的统一体。“致良知”能够统一一切修养工夫，是具有涵盖性的；而“良知”则是实现自我的方法，是具体

① [韩] 林弘泰：《作为主体而活着：读王明阳的〈传习录〉》，韩国书与异音出版部，2019年。

② [韩] 毛英震：《关于阳明心学之美学特质的考察》，忠南大学博士学位论文，2019年。

③ [韩] 安载晧：《王守仁功夫论体系管窥——致良知是否是阳明学功夫论之归结？》，《栗谷学研究》第39辑，2019年。

的。但由于良知不能不受私欲等的影响，所以必须要更加明确地说明如何克服各种私欲，并说明作为道德主体的良知如何把个体作为认识的对象，只有这样才能真正把“致良知”作为道德实践的方法。

二、韩国阳明学发展的探讨

2019年韩国阳明学研究成果中，属于这一类研究的数量为5篇，皆为期刊论文，具体研究成果如下：金琚在、金熙永、全修延、金容载等共同完成的《对阳明学传入初期朝鲜性理学者的批判性认识的探讨》、咸泳大的《星湖学派与阳明学的接点》[①]、韩正吉的《江右知识分子——阳明学者的经世思想》[②]、金容载的《韩国阳明学研究的诸问题——着眼于从“霞谷学”到“韩国阳明学”、与实学和天主教的关系以及近代性问题》。

在合著论文《对阳明学传入初期朝鲜性理学者的批判性认识的探讨》[③]中，金琚在、金熙永、全修延、金容载等探讨了阳明学传入初期朝鲜性理学者所表现出的批判意识，在此基础上，进而考察了朝鲜时代前期阳明学批判的性质变化。具体而言，本研究首先考察了《传习录》的传入过程与金世弼的阳明学批判，然后谈及了《传习录论辩》中所引用的《传习录》原文，并考察了李滉的阳明学批判，最后提出了日后的研究课题，即要把握金世弼、朴尚义的全部思想，就需要展开哲学、史学、文学等学科间的交叉研究，关于李滉之阳明学批判的研究已有很多，要产出更多的新研究就需要突破既往研究的藩篱。

在论文《韩国阳明学研究的诸问题——着眼于从“霞谷学”到“韩国阳明学”、与实学和天主教的关系以及近代性问题》[④]中，金容载指出韩国阳

① [韩] 咸泳大：《星湖学派与阳明学的接点》，《阳明学》第52辑，2019年。

② [韩] 韩正吉：《江右知识分子——阳明学者的经世思想》，《阳明学》第52辑，2019年。

③ [韩] 金琚在、全熙永、全修延、金容载：《对阳明学传入初期朝鲜性理学者的批判性认识的探讨》，《阳明学》第52辑，2019年。

④ [韩] 金容载：《韩国阳明学研究的诸问题——着眼于从“霞谷学”到“韩国阳明学”、与实学和天主教的关系以及近代性问题》，《儒学研究》第47辑，2019年。

明学研究虽然在数量上取得了巨大的成果，但在质量上需要进行反思。在本文中，著者考察了韩国阳明学研究过程中需要再度思考的问题意识，并且突破霞谷学、江华阳明学研究的局限性，增强其外延问题研究。例如，本文提出应对星湖学派中的星湖左派儒学者如何评价阳明学、阳明学与西学存在着何种相关性加以研究，此外，还列举了过去韩国阳明学研究存在不足的根本原因是什么等多种问题。

三、韩国学者阳明学观点的研究

2019年韩国阳明学研究成果中属于这一类的研究与往年一样，在所有研究中占的比重最大，共9项，但与去年的22项相比有了大幅度的缩减。纵观此类研究，形式包含了学位论文和期刊论文，内容涉及范围甚广，不仅有关于韩国阳明学大家霞谷郑齐斗的思想研究，还包含了对郑寅普、梧村薛泰熙、木斋洪汝河，以及尹根寿和陆光祖等朝鲜学者的阳明学思想的相关研究。具体如下：博士学位论文1篇，即林善英的《霞谷郑齐斗的功夫论研究：以〈中庸说〉和〈孟子说〉为中心》；硕士学位论文2篇，即孙熙旭的《霞谷郑齐斗的道德主体性研究》[①]和池娥惠的《霞谷郑齐斗的生理论与感通之原理："良心痛"现象》[②]；期刊论文6篇，即金允景的《梧村薛泰熙的实用主义与阳明学》、金熙永的《木斋洪汝河的阳明学批判样象一考》[③]、辛炫承的《郑寅普的〈阳明学演论〉与近代阳明学派系谱的再构建》，以及金熙永、金珉在、金容载共同完成的《关于朝鲜性理学者对阳明学的批判性认识的探讨（1）——以尹根寿和陆光祖之间的〈朱陆论难〉为中心》[④]和全修延、金珉在、金容载共同完成的《关于朝鲜性理学者对阳明学的批

---

① [韩] 孙熙旭：《霞谷郑齐斗的道德主体性研究》，成均馆大学硕士学位论文，2019年。

② [韩] 池娥惠：《霞谷郑齐斗的生理论与感通之原理："良心痛"现象》，西江大学硕士学位论文，2019年。

③ [韩] 金熙永：《木斋洪汝河的阳明学批判样象一考》，《汉文古典研究》第39辑，2019年。

④ [韩] 金熙永、金珉在、金容载：《关于朝鲜性理学者对阳明学的批判性认识的探讨（1）——以尹根寿和陆光祖之间的〈朱陆论难〉为中心》，《东洋哲学研究》第98辑，2019年。

判性认识的探讨（2）》[①]。

在博士论文《霞谷郑齐斗的功夫论研究：以〈中庸说〉和〈孟子说〉为中心》[②]中，林善英介绍了郑齐斗从自身的观点出发对《中庸》和《孟子》的解释，并论述了其中包含的修养功夫论。首先，著者指出郑齐斗在其《中庸》解释——《中庸说》中，将率性和修道视为《中庸》的核心，视《中庸》为学习、实践日常道理的修养书；在其《孟子》解释书——《孟子说》中，以"浩然章"为中心，而并非是《孟子》的全部内容，展开了对"四端章""生之谓性章"的解释，具体而言，主要反驳了告子的仁内义外主张，并反复深化了"不动心""持其志""无暴气"工夫的重要性。然后，基于以上观点，著者又分别从"'至善全体'的人类观""回复善的功夫论""诚与诚之的合一"三个方面探讨了《中庸说》的修道性工夫论；从"'浩然章'的阳明学解释""心善与性善"两个方面探讨了《孟子说》的修养论与工夫论。最后，又探讨了郑齐斗工夫论的现代意义。

在论文《梧村薛泰熙的实用主义与阳明学》[③]中，金允景指出，薛泰熙是通过儒教研究教育、言论以及组合活动展开社会运动的思想家，他活跃于19世纪20年代的"朝鲜物产奖励会"，但他却不同于当时其他的实力养成论者，主张以传统儒教思想为基础重新构建社会。著者还指出，薛泰熙主张儒教的本旨在于其应对现实变化的实用精神，支持阳明学的知行合一论， 并以主张理只不过是气之功能条理的理气观为基础，批判了宋代以及朝鲜时代的性理学；另外，他虽然拥护否定土地私有化的社会主义理念，但反对丧失主体性的"主义主张"与暴力，主张以儒教的王道政治为基础，能够构建起民族自主生存权得到保障的大同社会。

① [韩]全修延、金珉在、金容载：《关于朝鲜性理学者对阳明学的批判性认识的探讨（2）》，《阳明学》第53辑，2019年。

② [韩]林善英：《霞谷郑齐斗的功夫论研究：以〈中庸说〉和〈孟子说〉为中心》，成均馆大学博士学位论文，2019年。

③ [韩]金允景：《梧村薛泰熙的实用主义与阳明学》，《阳明学》第55辑，2019年。

在论文《郑寅普的〈阳明学演论〉与近代阳明学派系谱的再构建》[①]中，辛炫承指出《阳明学演论》是韩国最早的阳明学史，介绍了中国和韩国的阳明学研究，其中虽然没有对日本阳明学的论述，但也可谓是东亚的阳明学史。基于这样的认识，该论文从三个方面展开了谈论：第一，探讨了《演论》的二分法历史观与学问观以及著作的构成方式；第二，考察了如何重新构建阳明学创始人王守仁与中国阳明学派的道统；第三，探讨了朝鲜阳明学派道统的再构建，并通过以上考察得出结论，认为郑寅普的学派分类法在当时是十分具有独创性的。

四、阳明学的比较研究

与往年一样，2019年韩国阳明学研究成果中属于这一类的研究依然相对较少。具体是中国学者洪国强的《阳明学与其他学说之间的竞争——以名士唐顺之服膺阳明学为例》。

在论文《阳明学与其他学说之间的竞争——以名士唐顺之服膺阳明学为例》[②]中，中国学者洪国强以王畿极力争取名士唐顺之服膺阳明学为例，阐述了明嘉靖时期理学呈现出多种学说相互竞争的格局，展现了阳明后学在当时这种情形下，如何努力争取优秀士子，进而从人才储备角度探析阳明学盛行的原因。

五、阳明学与现代社会的结合与展望

2019年韩国阳明学研究成果中属于这一类的研究共3篇，分别是金善姬探讨东亚范围内阳明学发展传统及其与西学之结合的《东亚阳明学传统与西学》、探讨韩国阳明学未来发展的金世贞的《现代韩国阳明学研究的新方向》以及金世贞、赵智善的《通过江华阳明学国际学术大会分析看霞谷

---

①［韩］辛炫承：《郑寅普的〈阳明学演论〉与近代阳明学派系谱的再构建》，《韩国思想史学》第61辑，2019年。

②洪国强：《阳明学与其他学说之间的竞争——以名士唐顺之服膺阳明学为例》，《中国史研究》第118辑，2019年。

学研究的现状与展望》[①]。

在论文《东亚阳明学传统与西学》[②]中，金善姬指出阳明学是展望西学传入朝鲜后所带来的学术变化的重要视角之一。这是因为，在西学传入朝鲜的后期，阳明学虽然是当时重要的学术倾向之一，但对西学—天主教持开放态度的星湖学派，对阳明学也持积极态度。著者还指出，目前先行研究中关于阳明学与西学之关系的核心论争有两种，即星湖学派中的一个分派通过阳明学受容西学和天主学的立场，以及主张朝鲜护教书中“良知”等概念受到了阳明学影响的观点。因此，本论文通过考察这两种主张的内容、阳明学与西学是以何种方式相互应对的以及这给儒学带来了何种变化等，重新探讨了朝鲜时期阳明学与西学的关系。

在《现代韩国阳明学研究的新方向》[③]一文中，金世贞按照时代、类型整理了自19世纪70年代至今韩国阳明学的研究成果，以此把握朝鲜时期阳明学与韩国的现代阳明学的形成过程和特性。此外，著者还指出了现代韩国阳明学研究的四个未来努力方向，即展开各领域更为深入的研究、加强阳明学者间各种新研究主题与内容的共享、活用其他国家的阳明学研究与比较研究、将阳明学发展延伸到大众运动与文化运动中去。

六、日本阳明学的研究及其他

2019年韩国阳明学研究成果中除了以上各方面的论文，还出现了关于日本阳明学的研究以及书评和读后感，虽然数量不多，但也充分反映出了目前阳明学研究的多样性与活跃性。其中，关于日本阳明学，出现了两篇期刊论文和一篇读后感，即崔在默的《日本阳明学的时、处、位论的特征——对于日本资本主义的试论》和赵南浩的《对于阳明学的误读：董平的〈书

① ［韩］金世贞、赵智善：《通过江华阳明学国际学会大会分析看霞谷学研究的现状与展望》，《儒学研究》第48辑，2019年。

② ［韩］金善姬：《东亚阳明学传统与西学》，《阳明学》第52辑，2019年。

③ ［韩］金世贞：《现代韩国阳明学研究的新方向》，《阳明学》第54辑，2019年。

与刀〉》[①]；关于读后感，出现了1篇，即崔一凡的《阳明学者蔡仁厚的〈中国哲学史〉读后感》。此外，还有元惠英的期刊论文《阐明山川草木之悟的叙说——以佛教和阳明学为依据的讨论》[②]，从佛教和阳明学角度阐述了山川草木之悟，由于本论文的主要内容不同于前文各主题，故而将其置于此部分。

在《日本阳明学的时、处、位论的特征——对于日本资本主义的试论》[③]一文中，崔在默探讨了日本阳明学的时、处、位论的特征与日本资本主义的关联性。但这一讨论并非以实证为基础，而是试图探讨了特定领域的传统型思维与近现代社会的关联性。著者指出，日本的优越性在于其“水土论”，而所谓水土论就是指从思想、文化把握相应地区的环境与特殊性。其中，日本初期的阳明学者——中江藤树和熊泽蕃山对这一问题展开了探讨研究，并提出了与水土论具有相同脉络的“时处位论”，以此确保“国家”的特殊性。此外，著者在本文中还对“外来”与“本土”加以区分，提出了以“日本的水土=风土=时处位”的方式理解外来事物的观点。

在《阳明学者蔡仁厚的〈中国哲学史〉读后感》[④]一文中，崔一凡指出蔡仁厚的《中国哲学史》，从以生命为中心的阳明学的观点出发阐述了中国哲学史，打破了朱子学狭隘的道统意识，有助于客观的理解中国哲学。还指出本书主要依据牟宗三先生等在其著述中所提出的思想结构与义理规模展开论述，是基于老师牟宗三的诸多著述加以整合而进行的再次出版。另外，著者还指出了此书中始终一贯的精神和方法——中国文化生命，即如何调整、经营我们的生命以及如何保证生命的安全，由此指出了中国哲学与西方哲学的不同。最后，著者感慨蔡仁厚在此书中为了呈现包含内在真理和体得工夫的中国哲学特性竭尽心力，并表达了对韩文译者的敬

①［韩］赵南浩：《对于阳明学的误读：董平的〈书与刀〉》，《哲学与现实》第123辑，2019年。

②［韩］元惠英：《阐明山川草木之悟的叙说——以佛教和阳明学为依据的讨论》，《阳明学》第55辑，2019年。

③［韩］崔在默：《日本阳明学的时、处、位论的特征——对于日本资本主义的试论》，《阳明学》第54辑，2019年。

④［韩］崔一凡：《阳明学者蔡仁厚的〈中国哲学史〉读后感》，《阳明学》第53辑，2019年。

畏与感激，坚信此书的出版必对东洋哲学专业的学者和东洋哲学爱好者大有裨益。

以上综合考察了2019年韩国阳明学研究成果，与往年一样，成果十分丰富，且主题多样，包含了对阳明学本身的深入研究和探讨、对韩中阳明学代表人物观点的考察与批判，还有将阳明学与现代社会的结合以及对阳明学发展新方向的探索等。通过学者们的以上努力，不仅进一步增加了既存研究的深度，还进一步弥补了既存研究的空白，为日后展开更活跃、深入的研究奠定了坚固基石。

伍

欧美阳明学研究综述

2019年，阳明学研究在汉语学界不断推进的同时，在英语学界也继续取得了深入拓展和广泛关注，尤其在比较研究方面。在此，我们将按照时间顺序，对相关研究成果进行述评。

一、关于王阳明的研究

2019年1月，独立学者Mingjun Liu在*Philosophy East & West*（《东西方哲学》）第1期发表文章“The Cogito and Onto—being of the Mind: Philosophical Early Modernity in Descartes' and Wang Yangming's Metaphysics”（《我思与心之本体：笛卡尔与王阳明形而上学的哲学早期现代性》）[①]。作者从现代性的视角，对笛卡尔的“我思”与王阳明的“心之本体”进行比较研究。在对笛卡尔的“我思”、身心二元论与王阳明的“心之本体”“良知”进行解读后，作者对比了笛卡尔的“格蜡”与王阳明的“格物”、笛卡尔的“自我”与王阳明的“心”。通过对比发现，笛卡尔的“我思”与阳明的“心之本体”之间具有惊人的相似：笛卡尔和阳明提倡的心灵形而上学都主张，每个人的心灵中都有必要的真理，因而每个人都有权利和自由通过咨询自己的心灵来解读世界，这样，个体的主体性从此成为知识的新尺度。这种自己解释世界的认识论自由和能动性，是文艺复兴时期欧洲和明代中国个体自我兴起的根源，同时，这也凸显了以心灵形而上学为代表的哲学早期现代性。不过，与笛卡尔不同的是，王阳明并未如笛卡尔那样假设一个现象和认识论层面的身心二元对立，而是始终坚持身心统一。此外，作者强调，陈荣捷将王阳明的“心之本体”翻译为“the original mind”（本心），不能抓住阳明思想的本义，也遮蔽了阳明学在中国哲学史上的革命意义，因为阳明的“心之本体”是中国版的“我思”，开创了全新的哲学探究方法。

---

① MLu,“The Cogito and Onto-being of the Mind: Philosophical Early Modernity in Descartes and Wang Yangming's Metaphysics”, Philosophy East & West, no.69 (2019): 176-196.

2019年1月，华东师范大学思勉高级人文研究院与哲学系的卢盈华在*Philosophy East & West*（《东西方哲学》）发表文章“Wang Yangming's Theory of the Unity of Knowledge and action Revisited: an in Investigation from the Perspective of Moral Emotion”《重温王阳明的知行合一论：道德情感视角的考察》）①。作者聚焦于阳明知行合一理论所牵涉的一个矛盾：王阳明认为不采取道德行动的人没有真正的道德知识，但同时也声称那些在道德上行为有错误的人仍然有道德知识。因此，作者从“作为道德动机的良知”（Pure Knowing as Moral Motivation）、“被实践（实践能力）所充盈的良知”［Pure Knowing as Enriched by Practice （Practical Ability）］两个方面，对王阳明的“良知”（Pure Knowing）展开探究，对存在“知而不行”情况的“知行合一”进行了合理性辩护。大体上，作者从动机与实践两个维度来解读阳明的“知行合一”。一方面，从动机的角度看，爱、尊重等原初经验可使人认知天理，确保良知在自我意图方面的判断具有正确性，但不能保证人们准确的认知和行动。良知只有在行动中才能得到提炼，从而更好地认知和强化道德知识。在这种知与行的不统一中，知行合一被弱化到动机层面，即“一念发处，便即是行了”，一方面，知行合一是始于动机层面的知行合一；另一方面，从实践的角度看，知而不行表明一个人不知道如何去做。因而知行合一的知，不仅需要内部的知识，还需要外部的知识，也就是说，若要做到知行合一，需要具备如何展开实践行动外部知识，例如学习射箭，需要如何具体的展开学习射箭的行动。同时，外在知识的获取有助于人们更好地认识到良知。

很大程度上，作者对王阳明“知行合一”所涉的矛盾拿捏得较为到位，从动机角度探究解决矛盾的路径也是有益的思考。不过，作者强调知行合一之知需要外部知识这一点，倒有讨论的余地。当年弟子徐爱问阳明

①YLu,“Wang Yangming's theory of the unity of knowledge and action revisited: An in investigation from the perspective of moral emotion”,Philosophy East & West, no.69 (2019): 197-214.

“至善只求诸心，恐于天下事理，有不能尽”，阳明说“以此纯乎天理之心，发之事父便是孝，发之事君便是忠，发之交友治民便是信与仁。只在此心去人欲、存天理上用功便是”。在此，阳明将知行合一的重心放在内在知识，即心即理之知、良知，而不是关于如何具体落实忠、孝、信、仁的外在知识。按阳明的思路，当良知开显时，人在具体情境中会自然做出相应的、合理的行动，这样，外在知识其实是内化于内在知识之中的。这种看法在今天看来似乎难以理解，但在阳明的时代则是可以说通的。因为阳明的时代是农耕文明的熟人社会，所触及的问题多是关涉道德伦理生活的切身问题，为求知而求知的客观知识探究并不是主流，在日常生活中也没有很多人们完全不懂如何去做的新鲜事物。当然，在科学昌明、技术日新的当今社会，学习、掌握外部知识自然是一重要问题，但这不是阳明的重要问题，也不是知行合一的重要问题。

2019年5月，中山大学梁逸鸿在*Sophia*（《索菲亚》）发表论文“Wang yangming's Reductionist Account of Practical Necessity: General and Particular”（《王阳明对实践必然性的还原论阐释：一般与特殊》）[①]。在此，作者谈及“实践必然性”这一概念，所谓“实践必然性”，就像“我必须这样做”和“我不得不这样做”的说法，意味着某些行动对某人是必要的。不过，实践必然性不同于逻辑必然性、因果必然性与理性必然性，它是涉及人的行为的一种必然性。在此文中，作者主要反对了四种观点：将其视为一种心理上的不可能（a Psychological Impossibility）、一种来自创造性道德的幻觉（an Illusion from the Inventional Morality）、一种假设保持个性的必要性（a Hypothetical Necessity to Maintain Character）、一种作为自我构成的必要性（a Necessity of the Constitution of Self）。罗伯特·盖伊（Robert Gay）指出了前三种有关实践必然性的还原论的困难，提出了非还原主义

①Y Leung, “Wang yangming's reductionist account of practical necessity: General and particular”,Sophia, (2019), https://doi.org/10.1007/s11841-019-0711-z.

的解读。盖伊的主张需要预设一些引发人们行为的神秘东西，作者不满意盖伊的观点，进而转向王阳明的哲学。在王阳明处，人具有善性，按照善性而去做道德上的善行，是使人成为人（to be a human）的实践必然性；同时，人也是现实中的人，有一种源于人的本性的特殊的实践必然性，这种实践必然性与道德不一定直接相关，但可以促使人成为现实中的个体的人（to be a particular person）。同时，作者指出，克莉丝汀·科尔斯加德（Christine Korsgaard）从自我构成的必要性的角度也表达了类似看法，但作者认为，王阳明从人性实现的角度探究实践必然性的经验，好于克莉丝汀从自我构成角度展开的考察。

同年，梁逸鸿在*The Journal of Value Inquiry*（《价值研究杂志》）发表论文“From Factitious to Veridical Attribution of Virtue: How Wang Yangming Can Do a Better Job than Alfano in Facilitating Virtue Acquisition”（《从人为到真实的美德归因：王阳明如何在促进美德习得方面比阿尔法诺做得更好》）[①]。作者发现，美德伦理学（Virtue Ethics）在复兴的同时，也遭到了情境主义的挑战。比如，情境主义者John Doris认为美德伦理学在行为解释与预测的有益描述和美德培养的可取性方面是无效的，因为情境因素比个人因素更能影响人的行为。对此，Mark Alfano从“人为美德”（factitious virtue）的角度为美德伦理学辩护。他认为，与“安慰剂效应”（placebo effects）和“自我实现的预言”（self-fulfilling prophecies）类似，他提出了美德习得发生过程：一个人在缺乏美德的情况下，由于将美德错误地归因于自己，也会按照美德品质的要求进行行动，此时的行动者可能会根据被错误归因的美德来重新评估自我，在发现自己实际上不具备这种美德后，由于对这种美德内在价值的欣赏，人可以努力按照这种美德去做，从而获得这种美德。

对于Alfano的“人为美德”，作者从“人为美德作为美德修养方式的

①Y Leung, “From factitious to veridical attribution of virtue: How Wang Yangming can do a better job than Alfano in facilitating virtue acquisition”,The Journal of Value Inquiry, no.53 (2019): 289-307.

有效性”（the effectiveness of factitious virtue as a way of virtue cultivation）角度指出，人为美德不能使人获得真正的美德，因为作为人为美德基础的自我概念不稳定，因而这种说法不能完全回答情境主义的批评。同时，从“人为美德作为美德修养动力的正当性”（the legitimacy of factitious virtue as an Impetus to virtue cultivation）的角度看，作者认为，Alfano的“人为美德”涉及道德上的欺骗和操纵，它非但不是美德，甚至还与真正的美德对立。在这种背景下，作者将目光转向王阳明。王阳明的美德归因来源于人性善，即使恶人也具有内在的美德，因而不需要Alfano“人为美德”的“欺骗”；同时，王阳明的美德归因旨在使人认知自身的美德，进而可以根据美德在具体的道德情境中进行行动，这样阳明的说法也不涉及Alfano“人为美德”的“操纵”。总体来说，阳明的美德归因是一种具有实践基础的规范性冲动，可以避免欺骗性和操纵性的问题。相较于Alfano的“人为美德”，王阳明的归因条件更为简单。

大体上，梁逸鸿的阳明学研究有两个特点：一是环环相扣、逻辑清晰，二是将王阳明哲学置于西方哲学的问题情境，不是以西方理论来解读阳明学，而是以阳明学为资源，为西方哲学所遭遇问题如何解决提供新的方案和思考。这是未来的发展方向，同样也是很艰难的一条路，一是难在中国学者不易获知西方哲学研究动态，这需要大量搜集资料、阅读外文文献，深入思考；二是难在如何以阳明学为当下的哲学问题提供新思路。中国哲学、文化向来以吸收外来文化、进行转化创新为主，陈寅恪先生称此为“道教之真精神，新儒家之旧途径”。如何在以西释中的同时，立足中国哲学，以中国哲学资源来反思、解决西方哲学的问题，这是当代学者需要进行艰苦卓绝思考之处。原创性的哲学研究固然艰难，但对于以“为天地立心，为生民立命，为往圣继绝学，为万事开太平”自许的当代中国哲学家来说，这不正是“知其不可而为之”“虽无文王犹兴”的绝佳时机吗？

此外，阳明学的相关研究还有Chen Xunwu于2019年5月在*Asian Philosophy*（《亚洲哲学》）上发表的“Mind and Epistemic Constructivism: Wang Yangming and Kant”（《心与认知的建构主义：王阳明与康德》）①。作者认为，康德与王阳明都提倡在认识世界事物之前，需要探究、扩展我们的心灵。因而，作者从中西哲学的比较视域，提出一种新的认知建构主义，即心的认知并非镜像反映，而是一个建构的过程，不同的心灵产生不同的知识，认识某物就是建构对某物的信念和理解，使其具有真理性。同时，So-Yi Chung在*Dao Companion to Korean Confucian Philosophy*（《朝鲜儒家哲学之道》）一书中有*Korean Yangming Learning*（《朝鲜阳明学》）②一节，主要介绍了阳明学在朝鲜半岛的发展史。阳明学16世纪传入朝鲜时被视为异端邪说受到了排斥，后经由Nam Eon-gyeong，Heo Gyun，Yi Sugwang，Jang Yu and Choe Myeong-gil Hagok，Jeong Jedu等阳明学者的发展，朝鲜的阳明学发展到了顶峰，之后的阳明学学者被称为later Hagok school，它们秉承了良知实际的和真正的精神。当代阳明学者Pak Eunshik、Jeong Inbo等继承了这种精神，力劝日本殖民统治下的朝鲜人民，从空虚和自命不凡中解放出来，从本真的心灵中立即行动起来。

二、王阳明研究的理论特色

综上所述，相较于以往的研究，今年英语学界的阳明学研究有如下特点：

第一，华人学者所占比重明显提升。这一现象是一把双刃剑，从积极的角度看，华人学者，尤其是大陆学者开始以英文进行学术研究和写作，在国际著名期刊上发表阳明学文章，将国内的最新研究贡献于国际学界，

①XChen, “Mind and epistemic constructivism: Wang Yangming and Kant”,Asian Philosophy,no.29 2019: 89-105.

②SChung, “Korean Yangming Learning”, In Young-chan Ro (Ed), Dao Companion to Korean Confucian Philosophy(2019) (pp. 253-281),Netherlands: Springer.

这对于当前阳明学的发展与传播是有益的；从消极的角度看，这也说明国外学者对阳明学研究关注度的降低，如果绝大部分都是华人学者在进行阳明学的研究、讨论，而参与的国外学者减少，无疑不利于阳明学研究的深入开展。

第二，研究方向的转移。目前来看，英语学界阳明学研究有一个新趋势，即从以西方哲学为标准来解析阳明学，到以阳明学为资源去反思、解决西方哲学的问题，这是阳明学发展的新机遇。当前的阳明学研究，某种程度上到达了瓶颈期，因为阳明学的文献资料是既定的，而研究阳明学的人愈来愈多，所研究的问题不是越来越细化，就是阳明学人物越来越边缘，照这样发展下去，如果细化的问题和阳明学人物都研究得足够充分的时候，阳明学是否会就此终结呢？答案是否定的，我们应扭转这种“挖矿”式的阳明学研究，在“挖”出阳明学的“矿产”资源的同时，更要善于利用这种资源，去解决当代的哲学、文化与生活中的问题，这亦是阳明学当代发展的题中之义。

陆

阳明学研究学术活动综述

纪念陆九渊诞辰880周年学术研讨会综述

□郭　坦

2019年3月末，由湖北省社会科学界联合会、中共荆门市委宣传部、中华孔子学会、武汉大学中国传统文化研究中心、荆门市陆九渊研究会联合主办的纪念陆九渊诞辰880周年学术研讨会在湖北省荆门市隆重举行。大会收到直接研究陆象山的学术论文90多篇，来自美国、日本和国内的100多位专家学者齐聚荆门，围绕着陆象山心学思想的方方面面展开了全面而深入的讨论，盛况空前，共同铸就了陆九渊思想研究的重要里程碑。

心学理论及象山心学的独特贡献。心学是中国思想的主线之一，历代儒家学者都注重心性探索和工夫修养，以此安顿个人的身心性命，上达天地万物一体之心境。丁为祥在分析儒佛道心学文献，梳理先秦至宋代象山心学诞生的历史之后认为：心学是一种独特的中国文化现象，是儒佛道思想之交点。它不是从生理上、心理上研究心，而是专门从做人精神以及如何度过人生的角度研究心，中国文化因此而成为一种主体性文化。儒佛道心学各有其不同的论证思路，但解决得最好且影响最大的是儒家。

儒佛道心学之共性是高扬人的主体精神，主张现实主体的背后都存在着一种超越的蕴含。而儒家心学源于现实的人生，当其成为一种“学”并表现为一种理论形态，如何返归现实并指导现实人生，是儒家心性之学的重大主题，超越预设、理论展开之逻辑。儒家心性之学起始于现实人生，却不是以此为起点，而是以对现实人生的反省为起点，这种反省首先要深淘人生的超越根据以确立人生的基本立足点，从而使心性之学展开了一条在反省、自觉之道德理性观照下的一种个体的自我觉醒与自我实现之路。在象山心学的独特贡献上，丁为祥指出，朱子以认知促道德的进路以及聚焦于格物致知，从而导致道德实践之主体缺失的格局，象山的“本心即理”恰恰成为朱子学的一个重大纠偏或者说是根本性的扭转；孟子之“心”始终没有超出主体界域，而象山主体之心不仅是道德伦理的生发之源，而且也已成为宇宙的生发之源。

象山心学的易学底色。易学是中国哲学的基因，它在整体而有机的宇宙视域下研析人之本然、实然与应然问题，开创了天人相贯的文化价值系统。在易学底蕴中思考象山心学，杨柱才着重揭示陆九渊对《程氏易传》的继承与批评。他指出，一方面，象山接受程氏《易传》与接受程氏理学基本同步，形成了以“理”论易的格调。另一方面，象山通过对艮卦、《系辞》中“一阴一阳之谓道”“乾以易知，坤以简能”的新解，怀疑进而批评程氏《易传》之鹘突处，展现其易学思想的心学特色。王新春认为象山并未否定大千世界的客观实在性，他充分肯认的是人的价值。人在天地宇宙面前毫不逊色，以其与天地本然齐等的三才格局，令此宇宙进入人的生活实际，成为以人为本心的彰显意义的世界、生成意义的世界。通过生命主体的自我挺立，个我意义世界的圆满建立，人生之乐随之达乎最高境界，易学由此获得了心学语境下的点化与重建。

从先秦到陆象山。象山尊孟子，然而林桂榛指出，陆九渊虽然常提孟子，常引《孟子》，重视继承和发展孟子的思想精神，于《孟子》不乏创见及精湛处，但却不甚重视《孟子》章句、学说的学术辨析。如在《象山先生全集》卷三十四中，陆九渊以为孟子“言人之不善”就是性善是难以成立的；对“天下之言性也则故而已矣”中“故”的释义并不准确；《象山先生全集》卷二十四中，陆九渊由孟子辟杨墨、许行、告子谈到荀子“甚非思孟何耶”的疑问，但并没有就此“何耶”直接作答，其原因可能是陆九渊并没有理解儒家内部思孟、弓荀二学派的根本思想分歧。在工夫的层面，肖雄认为陆象山几乎全部延续了《孟子》的术语系统，如“义利之辨”“存养”“先立乎其大者”等，但又有了较大的发展：首先，象山之言“辩志”有进于孟子，其新意在将“尚志”“义利之辨”联系起来作为一种完整的工夫，在明本心中起了非常重要的作用；其次，象山对孟子“先立乎其大者”之工夫的落实，使之具有重当下的自信、超拔、觉悟等特点；再次，象山言存养、涵养都不离明本心、觉悟，此亦如同他“管归一路”地谈格物穷理；最后，象山把孟子“反求诸已”的工夫推向极致，提出“不俟他求”的内向工夫论，扭转务外工夫以弥补其成圣效力之不足，至此心学工夫论才算真正地成熟与被奠基。相较孟子，象山的工夫论更为系统、简易、明晰、向内。

朱陆异同辨析。朱陆之争是心学与理学之间学术交流与较量的典型，该争论已近千年且会继续争论下去，与会学者对该问题给予不同维度的解读，具有积极的意义。成中英认为，象山关心根本问题和整体问题。象山以整体之心面对，产生对天地宇宙的质感、信念和信心。对于存在的东西，心还没有注意到和感受到是存在心的自然之中，心感受时，心在感性之中，心思考时，心在理性之中。朱子肯定宇宙的存在才使人的存在成为可能。他以求知立场来考虑知识的经验基础，从经验中展开知性的探讨。因此，象山更重视直觉的全体性和整体性，朱子则更重视分析的具体性和抽象的原理性。象山与朱熹针锋相对，是方法不同所导致，并展现了理学有一个心学的内涵。王立斌将朱陆思想之异同与书院建设相联系，并指出吕祖谦、朱熹、张栻、陆九渊之间频繁地互动、走访、争论，开辟了一条“南宋理学与书院论辩”之路，促使学术思潮与书院制度形成密切联系。“东南三贤”旗帜鲜明地反对以科举考试为教学目的，以汉唐传注经学为教学内容。陆氏心学的书院讲学特色是少读书、多讲论、无学规而注重自我修养，躬行实践。鹅湖之会是最高端的大家论坛，把整个思想史、学术史提高到了国家层面，甚至影响中国周边国家，铸就了世界级的鹅湖书院。胡可涛认为邪说蒙蔽人，问题不是人缺乏知识，而是良知的放逐，本心的遮蔽，因此象山所论所辩就是“正人心”。正因如此，朱陆学术观点相互对立。陈林对清初学者李绂的朱陆思想是早异晚同关系的论断进行反思，他认为李绂之说犯了脱离具体语境理解朱子文本的错误。郭坦对朱陆之“慎独”思想进行辨析，并认为朱陆思想并非对立，而是不同角度的诠释。

象山对阳明心学的影响。陆象山和王阳明是心学一脉之宗师，然而二者思想有明显的承继和差异，因此做相应的省察工作，明晰二者思想之转进十分必要。何静的思考围绕阳明对象山的继承与扬弃展开，她认为王阳明在继承陆学大本大原的基础上，扬弃和发展陆学，创造性地构筑了缜密的心学体系。王阳明扬弃了陆九渊的本心说，提出良知本体论；含纳陆九渊的立志、先立其大、易简、寡欲、静坐和改过迁善等工夫，拓展廓然大公、心量广大和无累无滞等心学境界；剔除陆学“沿袭之累”的粗疏处，建构圆融的心学体系。王林伟认为，孟子从道德情感之不容已，道德主体之挺立等方面确立了心学的基本矩镬，是为心学之鼻祖。象山以发明本心、先立乎其大为主脑，直下肯认此不容已的道德本心，并将此心提升、超脱在现实经验世界之上，然后重新落实于道德实践生活中。然而象山对道德认知所蕴含的虚灵心维度并未特别注意。阳明针对此提出知行合一、致良知之教，同时亦回归孟子、象山的根本立场。他特别指出，心学并不能囊括世间所有学问，朱子格物致知说的新解与科学传统的融会，正为心学的未来发展提出了新问题、提供了新契机。

象山心学与新儒家。谋求中国文化和社会的现代化，需对中国传统文化的价值具有清晰的认知。新儒家自第一代熊十力开始，在思想上就与象山心学有紧密的联系。郭齐勇对陆熊二人的哲学本体进行了系统的探讨和仔细的分析。他认为象山之“本心”是道德情感、道德法则与道德意志相统一，并非人的一种生理意义、心理意义以及社会学意义的心，而是为每个人所本有，具有普遍性与恒久性的“同心”或“大心”。熊氏哲学本体（“心体”与“性体”）充满活力，充满人性，具有人格特征，是理论理性、实践理性和情感的统一。在陆熊“本心”论的联系上，郭齐勇指出熊十力特别欣赏陆氏心学之当下觌体承当，不由推求，不循阶级，当下呈现，直接见体。熊氏又肯定陆氏兄弟的政治、社会思想。在二者区别上，熊氏批评陆九渊的阴阳即道说；熊氏思想有佛学因素，陆氏那里较少；熊氏思想有西学、新时代因素，陆氏那里不可能有；熊氏本体—宇宙论又不完全等同于孟子—陆王的“心本”论或道德扩充。总之，陆氏“本心”论是古典的、体验型的，熊氏“本心”论是现代的，既有体验又有理论建构。王兴国提出“牟宗三的象山学”概念，其特色是以儒释道尤其是儒佛相通而同遵的共法为交界面，综合比较与厘清象山学与儒佛的关系；以孔孟所代表的儒家血脉主线为参照，把孟子学与象山学视为一个在逻辑上和血脉上相衔接，将象山学与朱子学分判为其在理论形态上所归属的直贯形态与横列形态两大系；运用多种方法，如康德哲学方式、历史学研究方式等综合为一体，形成了一种多元互补的立体网状结构。因此，“牟宗三的象山学”达到了历史的、逻辑的与心理的统一，中西贯通与古今交融，实有突破与开启中国哲学史的个案研究的典型意义。

关于东亚陆学。邓红对日本近代以前的陆象山研究成果进行梳理：1624年前后日本翻刻《象山文集》，之后翻刻《象山先生全集》。1863年出版《陆象山文钞》，并加以标点、日语训读点以及旁注，产生根源于陆王心学的日本阳明学派。1924年高濑武次郎写出了世界上第一本研究象山哲学的专著《陆象山》（内外出版社）。1926年三岛复撰写《陆象山的哲学》（东京宝文馆）。1930年秋月胤继出版《陆王研究》（东京章华社）。1943年山田准出版《陆象山王阳明》（岩波书店）。此外，邓红从高濑武次郎其人其事、《日本之阳明学》与《陆象山》三个角度，对高濑武次郎关于陆象山的研究进行了系统的阐释和评价，揭示日本陆王心学重精神的本质与重视实践的特色。佐藤炼太郎围绕陆九渊和杨简的易说对王阳明及王畿的影响展开分析。他认为陆九渊的“心即理”说是以《易》的世界观为基础，其心之本原具有超越时空的普遍道德法则，应当遵从以应对万事。杨简的《己易》主张本体是自我显现，是“易”的本身。王阳明将《易・系辞传》作为万物生成论的基础。王畿支持杨简的易说。他指出主观心学世界观实际上是把气的运动，即客观世界的实际存在作为前提，与所谓的唯心论、观念论并无关系，应当属于唯物论的世界观。卢兴从文本阐释、思维方式、境界追求、工夫路向等方面，分析中国南宋时期陆九韶、陆九渊与朱子、朝鲜早期理学者曹汉辅与李彦迪关于《太极图说》首句“无极而太极”的争辩。他认为二者在思想背景、聚焦问题、观点论据等方面都显示出巨大差异，但在根本旨意上具有高度的相似性，即捍卫儒家道统的纯正性，拒斥佛老思想的掺杂，在工夫论意义上，曹李之辩可视为朱陆之辩的延续和深化。

中西比较视域下的象山心学。通过中西比较深入探讨象山心学，关注其世界文明向度是本次会议的重要内容。潘卫红将陆九渊与康德的伦理思想进行比较。他认为二者相同之处是，都存在先天道德意识，并在如何认识中保持一致，更为重要的是，都肯定了人作为道德主体在宇宙中的地位。相异之处是，二者在对善端的规定，发明本心的路径，知善与行善的关系上完全不同。他特别指出，相较于康德，陆九渊的伦理思想缺乏充分、系统的论证，这也许是中国古代思想的一种通病。俞越认为，象山之本心具有不可定义性与超越性。心无法截然与现实事物相脱离决定了恢复本心的工夫无法通过后天的积累而完成，象山所谓“心即理”更确切地说应当是“本心即理”，蕴含了道德直觉主义思想的形上根据，象山注意到具体事物对涵养本心的意义使其思想具有某种“温和性”。张细进反思“五四”以来对象山学的批判，认为象山所倡之“辩志”“自作主宰”肯定了人的批判性思维和主体性意识。这与康德的启蒙精神有相通之处。因此，以启蒙的名义批判象山学是不恰当、不合理的。相反，象山思想具有现代性的因素，完全可以参与到我国现代化的进程中来。

荆门地方研究。荆门是陆九渊心学磨砺的道场，他在此全力以赴并付出了生命的代价，同时，其哲学思想也提升到最高境界，时至今日仍然对荆门的教育、做人做事的观念产生巨大影响，正所谓“城因人而兴，人因城而荣”。欧阳祯人根据荆门时期陆九渊书信中的内容，系统分析陆九渊在荆门的哲学思想和治理荆门的实践经验。他认为，解读陆九渊知军荆门的成功，需要把象山的心学与政治行政管理思想全部打通。象山知军荆门时社会现实之百废待兴，官员迎来送往之徒耗精力，真所谓是心独苦耳。但是在陆九渊的努力下，最后的结果还是发生了根本性的变化。欧阳祯人指出，象山知军荆门的成功体现了他对道统的现实传承。陆九渊上接孔曾思孟道统，而道统的落实离不开孝道。象山之“男儿生而以桑弧蓬矢射天地四方，示有四方之志，此其父母教之望之第一义也”与孟子之“尧舜之道，孝弟而已矣”完全相通。陆九渊荆门赴任擎家以行，豁出身家性命准备与来犯之敌决一死战；一到荆门就深入民间、振兴吏治、朔望讲学、纠正人心，正是其对“四方之志”的实践。陆九渊将孝道精神作为他“正人心”的思想武器。倡导保家卫国，在荆门造成一种全民参与的“势”；为国家的事情精打细算，没有私心，使荆门的各项工作在短时间内得到全面建设，自上而下全社会形成了一种新的风气；至为关键的是，在处理防御工事、军队召集和训练的同时，陆九渊主抓“郡学、贡院及客馆、官舍”的重建，加强了官吏的凝聚力，培养了广大老百姓的情操，彻底达到了“正人心”的目的。

除上述研究视角外，与会学者还对陆九渊的读书法，陆九渊的心灵哲学，象山文化的现代建设，陆九渊家学思想，陆九渊为政以为民的政治伦理思想等展开积极讨论。

（原载《新阅读》2019年第5期）

第三届中国阳明心学高峰论坛综述

第三届中国阳明心学高峰论坛是由中国文化院·北京师范大学人文宗教高等研究院、绍兴市人民政府、北京三智文化书院主办，由浙江省社会科学界联合会、中共绍兴市委宣传部、绍兴市新闻传媒中心、浙江省稽山王阳明研究院承办，大会于2019年5月18日在绍兴举行，此次大会的主题是“中国智慧与人类命运共同体”。

本次会议启动仪式于2019年3月23日在人民大会堂举行。南京师范大学教授郦波，华东师范大学教授杨国荣，中国文化书院院长、北京三智文化书院院长、北京大学教授王守常，浙江大学求是特聘教授、浙江省稽山王阳明研究院院长董平等学者结合社会现实，围绕阳明心学发表了精彩的主题演讲。论坛组委会副主席、中共绍兴市委书记马卫光，绍兴市委常委、宣传部部长丁如兴，论坛组委会特别顾问、中央宣传部原副部长、全国政协文化和文史委副主任王世明，论坛组委会副主席、中国文化院执行理事长陈强，论坛组委会副主席、三智集团董事长郭佳肃，论坛组委会秘书长、三智文化书院理事长高斌，论坛组委会秘书长、中国文化院秘书长白海燕，论坛组委会秘书长、浙江省稽山王阳明研究院执行院长潘建国等领导出席并讲话。摘录部分如下：

王守常认为：第三届阳明论坛的主题实际上涉及“反本开新”的话题，这一概念在这个时代具有非常重大的意义。2019年是新中国成立70周年，也是五四新文化运动100周年。其中，五四运动引发了传统与反传统的思考。传统不是过去，传统是每一个时代的连接点。我们就生活在传统当中，我们对传统的解释与践行，会让传统更具生命力。同时，我们在大胆地向外来文化学习之时，也不能忘记本民族的文化。

杨国荣教授以《心学视域中的人类命运共同体》为题，认为要谈阳明心学和人类命运共同体的关系，就不能离开阳明心学的核心要旨。阳明心学的关键在于以心为本。其意义主要不在于用人心构造了一个外部世界，而是外部世界相对于人的出现。由此，人类命运共同体就是有意义的现实世界，对意义的关切就为我们承认、关注这样一种命运共同体提供了前提。

郦波教授的《阳明心学与“中国梦”》表达了三个内容：第一，阳明心学的智慧是“圣人之道，吾性自足”。他旗帜鲜明地告诉我们，人生的出发点应该是向内追寻，这就是中国力量。第二，如何走真正的中国道路？阳明心学提出知行合一。第三，弘扬怎样的中国精神？毫无疑问，致良知是优秀传统文化，是阳明心学中的一个核心价值，也是我们要弘扬的中国精神中的一个重要内涵。阳明心学和中国文化的本质，追寻的就是人类命运共同体。弘扬、推广传统文化的精华，是儒生、阳明心学的信徒、中国知识分子所应该担当的时代使命。

董平教授以《致良知与人生意义》为主题，谈我们为什么要学阳明心学？阳明心学和每一个个体的自我生存的关系是什么？人必须要为自我生存的理想状态作一个终极预设。这个终极预设必须是和最高实在本身的存在性相联系，由此才有可能为人的终极存在建立一种根本缘由，为人的现实存在获得一个之所以要如此的根据。就阳明心学而言，它最高明的地方就是“心即理”。“心即理”实际上已经从根源上，把我们的本性、本体和最高实在者——天道，相互统一。我们在实践人道的同时，也在实践着天道。

2019年5月18日，第三届中国阳明心学高峰论坛在绍兴召开，1000余名来自政商学等不同领域的社会精英参会。18日举行了开幕式、主旨演讲、专家学者与企业家分论坛。19日上午，举行了“行良知：阳明心学的社会治理与实践”“示良知：良知之教与书院·教育”“阳明学的国际视野——阳明学与退溪学的分野与交融”等分论坛，探讨了阳明心学的思想义理、阳明心学与社会治理等内容，19日下午参会嘉宾参访了绍兴阳明遗迹。在19日的闭幕式上，中共绍兴市委宣传部副部长、绍兴市文化广电旅游局局长何俊杰介绍了王阳明专题文献数据库建设情况，王阳明专题文献数据库建设正式启动。该数据库包括“生平概况”“传世著述”“阳明书法”“学派传承”“后世影响”“阳明研究”“阳明影像”“新闻资讯”等八部分，是目前国内唯一以王阳明为内容的专题文献集成平台。中共绍兴市委宣传部常务副部长徐荻，发布了《阳明心学与中国传统文化》《阳明心学与新时代中国特色社会主义》等五个第三届中国阳明心学高峰论坛课题。以下是部分嘉宾发言摘录：

阳明心学作为中国儒释道哲学的精华，是我们弘扬中华优秀传统文化的重要抓手和突破口。我们也很欣喜地看到阳明心学从高高的象牙塔里走出来了，从古代体系中活起来了，走入了更多的企业、学校和家庭之中。本届论坛在原有的基础上还增设了社会治理实践分论坛，目标落地践行，可以说积极倡导落地践行是中国阳明心学高峰论坛的特色之一。阳明先生是中国的，阳明心学是世界的，我们要有全球的视野和世界的胸怀，推动阳明心学中国优秀传统智慧走入民间、走出国门、走向世界。（中国文化院副秘书长　白海燕）

从弘扬阳明思想到落地、践行阳明心学的思想意义，论坛已经成为弘扬阳明心学的转折点。为了让阳明文化走入老百姓的生活，我们要搭建一个符合时代的载体，互联网可以穿越时间、空间，把传统文化传递给更多的人，互联网可以启迪人心，“互联网+文化”可以惠及更多人群。（北京三智文化书院董事长　郭佳肃）

致良知，知行合一为代表的阳明学说不仅在国内广为人知，并且广泛传播到日本、朝鲜，在近500年的中国历史乃至亚洲历史上影响深远。但阳明学说更有待于走进百姓生活，这也是我们举办阳明心学高峰论坛的初衷和意义所在。（浙江省社会科学界联合会副主席　陈先春）

阳明先生在贵州悟道，贵州人尊重阳明，演习阳明。我们经常说阳明先生三位一体是什么？阳明先生拥有立德、立功、立言三位一体的人格，但是学术界主要关注他的言，政界主要关注他的功，而老百姓则更多关注他的德。但只有这三者一体，才是王阳明的完整人格。（贵州省文联主席、文史馆馆长　顾久）

“知行合一”强调公平的重要，提出致良知学说，提倡独立思考具有深刻的意义。此次论坛主题“中国智慧与人类命运共同体”，要求我们具有大视野，同时有世界深度，关注当今世界，展望人类未来。在大视野下研究阳明心学，才能正视先者留下的宝贵财富，才能进一步增进文化自信。（中华文化促进会副主席　金坚范）

东亚儒学发源于中国，对东亚的哲学及文化、政治、经济、宗教、学术的形成起到了不可忽视的作用。另外，阳明学和朱子学也影响了退溪哲学，并为促进朝鲜儒学和各种哲学思潮以及社会风气的形成及展开，提供了必要的知性的文化能量，同时这种能量也渗透到了韩国社会的意识领域深层，影响了其文化心理的构成。希望此次大会之后，这样的学术交流，能够以韩、中两国交替举行的方式继续进行下去，成为引发东亚未来一代之人文精神的、高水平的学术平台。（韩国岭南退溪学研究院理事长　李东建）

中国的智慧是什么？概而言之，中国的智慧，既包含着对客观世界的认识、探索和冥思，也包含着并更加重视对主观世界的自省、开掘和升华。进而也就认识到了主观、客观，精神与物质之间相辅相成，相克相随，密不可分又极其繁杂的关系。由此，中华民族形成了区别于有些文明的一种智慧，即大千世界人为本，而人则以心为本。中国文化从在伦理层面强调修、齐、治、平、知行合一，在人际关系上提倡和而不同、求同存异，直到形而上层面主张的“天人合一”“万物一体”“阴阳和合”“人理即天理”都是以“人”为主体，以“心”为本，而在阳明心学中，“心”就是“良知”。（中国文化院院长、阳明心学高峰论坛组委会主席 许嘉璐）

一个好的哲学家是自我和宇宙、自然整体融为一体。王阳明讲天地万物与人是一体，风雨云雷原是一体，我们可以加强学习阳明对主旨思想的理解，在越城时期，它的思想已经超过了单纯的自我意识和自我关怀，自我和社会，阳明先生晚年强调是有重要意义的。首先它的思想体系从中年时代特别强调自我关怀走向了晚年的自我意识，走向了更高、更广的境界。还有更主要的方面，如果站在阳明晚期思想的高度，自我和宇宙为一体的境界毕竟还是个人的境界，而王阳明的“万物一体”，在关注自我宇宙统一的同时，更强调外在亲民的实践。（中国哲学史学会会长、清华大学国学院院长 陈来）

问道向黔
——重走阳明悟道之路主题活动综述

□ 彭芳蓉　范　力　王　西

由芷江县入境，经玉屏、镇远、施秉、黄平、炉山、福泉、贵定、龙里、贵阳，最终抵达修文，之后在黔西县也有活动，这是500年前王阳明被贬谪到贵州的入黔路径。

500年后，来自省内外的专家学者及媒体30余人齐聚贵州，重点选取王阳明在黔经历中具有重要意义、历史遗迹保存较好的贵阳、黄平、镇远、黔西、修文等地，于8月26日开启为期4天的“问道向黔——重走阳明悟道之路”主题采访活动。

阳明文化是贵州文化的重要符号。“龙场悟道”是阳明心学的开端，而王阳明在贵州谪居的3年中，也留下不少故事和经典名章，他在修文开办龙冈书院，又于贵阳文明书院讲学，培养了大批门生，极大推动了贵州教育发展。在这次重走阳明悟道之路的主题采访活动中，省内外专家在每个站点围绕不同主题解读阳明历史及其重要思想内涵，从形式到内容都有极为重要的意义。

一、龙场悟道，阳明心学的开端

修文是此次活动的第五站，也是整个行程中与先贤距离最“近”的一站。玩易窝、何陋轩、阳明洞，以及2014年开始兴建的中国阳明文化园，既留存了先贤生活、悟道的痕迹，又以现代文化园的方式集中呈现王阳明一生的经历。

正德元年（1506），王阳明被宦官刘瑾迫害，被贬谪至贵州，一路躲避追杀，历经心理上的挣扎和路途上的艰辛，终于来到修文龙场驿。刚到龙场不久，王阳明便在一处山脚下发现了一个窄洞，他欣喜不已，决定在此领悟《易经》，在他的《玩易窝记》中就记录了自己在洞内参悟《易经》的心得。

比玩易窝更为著名的便是阳明洞。阳明洞原名为“东洞”，阳明搬到洞内后，便将其改名为“阳明小洞天”，吃住在洞中，讲学在洞外，附近村民担心他长期住洞中不利于健康，便自发为他修建一间木屋，王阳明将其命名为“何陋轩”，并在此地开办龙冈书院，吸引了数百学生前来参学悟道。

在阳明洞前，贵州大学教授、中国文化书院荣誉院长张新民讲述了王阳明龙场悟道过程，并解读了阳明学说的重要意义。张新民认为，龙场悟道是中国思想史上具有划时代意义的象征性事件。王阳明拓宽了主体自立自主的精神价值世界，展示了道德自律与人格挺立的实践精义及具体路径。他在龙场悟道之后，向诸生讲说的“心外无理”“知行合一”等理论主张，实际就是强调人的生命内部有着道德理性和道德情感，人性内部也潜藏着无穷无尽的德用智慧与价值资源。他提到，人是万物之灵长，可以裁成天地，曲成万物，参赞宇宙间的一切造化活动，所以人所要作的努力，就是要本着与天地一体的自强不息精神，将生命本有的无穷德用显发出来，化为活泼的社会实践行为，真正做到浃然合一而无有丝毫割裂。

二、经典篇章，记录阳明精神与实践

在黔西县素朴镇，灵博山和象祠景区集水西文化、阳明文化、儒家文化、佛教文化、红色文化、象祠文化为一体，承载着极为丰富的历史故事。采访团一行在“一祠三馆，九龙八景”间游览，回顾当年王阳明与贵州宣慰使、彝族土司安贵荣之间的故事，品读不朽名篇《象祠记》所表达的思想内涵。

王阳明来到贵州时，安贵荣两次派人送来食物、仆人、马匹及贵重物品，王阳明盛情难却，仅收下生活必需的食物，其余全数退还，并通过《谢安宣慰书》向安贵荣致谢，后又以《贻安贵荣书》，劝说安贵荣不再提减驿之事，以《又与贵荣书》劝说其出兵平乱。明人吴其浚以“一纸手札，胜于数万甲兵”评价这些书信。

安贵荣在重修象祠时邀请王阳明写下《象祠记》，“人性本善，天下无不可化之人”。这句名言就是出自此篇。陆永胜从“哲学本体”“心学工夫”“为学经世”等角度分析这篇文章，认为它不仅仅是一篇记，也不仅是王阳明对其心学思想的阐释和践行，更是阳明在思想教化的层面参与明代水西社会秩序构建的实践。

同样向王阳明发出邀请撰文的，还有贵州按察副使朱文瑞。正德三年（1508），朱文瑞在黄平飞云崖重修月潭寺，并建公馆，当年王阳明入黔时到过此地，邀请他撰文时，王阳明已悟道，他认为此处修建公馆主要是为了让附近的官兵及少数民族百姓，能够找到一个可以满足他们信仰需要的地方，也可以在当时交通极为不便的情况下，为过往的民众提供食宿上的方便，是一项“民心”工程，所以欣然应允。

在飞云崖参观时，浙江大学教授何善蒙对这篇作品进行解读，认为该作对于飞云崖景色的描写体现出王阳明的文字精炼、灵动，诞生了著名的句子：“天下之山，萃于云贵。连亘万里，际天无极。”同时，王阳明也透过对月潭寺重修一事，表达出“治政在于宜人”的重要观念，这可以说是王阳明内心中对于政治的最为理想化的一种期待，也是心学对于政治的一种基本立场。

三、黔中王门，不可缺失的重要学派

过去，阳明学派分为浙中王学、江右王学和泰州王学等7个学派，却因为种种原因，唯独缺失黔中王门这一重要学派。但在后世的不断发掘研究中，文献慢慢得以补充，不断证明黔中王学存在的必然性，加之“龙场悟道”在中国思想史上具有极为重要的影响，这一学派更是不可缺失。

重走阳明悟道之路一行来到镇远时，登上迄今已有600年历史的青龙洞古建筑群，行至紫阳书院，浙江省社会科学院研究员、浙江省稽山王阳明研究院副院长钱明，现场介绍了王阳明入黔的历史背景及在镇远的活动。“别时不胜凄惘，梦寐中尚在西麓，醒来却在数百里外也。”王阳明离黔时，门生一路相送，在城南饯别，又追到龙里。王阳明到镇远后写下《镇远旅邸书札》，所提到的多是琐碎之事，同时也勉励门生“努力进修，以俟后会”，字里行间流露出浓厚的关怀和不舍。

钱明表示，这封书信中提到20多位门生的姓名，作了诸多叮嘱交代，算是对他在贵州这几年生活的总体回顾，透露出他对贵州人民、贵州弟子的浓浓情感，同时，文章也是研究黔中王门的重要文献。

此次主题采访活动最后一站——贵阳市甲秀楼附近的南庵，陆永胜在此重点介绍了黔中王门的特点和影响。王阳明的第二代弟子马廷锡在贵阳广收门徒，讲学30年，对黔中王门的建构起到极大推动作用，同时也对明代贵阳的学风、民风、世风、文风都带来很大影响。

陆永胜介绍，时间上来看，黔中王门一般指在1508年至明代灭亡期间；空间上则是上述的五大重镇，讲学活动围绕这几个地方展开；目前可考的人物，则只到王阳明第五代弟子，共计70余人；从思想上来看，黔中王门是以王阳明思想为起源，广泛吸收融合其他王门学派，甚至融合了其他学派的思想。陆永胜表示，王阳明来到贵州，极大改变了贵州的思想史、哲学史和文化史，改变了自东汉以来贵州儒学低迷的状态，龙场悟道则确定了他在贵州讲学的思想内核，黔中王门不仅是对弟子的传授，更是思想内核的传承。

阳明思想对贵州文化发展有重要推动，陆永胜从黔中王门对贵州人文思想和文化活动这两个方面的影响展开讲述，认为王阳明对贵州文化区域有所建构；塑造了贵州心学思想特质的内核；知行合一的精神塑造了贵州思想文化的特质。而在文化活动方面，则推动了贵州书院讲学；为贵州培养了大量人才，同时也对贵州的社会风气产生了持续影响。

（原载《贵州日报》2019年8月26—29日，
原题《“问道向黔——重走阳明悟道之路”》）

纪念陆九渊诞辰880周年会讲综述

□ 张品端

由福建省社会科学院、中国社会科学院哲学研究所宋明理学研究中心和台湾《鹅湖》月刊社主办，武夷学院朱子学研究中心、江西省抚州市社会科学联合会和金溪县人民政府共同承办的“会通朱陆 传承理学——‘纪念陆九渊诞辰880周年会讲’”活动，于2019年9月6—8日先后在朱子学的发祥地福建省武夷山和陆九渊的故里江西省金溪举行。来自海峡两岸部分高校和科研机构的70多位专家学者参加了这次会讲，共同围绕“会通朱陆，传承理学”这一主题展开了交流与探讨。

开幕式上，中国社会科学院哲学研究所副所长张志强研究员在致辞中说：“今天我们对朱陆问题的探讨，就是在新时代条件下，通过朱陆之间虽相反实相成的会通视野，来把握中国思想和文明演进的动力枢机，通过对中国思想和文明演进枢机的把握，来自觉完成对中华优秀传统文化的传承和创新，自觉实现中华优秀传统文化的创造性转化和创新性发展，并以此来促进中华文明的更大发展，再铸中华文化的新辉煌。”

关于“会通朱陆”的新诠释。朱陆思想的异同，是南宋以来一直争论的问题，这次会讲则从会通的角度对朱陆思想进行了讨论。上海同济大学朱义禄教授认为，朱陆都有强烈的怀疑意识和自得精神，这是会通朱陆思维方式的新视域。从思维方式的角度看，怀疑后有质问，质问后须反思，反思后又会萌生一些自身独有的心得体会，这就是自得精神。此种思维方式是朱陆开展学术文化创造活动的重要途径，也是他们留给中华民族的精神遗产，可为中华文化的传承与创新提供思想资源。台湾杨祖汉教授以牟宗三对朱陆哲学思想的评析为例，从本体与工夫两方面对朱陆思想之异同作了深入的分析，认为朱陆乃是两个不同的义理形态：朱熹对道德之理的理解和实践走的是“道问学而后尊德性”之路，而陆九渊走的是“尊德性而后道问学”之路。故两者的会通，并不是以其中一系涵容另一系，而必须从自己走向对方才能够互相补充以完成自己。

一些学者将“会通朱陆”的视域扩展到东亚儒学。中国社会科学院哲学研究所龚颖研究员，就日本江户时代儒者对“朱陆之辩”的接受与转化作了详细考察：日本江户时代的儒家学者藤原惺窝、林罗山和中江藤树等，通过对“朱陆之辩”相关问题的讨论，加深了对宋明理学思想实质的理解；同时，他们在寻求融会朱陆的过程中表达出一些独特的思想主张，如他们吸纳了与陆学有共通性的朱子学相关论述来建构新的思想框架。

关于朱熹理学思想内涵的阐释。与会部分学者对朱熹思想进行了深入探讨。武夷学院张品端研究员认为，朱熹以理、气为宇宙论的理论构架，以心性论为人生哲学的中心内容，而他所用的是理性分析的思维方式，这与传统的纯直觉内向观照方式不同，显出其哲学构思的创新与理论思维的发展。中国社会科学院哲学研究所赵金刚副研究员对朱熹的“浩然之气”进行了讨论，认为朱熹特别强调后天“养气”工夫的重要性。朱熹对“浩然之气”“配义与道”的诠释，突出了“浩然之气”的实践向度，展现了“浩然之气”在道德实践中的积极作用。

朱熹的礼学思想是这次会议的一个突出内容。中国社会科学院哲学研究所刘丰研究员分析了宋代礼学的特征，认为宋代礼学以道学家为主体，形成了礼学中的义理派礼学。而朱熹从整体上扭转了儒学重仁轻礼、对礼的解释重内在而轻外在的倾向，并将传统儒家的礼与天理论贯通起来，极大地提升了“礼”在儒学中的地位，使“礼”具有了本体论的意义。安徽大学徐道彬教授则对明清古徽州礼学生态文化进行了深入考察，认为明清时期徽州礼学思想的转型与建构，引领了古徽州的地域观念与民众的价值取向。特别是徽州作为朱子的桑梓之邦，《朱子家礼》使徽州地区形成了一种普遍的礼仪生活方式。武夷学院王志阳副教授认为，朱熹在礼学观念上，以礼为天理的表现和现实社会的最高行为准则，具体的礼仪则应“随时而变”；在礼学实践上，朱熹以礼为修身的原则，注重遵循礼的具体行为规范。

关于陆九渊思想内涵的阐释。与会一些学者对陆九渊思想展开了讨论。山东社会科学院涂可国研究员指出，陆九渊的心学呈现出某种儒家责任伦理思想的意蕴，即正心、存心、养心、自反的责任。而履行这种责任，又包括自醒自觉、自反自成、自立自强等。故陆九渊重视每个人的为己之学，把学以自道、学以明理确定为终身的责任。华南理工大学杜文曦副教授将陆九渊经学诠释学思想与西方诠释学互鉴，并用施莱尔马赫的“心理诠释学”原则对陆九渊的经学诠释学思想进行了解释。这种中西诠释学的对话是研究陆九渊思想的一个新范例，可为中西哲学比较研究提供新视野。江西师范大学邓庆平教授对陆九渊“克己复礼”的工夫论作了分析，认为“克己”是为学的关键，“恢复本心”是为学的目的，“克己复礼”不只是日常生活中的道德修养工夫，而且代表了一种崭新的具有普遍性的为学之道。华南理工大学袁君煊副教授认为，陆九渊“先立乎其大者”的为学工夫论，提倡发挥人的主体意识和自觉能动性，对于坚持价值理性对理论理性的优先地位有着重要意义。

总之，本次会讲的成果不仅体现于“继往”，更重要的乃在于“开来”。通过这次“会通朱陆，传承理学”会讲，我们对宋明理学的研究得到了拓展与深化，并为中国特色哲学知识体系的建设提供了更坚实的基础。

（原载《哲学动态》2019年第11期，
原题《会通朱陆传承理学——“纪念陆九渊诞辰880周年会讲”综述》）

新中国七十年与越文化研究学术研讨会综述

□ 钱汝平　诸凤娟

为了进一步梳理越文化在当代的传承与发展，体认越文化研究在当代中国“文化自信”建设中的重要地位，2019年10月26日，绍兴文理学院越文化研究院（浙江省越文化传承与创新研究中心）在绍兴举办了“新中国七十年与越文化研究学术研讨会”。来自北京、上海、广东、山东、陕西、广西、浙江等国内多个省市的60余位专家学者，参加了此次学术会议。与会专家回顾了新中国70年来越文化研究的历史进程，并就新时代越文化研究及建设问题进行了多方位、多角度的探讨。

在大会专家报告环节中，教育部“长江学者奖励计划”特聘教授、北京大学廖可斌作了《越文化视野中的浙东文学研究——以明代文学为中心》的报告。廖可斌认为，在明代文学史上，浙东文学家虽未出现全国性的文坛领袖，但从一流的标准来衡量，浙东至少也诞生了宋濂、徐渭、张岱三位文学家。宋濂“文道合一”的文学理念、徐渭反对台阁体与复古派的创作主张、张岱抒发性灵的小品文创作，都对明代文学产生过深远的影响。他还通过具体的例子，指出明代浙东文学家有“坚持自我、不与人同”“执着理想，之死靡它”的人格特点。这些人格特点扎根于越地文化土壤，是越文化发育出的独特文化品格。廖可斌还客观分析了浙东在全国文坛中的“次中心”地位，以及由此产生的浙东文学家的“次中心”心态，这种心态使得浙东文学家在“坚持自我、不与人同”“执着理想，之死靡它”的人格优点之外，同时也产生了过于激烈、缺乏格局的某些缺点。教育部“长江学者奖励计划”特聘教授、中国人民大学朱万曙作《徽文化与越文化之关联与差异》的报告。朱万曙从地域文化研究的比较视野角度出发，具体分析了徽文化和越文化在地理区位上的关联，认为徽商正是通过新安江—富春江—钱塘江线路走出徽州，分布在越地的角角落落，从事商业经营及各种文化活动，因而徽文化与越文化有了一定程度的交流融合，但是徽人与越人在文化性格上还是有一定的区别。这个区别存在历史地理原因，徽州处于万山之中，少受战乱影响，因而产生了讲求稳定的平和守正意识，更多的沾染了儒家文化的影响；越地多为平原，常受战乱之苦，因而越人多有求新求变的意识，少受儒家思想熏陶，而多慷慨多识之士。两者各有利弊，徽文化平和守正但似缺乏创新的驱动力，越文化讲究思想创造和坚守但似过于决绝激烈。今人应在两种文化的比较中取长补短，把文化自信落到实处。浙江省委党校副校长陈立旭教授作《浙江现象与浙江精神》的报告。陈立旭指出，改革开放以来，浙江取得了惊人的成就，经济总量和人均可支配收入从全国中下游水平跃居全国前列，形成了独具特色的以民营经济唱主角、以市场化、投资主体多元化、专业化特色产业为主要内容的“浙江现象”。“浙江现象”的背后是“浙江精神”的促动，正是“自强不息、坚韧不拔、勇于创新、讲求实效”和“求真务实、诚信和谐、开放图强”的“浙江精神”，创造了浙江经济的跨越式发展。陈立旭还对学界总结的间接促成“浙江现象”背后的历史文化因素，诸如南宋陈亮学派重实利思想的影响和悠久的工商传统的承继提出质疑，因为南宋以来对浙东影响最大的思想家并非陈亮，而是朱熹；至于工商传统，晋商、徽商比浙商历史更悠久，影响更大，所以对间接促成“浙江现象”背后的传统文化因素还需更深入的探索。浙江省社科院哲学研究所钱明研究员作《阳明心学中的史学化现象——越州王门张元忭的思想与著述》的报告。钱明指出，张元忭作为阳明心学的再传弟子，学界对他的关注度一直很低，远不如对其曾孙张岱的关注度，但是张元忭在对阳明心学的纠偏以及为浙中王门心学史学化上都作出了较大的贡献。在阳明学的早期形成阶段，由于有徐爱的存在，浙中王学未出现“偏离”，但到了晚期发展阶段，由于有王畿等人的存在，使浙中王学出现了被许多王门弟子视为“虚妄”“狂禅”的方向性“偏离”，于是便有了钱德洪、季本、孙应奎、程松溪、张元忭等浙中王门诸子，从各自立场出发加以“纠偏”的种种论说。在这些人物中，张元忭的地位十分特殊，他既与王畿、徐渭等人保持非常密切的私人关系，又是“内部纠偏”的干将，为浙中王门心学史学化的价值取向及形态建构发挥了重要作用。

此后，分广义越文化研究和越地名人研究两个分会场进行讨论。广义越文化研究分论坛涉及越文化的各个面向，既有对个案的深入剖析，又有对宏观主题的把握；既有对越地古代文献的细致探讨，又有对当代越地文化建设的现实关注。北京师范大学孙津教授对越文化在当今的形态变化及其意义作了说明。他说，当代越文化的基本形态已经或正在发生三个主要的变化，即由特定文化变为各种历史研究、由封闭文化变为对风俗的支持和说明，以及试图由开放的遗产变为竞争优势的努力。从理论上讲，这些变化表明的是地方文化真实存在的普遍性及其相应变化意义的特殊性。绍兴文理学院俞志慧教授通过梳理传世文献和吉金文中有关越王世子的各种名谓，认为文献记载中的十二种称谓都指向世子。“者旨”为其氏，又作“诸稽”“柘稽”，疾言之则曰“适”、曰“鼫”；“于睗”为其名，又作“与夷”，疾言之则曰“郢”、曰“与”。绍兴文理学院佘德余教授总结了自己从事越文化研究40年的心得和体会。佘教授的研究范围广泛，涉及以下方面：一、绍兴文人雅集与结社；二、越中曲派；三、山阴州山吴氏家族；四、张岱；五、杨维桢与《水浒传》；六、域外文化名人与绍兴。绍兴文理学院汪柏江教授，对发生在绍兴的一次阳明后学弘扬阳明学说的极有意义和深度的事件“龙南夜话”，进行了深度的挖掘。龙南庵由王阳明佛门弟子玉芝法聚所建。从玉芝法聚与王阳明、季本、王畿、徐渭等在龙南庵的交往，以及王畿与张元忭、邓以赞、罗万化的“龙南夜话”等诸多事迹中，可证良知之旨“与禅理不殊”，亦证儒释大同，此理即便在当下，亦有其非凡的现实意义。浙江传媒学院黄义枢副教授对清代的“名贤生日祭”现象作了深入的剖析。“名贤生日祭”是在已故名贤生日，文人举办的崇祀活动。这种文人雅集产生于清代并广为传播，是一种挖掘、宣扬地方名贤的手段。绍兴文理学院刘磊博士，着重考察了“兰亭论辩”史上有关《兰亭序》的真伪问题的讨论。他认为，“兰亭论辩”作为新中国成立之后的一次重要文化事件，正是中国近60年来社会文化发展的一个缩影，从中也可以感受到时代学风和社会观念的变迁。绍兴文理学院钟小安副教授主要解析了绍兴师爷文化内核与胆剑精神的内在联系。他指出，绍兴师爷作为一种独特的历史文化现象，越文化是其核心内容之一。师爷文化的内核是胆剑精神，绍兴师爷传承了越文化的内核，因而达到了传统幕府智库的顶峰。宁波海关胡丕阳先生主要谈了对越文化的传承与创新的看法。越文化是中华优秀传统文化的重要组成部分，体现了中华文化的深刻内涵。我们在传承越文化的同时，要实现创造性转化，并以创新的精神，弘扬越文化，使越文化的传承和创新具有当代价值。绍兴图书馆蔡彦研究馆员对绍兴的越剧文化特色产业进行了考察。他着重点出，越剧作为中国第二大剧种，博大精深，具有鲜明的风格，无论从外在的服装、饰品、人物形象，还是到内在的故事和表演形式，都具有开发的价值和意义。传承发展越剧需要做好守护、创新、产业三篇文章。绍兴文理学院魏建钢副教授就越窑制瓷业衰落的原因，提出了与学界传统观点不一致的看法。他认为，越窑制瓷业突然失去地方政府的保护、窑场因没有贡瓷生产而出现无序竞争、发达的越地农业挤兑制瓷手工业的发展空间，这三个因素是导致越窑衰落的主要原因。绍兴市文广局马峰燕博士从文物管理者的角度，谈了对绍兴著名古桥广宁桥的观感。绍兴是著名的桥乡，广宁桥作为绍兴古桥的代表，充分体现了它丰富而悠久的历史文化内涵。柯桥区史志办何鸣雷先生从古籍中搜罗出大量有关大禹的文献，并对其综合归纳，勾画出了大禹丰富而多面的立体形象。绍兴文理学院石峻华在整理点校天一阁所藏清代孤本稿本《六陵劫余志》后，对该书的作者、价值和缺点作了较为全面的梳理。

在越地名人研究分论坛讨论中，专家聚焦于越地的多个标志性人物如范蠡、王冕、王阳明、黄宗羲、蔡元培、鲁迅、周作人、范文澜、冯契、刘文西等的探讨。这很好地体现了绍兴作为名士之乡的地域文化特征。绍兴市范蠡研究会金华锋先生从如何挖掘和利用地方文化名人资源的角度，以范蠡研究为例谈了自己的看法。他认为地方名人的研究要顺应市场的需求，促进地方经济和社会的发展。绍兴市越文化研究会方俞明先生详细考察了王冕《竹斋诗集》的版本。明代以降，王冕《竹斋诗集》版本之流传与演变极为复杂，厘清各版本之成书原委、文本差异和流变过程，对王冕研究有着重要意义。余姚市东海文化研究院华建新副教授以越中王门弟子为例，考索了越文化视域下明嘉靖初年越中阳明心学的勃兴与流播的过程。嘉靖初年越中阳明心学的勃兴与流播，受到越文化传统精神的深刻影响，孝道、易道与士道观念成为阳明心学滋养的肥沃土壤。浙江越秀外国语学院王英副教授以越地士人黄宗羲为中心，考察了时代变局中士大夫身边的“小传统”。所谓“大传统”指儒家士大夫主导的传统伦理规范，“小传统”是指民间的佛道神祇信仰，明清之际儒家士大夫主导的大传统与其身边的小传统之间的互动关系出现了一定的独特性。绍兴文理学院田义勇教授从“异在论”角度，对王国维提出的“有我之境”与“无我之境”概念进行了深入剖析。从审美价值讲，王国维认为“无我之境”高于“有我之境”，这是“异阶间性”问题。从“以物观物”异于“以我观物”的方法论讲，这是“异类间性”问题。所有问题可以归结为：面对“自身与他者”之间的“异”，“存异”还是“灭异”？王国维在“存异”而求“两全”与“灭异”而臻“玄同”之间，尚缺乏明确的问题意识，存在着摇摆不定、模棱两可的情形。绍兴文理学院马芹芬副教授从考察蔡元培的诗歌创作和诗序诗评入手，讨论了蔡元培的诗学观。她认为，“诗人之诗”是蔡元培追求的诗学理想，“诗”中有“学”是其诗歌创作的主要特征。绍兴市台办何有基先生梳理了20世纪20年代、40年代、80年代台湾掀起的三次“鲁迅热”。虽然这三次“鲁迅热”发生的社会历史文化背景各不相同，但足证鲁迅的文学作品在台湾的巨大影响力。绍兴文理学院卓光平副教授从当代立场出发，将鲁迅定位为浙江文化精神的现代承传者和新时代中国精神的来源者。鲁迅出生于绍兴，深受浙江悠久历史文化的滋养和影响，是浙江文化精神的现代承传者。鲁迅致力于“立人”思想探索和“国民性”改造实践，其精神也成为新时代中国精神的重要源泉之一。孔子研究院路则权副研究员则以《中国经学史的演变》为例，揭橥了范文澜运用马克思主义理论从事中国经学史研究的理论意义。广西梧州学院张朝松副教授对著名中国哲学史家冯契的儒学观进行了评议。他认为，冯契对儒家思想的研究和评价已达到了“世界哲学”的理论深度。西安美术学院武凤珍教授，描述了当代黄土画派大师刘文西的黄土文化情结，她认为刘文西的艺术创造深刻影响着21世纪初的中国画坛。

本次研讨会的与会学者来自文学、哲学、考古学、历史学、艺术学、民族学等不同领域，就广义越文化及越地名人等议题展开热烈而融洽的研讨。研讨充分展现了学者们宽广的学术视野、敏锐的创新意识和扎实的文献功底，取得了丰硕的成果。

（原载《浙江社会科学》2019年第11期）

中国阳明文化园探秘

□胡　勇　唐　耀　杨鸣丹

11月1日，“阳明文化交流周”活动在浙江余姚市举行，中国阳明文化园的管理团队应邀携我省专家学者赴会。本次文化周以“阳明心学为高质量发展赋能”为主题，来自国内各地的专家学者齐聚一堂，跨越时空对话先贤。

余姚，是中国明代著名思想家、哲学家王阳明的出生地，是他的人生的出发点，也是其日后传播思想、教授弟子的讲学之地。

远隔千里之外的贵州省修文县，则是王阳明先生“心学”的原点。王阳明谪居修文龙场，在这里成就了“心即理”“致良知”“知行合一”的阳明学说，修文因此被誉为“王学圣地”。中国阳明文化园正在这里建设，将对传承和发展阳明文化起到积极作用。

一、龙场悟道，阳明“心学”的原点

修文如同她安静的名字，在中华五千年文明的历史中，没有耀眼地登台，可是修文用淳朴的爱与关怀，滋养了一颗愁苦的心灵，王阳明在这里绝处逢生，成为圣人。

从贵阳出发，沿贵遵高速北上在扎佐立交左拐，出了高速再前行大约7公里就到了修文县城，中国阳明文化园比邻县城，园区占地2300亩，游人不多，格外安静。公元1508年，王阳明在经过一年多的路途颠沛流离后，终于到达龙场驿。而关于“修文”的来历，则较晚才出现，据记载，清康熙二十六年（1687）建县，取“偃息武备，修明文教”之意，命名为“修文”。

从兵部主事到龙场驿臣，从信马边疆到寸步难行，从锦衣玉食到食不果腹，从唱和诗文到举目无亲，王阳明身心经历着猝不及防的创痛。初到龙场时，王阳明草衣木食，形容枯槁。龙场的驿站已破败不堪，何以安身？何以立命？玩易窝里，阳明洞边，水木清华，王阳明龙场悟道，在这里完成了他人生的巨大蜕变。在此后五百多年的岁月，王阳明“心即理”“知行合一”“致良知”学说一直激荡着人们的心灵。不知道多少个日夜的煎熬与叹息，也不知道多少次的彷徨和无助，在这个偏僻地方，王阳明默默接受这个残酷的现实。

可是对于这么一个倔强的灵魂，王阳明怎么可能屈服呢？他只是放弃了那些生命的羁绊，功名荣辱都不重要了，包括生死的焦虑也放下了，洒洒脱脱，玩易窝内漆黑的崖壁似乎明亮了起来。王阳明先生的喜悦和自信温暖了这异乡的崖洞，温暖了这里的山石与丛林。他已经把自己安放在此地，在这里重生。

修文这个地方成为“心学”原点，王阳明渐渐门生云集，继而在当地百姓的帮助下首创了“龙冈书院”，修建了何陋轩、君子亭等建筑。经过五百多年的岁月变迁，当年的茅草屋已然不见踪迹，可是后人追寻先贤的脚步却从未停歇过，除了在“阳明小洞天”内留下了各式各样的摩崖石刻外，又陆续维修、改建了何陋轩、龙冈书院、王文成公祠、仓圣宫、元气亭、君子亭、僧寮、大佛殿、宾阳堂等建筑。现在遗存下来的保存完好的清代建筑，接纳了来自五湖四海的普通百姓、文人墨客和达官贵人。

王阳明先生坚定他对人性善良根基的自信，将他从百死千难中证得的“心学”体系传扬天下，铸就了“立言、立德、立功”真三不朽的完满人生。修文的善良与包容，保全了王阳明的个性和自由，赋予他宁静、安稳的生活空间，使他得以在生命的低谷，免遭身心的进一步重创，失去人生蜕变的机会。所以，修文与阳明之间是互为激发，互为作用的，修文也被中外学者们盛赞为“王学圣地”“心学祖庭”。

今天，在修文中国阳明文化园内，透过森森翠柏，袅袅薄雾，游客依然可以仰望先生，触摸心灵。

二、穿越500年历史拜谒王阳明

为了在龙冈山前系统地展现阳明心学的脉络，需要将山前开阔的广场做一个空间的围合，让参观的人们对心学的发展脉络有一个基本的把握，同时在通往“阳明小洞天”的途中，需要将前来观瞻的游客心灵放缓、放慢，需要营造庄重的氛围和必需的敬意。

张其鹤，贵州省浙江总商会会长、贵州旅游投资集团有限公司董事长。王阳明离开龙场整整500年后，2010年，原本在修文县做煤矿开采生意的张其鹤得知县里有意对阳明文化园对外招商后，决定转型，成为一个“商人中的文化人”，以期百年之后还有事业留存世间。

张其鹤所选定的这个事业，就是在王阳明悟道的地方，打造一个阳明文化园，深入挖掘“王学圣地”独有的历史文化底蕴，弘扬中华文化的哲学意蕴。事实上，从2009年第四届国际阳明文化节结束之后，修文县有关方面就开始规划龙冈山景区，准备打造一个“阳明文化园”，以深入挖掘其历史文化价值和旅游价值。然而，两年多时间，来自香港、台湾以及浙江、贵阳等地的企业所拿出的方案总是不尽人意。

张其鹤迅速注册成立了贵州旅游投资集团有限公司，请来华中科技大学建筑与城市规划学院副院长黄亚平、景观系主任万明，北京林业大学园林学院教授王向荣等专家学者为项目做控制规划，更邀请了世界著名儒学文化名人杜维明、欧阳祯人、汤恩佳、吴光等做文化上的建议与顾问。

如何在新的时代去拓展和提升阳明心学的魅力与价值？如何在景观中去物化和体现阳明心学的元素？是打造“中国阳明文化园”的最大难度。

据张其鹤接受采访时透露，最后选定的这个规划方案，前后修改达30余次，历时2年多。最后规划方案确定：中国阳明文化园项目，总占地面积约3500亩，投资概算67.2亿元，由贵州旅游投资集团有限公司投资建设。“通过考察和比选国内外诸多旅游胜地的建设风格和元素后，我们最终确定以‘乡土石作’景观的方式，来呈现‘中国阳明文化园’的核心景区。它既符合传统的审美情趣和阳明心学的价值取向，也兼顾了贵州本土的文化特征、民族风格、现代功能等”。说起景区规划设计，张其鹤娓娓道来。经过2年的精雕细琢，核心景区已逐步建成。

“为了在龙冈山前系统地展现阳明心学的脉络，我们需要将山前开阔的广场做一个空间的围合，让参观的人们能够对心学的发展脉络有一个基本的把握，同时在通往‘阳明小洞天’的途中，我们需要将前来观瞻的游客心灵放缓、放慢，需要营造庄重的氛围和必需的敬意。”陪同参观的公司解说员如是说。

中国阳明文化园项目于2014年8月启动建设，项目核心区及王阳明纪念馆已建成并于2016年10月投入使用。龙冈书院项目作为传播和弘扬阳明心学的重要平台和载体，已于2018年10月建成并对外开放，“中国阳明文化园”景区于2017年9月30日被评为国家AAAA景区。张其鹤在描述中国阳明文化园项目愿景时说，项目所在地有名山、秀水、奇峰、异洞等自然风光，又有古遗址、古建筑等人文景观，是不可多得的文化旅游资源，如果不将其打造成旅游精品，那就是暴殄天物。

从整个项目的规划设计来看，中国阳明文化园的核心景观区以阳明洞为核心，一直拓展到以修文河为依托的阳明湖。分为3个部分：南片是自然景观区，以阳明洞为核心；北片是人造景观区，以阳明湖为核心；中间是文化景观区，以阳明书院为核心。而整个核心景观区又同时是贵州的旅游集散中心，配套以五星级酒店、大型超市以及影剧院等文化设施。

在核心景区的外围，则是一个总建筑面积达200多万平方米的低碳、避暑主题小镇，是整个项目中的地产配套板块。“以阳明洞核心区为中心，布局教育、讲学、文化研究等功能区，以吸引海内外阳明文化学者、研究者；主题小镇区则以差异性的地域特色、丰富的功能、低碳的理念、完善的服务与国际旅游标准接轨。”张其鹤介绍说：“王阳明的心学理论提出‘致良知’。他认为，‘良知’，既是道德意识，也指最高本体，良知人人具有，个个自足，是一种不假外力的内在力量。”

三、打造中国阳明心学文化地标

王阳明铜像前的一汪清泉，名曰“正心池”，取意为“正心、诚意、致良知”，石头上镌刻的“心即理”“致良知”与牌坊上的“知行合一”，正是阳明心学的重要理论架构，是王阳明先生完备的心学体系中不可或缺的重要理论支撑。

张其鹤说，中国阳明文化园有五大高端定位，其中最重要的是利用阳明心学在东南亚、日本、韩国等地的影响力，打造世界心灵旅游目的地。在设计中，还利用阳明文化精神组织景观分区、营造景观环境、保持核心景区神圣感的同时，将阳明十二苑——学苑、家苑、梦苑、醉苑、棋苑、茗苑、塾苑、墨苑、创苑、心苑、爽苑、艺苑融入规划设计中，打造中国阳明心学文化地标与中国国学文化名片。

园区大门，是中国书法家协会主席沈鹏先生题写的“中国阳明文化园”门柱，两侧有8根巨石巍然挺立，代表着阳明后学的8个代表性门派，古朴而简洁的形态预示着心学的源远流长，也给未来人们解读阳明心学留下更多的创造空间。

老石匠们精心堆砌的青石墙就在8根巨石旁，由高而低往阳明洞遗址方向延伸，在视觉空间与心灵感受上增加仰观和攀升的体验，通过这种围合的方式可以更加系统的物化心学的元素。以纯手工打制的石板铺装可以增加历史的厚重感，具有很好的历史传承效果，它也体现着建设者们的诚心和敬意。

独具特色的立体巨石牌坊，宽23米，高14米，取材自山东的黄锈石，在200余米深的岩层里层层开启，再层层切割，然后先运往河北加工成基本框架，然后再运到龙场组装。还通过全球征集的方式，由中国楹联协会精选了四副对联，镌刻在牌坊立柱上，集中呈现了阳明先生及其心学系统的深远影响和重要价值。

拾级而上便是“亲民台”，“亲民”是阳明先生的重要思想之一，是他坚持“以民为本”的民本政治论。他强调要亲民、爱民、养民、仁民。这往往是后世研究阳明心学的学者们容易忽略的重要思想，需要引起重视和加大弘扬。

亲民台上安放了15.08米高的王阳明铜像，用以纪念他初到龙场的日子，即1508年的春天。王阳明塑像刚毅挺拔、衣袂飘飘，是他刚直的人生品质与传统儒家文人温和气质的完美融和，外柔而内刚，文武兼备。面向西南，目光深邃、表情深沉，呈现出王阳明特有的精神内涵。龙冈山下一幅巨型“水墨画”纹理苍劲、巧夺天工、美轮美奂，生长在太行山麓，历经20余个昼夜才抵达龙场，足见施工方用尽心思。

2019年10月29日，王阳明始论“知行合一”510年学术研讨会在中国阳明文化园举行。来自全国各地阳明心学专家及爱好者200余人，齐聚这里，共襄圣学，探讨“知行合一”的时代价值，进一步传承、弘扬和倡导“知行合一”思想。

旅游是一种经济活动，更是一种文化活动，一次真正难忘的文化旅游，必定是一次难忘的文化之旅。如今，这里每年要接待数十个单位或组织组团前来研习心学、旅游参观，2018年游客接待量达到30万人次。

（原载《贵州日报》2019年12月27日，
原题《跨越500年的寻访与对话——中国阳明文化园探秘》）

柒

阳明学研究论著提要

2019年，有关阳明学及阳明后学的著作非常丰富，如加上再版书籍，总量可谓蔚为大观。本部分以阳明学初版著作为中心，对相关著作简要介绍，共分为3类：专著类，以本年度学术专著为中心；文献整理类，以有关阳明学的古籍、文献等为主要内容的作品；其他类，除上述两种类型之外的作品，包括论文集以及部分普及读物等。

一、专著类

陈立胜教授2019年有2部关于阳明学的专著出版，其中一本是《宋明儒学中的“身体”与“诠释”之维》，全书由“身体”与“诠释”上下两编总共10章组成。上编“身体”部分主要讨论3个内容：其一，集中讨论当代思想之中的身体转向对儒学研究的意义。通过阐述身体之为“窍”的观念与“身不自身”的观念，揭示儒家身体独特的存在论地位。其二，理学身体存在论的建构。通过考辨“腔子”“镜喻”的使用源流，揭示儒学身心性命之学中的具象思维、能近取譬与“体知”特质。其三，通过引介“镜像神经元”的最新研究成果，揭示儒家真诚恻怛的良知呈现说背后的神经学基础。下编“诠释”部分主要讨论以下3个内容：其一，朱子读书法。通过对朱子读书法的个案考察，揭示儒家圣经阅读共同体之中经典阅读与身心成就之间的内在关系。其二，王阳明四句教的辩难及《大学》文本之怀疑与否定。通过对王阳明四句教三次辩难及《大学》经传怀疑现象之考察，揭示儒家经典诠释过程之中的“尊经”与“尊心”辩证关系。其三，“亲民”“新民”之辩。通过对《大学》诠释史中“新”“亲”之争的思想谱系的考察，揭示先行的“问题意识”之置换使得儒家经典诠释由传统向现代演进的内在机制。

全书目录为：第一章，回到身体：当代思想中的身体转向与儒学研究。第二章，身体之为“窍”：宋明儒学中的身体存在论建构。第三章，“身不自身”：罗近溪身体论发微。第四章，“恻隐之心”“他者之痛”

与“疼痛镜像神经元”。第五章，“心”与“腔子”：儒学修身的体知面向。第六章，宋明儒学中的“镜喻”。第七章，朱子读书法：诠释与诠释之外。第八章，王阳明“四句教”的三次辩难及其诠释学义蕴。第九章，儒学经传中“怀疑”与“否定”的言说方式——以王阳明、陈确的《大学》辨正为例。第十章，“亲民”抑或“新民”：从传统到现代。

另一本是《入圣之机：王阳明致良知功夫论研究》，本书旨在跳出唯“成功”是瞻的现代价值视域，以“龙场悟道”“知行合一”“心外无物”“致良知”等阳明学著名论题为焦点，追本溯源，疑义与析，从修身工夫的向度体会阳明学的义理内涵，领略致良知教的本地风光，管窥阳明学精神的本来面目，重返“为己之学”这一传统儒学的生命世界。在本书导言中，作者提出了贯穿本书的6条法则：（一）以阳明解释阳明，以阳明的整体文本解释局部文本，将阳明一些有争议的命题置于其整个义理系统中予以一自洽融贯的解释。（二）充分尊重阳明学的“生存论性质”，从修身工夫论的立场阐述其内在理路。（三）以阳明后学解释阳明，对阳明思想的歧义处，博采阳明后学的见解，折中权衡，以求合一。（四）引入朱子学阵营的批评立场，借此澄清对阳明思想的误解。（五）将阳明思想置于比较宗教、比较哲学的视野中，以凸显作为“生命的学问”的致良知教与西方智慧的共通处及殊胜处。（六）用“心”体贴阳明心学的运思路线。

全书共分13章。导论章为阳明学登场的几个历史时刻：当“王阳明”遇见“现代性”。第一章，语录体与理学家。第二章，龙场悟道论。第三章，知行合一论。第四章，“一念发动出便即是行”：一个“入圣之机”命题。第五章，“心外无事”：作为生活态度的格物论。第六章，“心外无物”论：“岩中花树”章新解。第七章到第九章分别是良知论，即作为“知情意”三位一体的良知、作为“虚寂之体”的良知及作为“造化的精灵”的良知。第十章，“致良知”工夫论。第十一章，如何守护良知？第十二章，王阳明工夫论的路径与特色。第十三章，王阳明三教之判中的五个向度。

在《王阳明心学与现代体育》一书中，作者认为，现存对王阳明思想的研究论著，主要集中在哲学、政治、教育、军事等方面，对王阳明体育思想的研究并不多见，也不够全面与详细。在前人研究的基础上，对王阳明体育思想形成的背景、主要体育思想、体育经历与实践以及意义进行论述。作者旨在为王阳明思想的研究和体育思想史的研究提供借鉴，从中探寻对现实社会的指导意义，对王阳明体育思想的研究主要集中在思想层面与体育实践两个方面。哲学体育观，万物一体乃是其体育思想的主旨与前提，主要是关于人与万物的本质、人与万物的关系、以及对人类自身的认识。养德与养身则是实现万物一体思想的具体表现，致良知与知行合一则是具体方法和表现形式，最终达到对自身的养护与履行人对万物的责任。乐是心本身的状态，通过保持内心乐的状态促进身心舒畅与健康，这需要减少自身物欲而不泯灭内心良知。阳明的生死观体现了它对待生命的态度与大义面前舍生取义的儒者精神，在教育思想中的体育观体现在童蒙教育之中。

绪论作为第一部分，作者给出了研究的目的和意义以及阳明的思想体系概述，包括哲学思想、教育思想、军事思想、体育思想。第二部分给出了王阳明心学的概念界定“心外无物”及现代体育的发展概况。第三部分论述了王阳明心学体育思想形成的历史背景：内忧外患的政治局势、日渐衰落的学术现状、曲折磨砺的个人经历、常年伤病的身体状态等。第四部分概述阳明体育经历：习武任侠，精于骑射；居敬持志，养生悟道。第五部分论述阳明心学体育思想在哲学思想、军事思想、教育思想中的表现和反映。第六部分论述阳明心学体育思想的特点和意义：与物同体，生者敬生；良知未变，心安体畅；顺生于教，身心同修；文武并重，选练精兵。第七到第九部分论述王阳明心学体育思想对我国现代大众体育、学校体育、现代竞技体育的指导价值。结论部分阐明了研究的不足以及对未来体育的展望。

王阳明提出“致良知”，稻盛哲学的核心是“人生方程式”和“判断基准”，王光波的《稻盛哲学与阳明心学》一书，将两者结合进行研究，内容可以概括为几大部分，其一，“阳明心学和稻盛哲学的神合”，讲述阳明先生和稻盛先生分别在什么情况下感悟出“阳明心学”和“稻盛哲学”；其二，“以心为本”，讲述阳明先生与稻盛先生共有的品质：正义、谦虚、攻心、乐观、忍耐；其三，阳明心学的“致良知”及稻盛哲学的“敬天爱人”，并结合案例分析其实际应用；其四，解答人们对“阳明心学”和“稻盛哲学”的几点疑问。

全书分为两个部分，上篇讲述稻盛和夫的哲学思想，分为14章。第一章人皆可圣：人生的目的在于追求美好心灵。第二章敬天爱人：生命就是以心思善。第三章纯粹志诚：用良心走向控制自我本能的人生。第四章场中央角力：运用正确思维放下无关杂念。第五章心性“大本营”：内心的样貌会反映在现实上。第六章锻造美心：人的进步就是比降世之初更美好。第七章与宇宙相和谐：提升灵魂不可或缺的修行。第八章成功的配方：成功=能力×努力×态度。第九章“晚稻人”成长法：必有雄心壮志方能一见青天。第十章自利利人：企业的经营，亦即人心的经营。第十一章崇德无私：领导者应舍私利，行正道。第十二章工作即人生：工作=思维方式×热情×能力。第十三章磨炼心魂：努力工作的彼岸是幸福的人生。第十四章愿望要行动：人生因理想而具无限可能。下篇讲述阳明心学，分为13章。分别是：第一章“宽心”：身安不如心安，屋宽不如心宽。第二章“诚心”：持纯粹心，做至诚人。第三章“进取心”：立志由心，量力而行。第四章“道德心”：小赢靠智，大赢靠德。第五章“孝敬心”：以孝治家，以敬持家。第六章“素净心”：减一分人欲，得一分轻快。第七章“喜乐心”：常思一二，不思八九。第八章“决心”：知行合一，言行一致。第九章“忍耐心”：岁寒，然后知松柏之后凋也。第十章“反省心”：静察己过，不论他人是非。第十一章“谨慎心”：三思而后行。第十二章“包容心”：能容能恕，厚德载物。第十三章“利他心”：己所不欲，勿施于人。

《王阳明家训译注》选录王阳明重要的家训14篇，包括《示宪儿》《书正宪扇》《岭南寄正宪男》《寄正宪男手墨》《客座私祝》《赣州书四侄正思等》《寄诸弟》《示弟立志说》《与弟伯显》《与弟伯显札》《与弟书》《寄伯敬弟手札》《与徐仲仁》《示徐曰仁应试》等。由于阳明一生并未写作专著性质的家训，因此本书所选家训，多来自他写给家中子弟的书信。编者认为，之所以在阳明弟子中选取这几位人物，一方面是因为他们与阳明关系亲近，曾亲身参与到王家子弟的教育活动中；另一方面，他们都是阳明重要弟子，且家教理念与阳明一脉相承。阅读他们的家训，可加深对阳明家教思想的了解。

全书含阳明弟子家训10篇，即王畿家训3篇，邹守益家训2篇，黄绾家训3篇，薛侃家训2篇。每篇均分为“原文”“注释”“译文”“实践要点”四部分。其中“实践要点”或者是对正文内容进行材料补充，或者是对正文中某些重要的观点、现象进行阐释，但最重要的，则是结合近人案例和当前现实，探讨阳明学派家训对我们当今教育实践的启示。

《儒兵合一王阳明》一书，旨在从王阳明“儒”之所在、王阳明“兵”之所在、王阳明“儒兵合一”的体现、王阳明“儒兵合一”形成的动因、王阳明“儒兵合一”的意义5个方面对王阳明“儒兵合一”进行挖掘和还原。

第一部分，通过讲述一个在思想上敢于解放、学术上独树一帜、治学上务实严谨、教学上诲人不倦的王阳明，展现他独具魅力的儒者特质，以说明王阳明“儒”在哪。第二部分，以时间为线索，旨在联通王阳明筑梦、论兵、践行的人生轨迹、描摹一个矢志军旅、胸怀韬略、能征善战、功勋卓著的王阳明，以论述王阳明“兵”在哪。第三部分，旨在通过描写在军事实践中用兵制胜的王阳明，梳理它以儒家理念主导的军事思想，展现他围绕儒家之“仁”进行的兵家之变，体悟他统筹一时之安与万世太平的全局战略，感知王阳明“儒”与“兵”的辩证统一，领悟王阳明“儒兵合一”的高超智慧，以释王阳明“儒兵合一”合在哪。第四部分，以大历史观的视角，透视历史烟云，立足所处时代、剖析个人特质，解释王阳明“儒兵合一”的必然性，对王阳明“儒兵合一”形成原因进行全息投影，全面分析，以释王阳明“儒兵合一”“因”在哪。第五部分，跨越时间界限、领域差别，阐述王阳明用“儒兵合一”思想指导军事造就的不世之功，及其“儒兵合一”军事实践对心学理论发展的积极意义，并从部分后人身上探寻王阳明的深刻影响，再现“儒兵合一”王阳明的时代功绩、学术成就及后世影响。

牛冠恒的《圣学·心学·实学的统一：王阳明〈论语〉学研究》一书，是“中国社会科学博士论文文库”系列著作之一。全书以《论语》的解释史入手，考察了王阳明《论语》解读的特点，不重训诂、不拘定解、“四书”一体的特点，既继承了宋代以来重视“四书”的新传统，又不以朱子之是非为是非，从而贯穿了阳明心学体用一源、知行合一的精神特质，强调了心学与圣学、实学的一体性。作者认为，王阳明一生遵循孔子“述而不作”的思想，虽没有专门解注《论语》的著作，但在他的文集中却散见着大量对《论语》的解注，通过解读这些解注，可以得知：王阳明的心学思想是他从《论语》等典籍中体悟出来的，王阳明《论语》学在阳明学中占有重要地位。另外，王阳明《论语》学在《论语》学发展史上也占有重要地位。王阳明一反前人注重文本阐释的做法，承继孔子“述而不作”的传统，用他独特的方式心解《论语》，改变了当时朱熹《论语》学独尊的现状，并且很快和其心学一起影响着明中后期的《论语》学，填补了对心学认识停留在断言其义理有余而经学不足的观点，通过阳明心学，加深了《论语》的体悟和深解。

全书分为5章。第一章，王阳明之前的《论语》学演变（包括其形成、经学视野、玄学视野、理学视野、心学视野下的研究）。第二章，王阳明《论语》学的文本基础（包括阳明的学术背景、王阳明推崇与心解《论语》）。第三章，王阳明心解《论语》的方法论特点（不重训诂、不拘定解、“四书”一体、超越权威）。第四章，王阳明《论语》学的主要内容（包括体用观、生死观、理欲观、知行观）。第五章，王阳明《论语》学的基本特征（包括志在恢复正学的圣学特征、不狃于旧闻的心学特征、提倡力行的实学特征）。余论部分论述了王阳明《论语》学的历史地位及对后世的影响。

王阳明在黔开创和初步构建了心学思想体系，扭转了中晚明的学术方向，而且奠定了深厚心学基础，使贵州阳明文化得以发端。阳明离黔后直至明亡的100多年时间，阳明的亲传弟子、再传弟子，乃至私淑弟子们，继承与发展阳明学说，使贵州的学术发展形成了一个从没有的高潮，形成了黔中王门这一重要的地域性阳明后学派别，王阳明也被公认为黔学之祖。

张小明的博士论文《黔中王学研究：以孙应鳌、李渭为中心》，修改后成书《黔中王学研究：以孙应鳌、李渭为中心》。全书共有6章，分别是：第一章黔中王学的形成，分别对王阳明龙场悟道、王阳明贵州传道时期的思想及黔中王学的形成进行了较为详细的论述；第二章心性学说，重点对孙应鳌、李渭的思想如“心性论”“仁体说”“心即理”“致良知”等进行了深入研究；第三章“诚意”与“毋意”，对“诚意”“慎独”等思想进行了分析，并比较了其与王门其他学派、学者如刘宗周的思想；第四章知行合一说；第五章易学思想；第六章黔中王学与其他王门后学。

全书以王阳明的弟子孙应鳌、李渭为对象，对王阳明及其后学思想进行了深入研究。旨在研究王阳明龙场悟道、贵州传道讲学后所形成的黔中王学，把它放在中晚明哲学史大背景中，紧扣宋明理学、阳明心学的发展脉络展开考察。在前面章节中概述性地描绘了黔中王学百年发展的全景图之后，把主要精力和笔墨放在对孙应鳌和李渭思想的仔细爬梳和深入挖掘上，并提炼出了具有代表性的基本特征。把重点放在对黔中王学二位代表性人物孙应鳌、李渭思想义理的分析，尤对其中首要人物孙应鳌作出了全面的研究。在通过对孙应鳌与李渭在阳明良知学的心即理、知行合一、致良知这三大核心范畴的领会、解读，甚至是创造性诠释的基础上，对黔中王学的思想研究具有独到性的、颇具创获性的见解。

《王阳明绍兴事迹考·名胜编》一书，是《王阳明绍兴事迹考》系列丛书之一。本书以王阳明事迹为经，以大绍兴地域文化和王阳明的历史因缘为纬，涉及“夜宿云门史迹寻踪”“阳明洞天与修道发端”“鉴湖的寻春”“牛峰寺、延寿寺与浮峰诗社”“萧山寺庵及其游历诗歌”等内容，展现出大绍兴诸县区历史上与王阳明及其先祖、家族、后裔的紧密联系和沿革、兴衰之过程。本书史料充分，考述缜密，既突出了王阳明研究领域“绍兴”地域文化的重要性，也为全面开展阳明思想文化的研究提供了帮助，兼具研究性及文旅性。

该系列书籍共5本，包括亲属编、名胜编、弟子编、师友编、官宦编，其中《王阳明绍兴事迹考·亲属编》是柯桥区政协文史资料委员会、柯桥区史志办、天泉山房编，于浙江古籍出版社2016年11月出版。该书是《王阳明绍兴事迹考》的第一编，共17章，分直系亲属9章、旁系亲属3章、姻亲亲属5章。辑考王阳明与亲属的所有诗文，对王阳明的亲属进行较为系统地资料搜集和分析梳理，大致理清王阳明与亲属之间的关系和交往事迹。

李海超在《阳明心学与儒家现代性观念的开展》一书中提出：阳明心学具有维护前现代观念与敞开现代性可能性之两面性。主要表现在2个方面：一是阳明心学是竭力维护三纲五常、忠孝一体等帝国价值观及其相应制度规范的儒学；二是阳明心学又是衍生出引领中国早期启蒙思潮之学术流派的儒学，是为20世纪现代新儒学理论建构提供主要思想资源的儒学，是在近代中国及亚洲其他地区改革、革命活动中最受追捧的儒学。学界关于阳明心学现代性相关联的种种现象以及阳明心学所蕴含的与现代性观念相近似的观念的研究已经很多，但还存在4个方面的问题：一是没能深入考察现代性的内涵及其观念架构，以致在阳明心学与现代性观念的比较研究中，对现代性观念理解不准确，且没有厘清阳明心学中的观念与现代性观念在“相似”背后的根本区别。二是没能集中考察阳明所生活的明代中期新旧两种生活方式之交错、冲突及其对阳明心学之两面性的影响。三是没能揭示阳明心学在主体性哲学建构上的内在矛盾或不彻底性，因而无法指出其具有两面性的理论根源。四是没能详细探讨阳明心学之现代性可能性的充分开展对宋明道学理论范式的颠覆性影响。

《阳明心学与儒家现代性观念的开展》共9章。分别讨论了阳明心学与中国社会的现代性转型、阳明心学与现代性基本观念之“个体”观念、阳明心学与现代性基本观念之“自由”观念、阳明心学与现代性基本观念之“平等”观念、阳明心学与现代性基础观念之“理性”观念、阳明心学与现代性基础观念之“情感”观念、阳明心学现代性可能性的3种实现方案、阳明心学现代性之可能及其开展的启示、儒家心灵哲学的新开展——心灵儒学导论。全书着重讨论了6个方面的内容：深入探究现代性的内涵及其基本观念架构；集中考察明代中期的社会生活状况及其对阳明心学的影响；探讨阳明心学开展出现代性观念的可能性，并揭示其两面性的理论根源；考察阳明心学现代性可能性的后世开展及其对宋明道学的影响；探讨阳明心学现代性可能性的呈现及其后世开展的启示；建构儒家新型心灵哲学的尝试。

《王阳明》是明史学者方志远教授与《百家讲坛》合作的第四个系列节目。节目播出后，被观众称为“余音不绝，堪称经典”。《王阳明：心学的力量》由方志远教授根据讲稿修订而成，全书系统讲述了王阳明从“少年立志”到成为有明一代立德、立功、立言“三不朽”第一人的波澜起伏的生命历程，展示了王阳明在“百死千难”中探索“圣人之道”、体悟“心性之理”、践行“亲民”“致良知”“知行合一”的心路历程，向读者展示了一个将“心学”改造为既是“修心”之学又是“行动”之学、不以君主之是非为是非而以“良知”之是非为是非、无论穷达皆有兼济天下之心的王阳明。

全书共14讲。分别是：从云端回到地面；圣贤须在事上磨；龙场悟道，“道”在心中；此心在物，“心”即是理；“致在亲民”；“破山中贼易”；“破心中贼难”；宁府之变；处变不惊；以方寸心，体天下物；绍兴刮起“王旋风”；心中有良知，满街皆圣人；最后的行程；斯人已逝，斯人永在。

马晓虹的《王阳明心学与明中后期文学批评》一书认为，明代前期理学思想渗透于文学创作和文学理论之中，成为一种普遍的意识观念、思维模式。正德、嘉靖年间是明代社会转变的一大枢纽，王阳明创立了心学思想体系。心学以“心外无理”“知行合一”“致良知”为核心命题，肯定并弘扬了人的主体精神。心学的出现，是明代文学思想由“师古”向“师心”转变的标志。从明代中期以后，文学批评呈现出重个体、重个性的特征，一批文论家从童心、性灵、情真等视角展开文学批评，体现出迥异于前代的风格。随着小说、戏曲等俗文学创作的繁荣，传统诗文和小说、戏曲批评呈现异常活跃态势。心学的大面积传播也深刻地影响了文学审美的内涵和文学批评的话语样式。本书综合考察阳明心学与明中后期文学批评的关系，研究哲学思潮如何作用和反作用于文学批评，以及在这种作用下明代文学批评的内质和表现特征的变化。

全书分为5章。第一章，王阳明及心学概说（包括王阳明其人、心学的基本命题、心学对文学的影响）。第二章，阳明心学与明中后期文学观（包括泰州学派与晚明文学、阳明心学与唐顺之、徐渭、李贽、汤显祖、袁宏道等的文学观）。第三章，阳明心学与明中后期诸体文学批评（包括心学背景下诸体文学批评的继承和发展、诗歌、散文、小说、戏曲等理论批评）。第四章，阳明心学与明中后期审美理论批评（包括理欲冲突中审美观念的变革、心学背景下审美特征的内涵、感性视角下审美范畴的确立）。第五章，阳明心学与明中后期文论话语（包括明中后期文论的话语特征、表层范畴、深层意义）。

朱晓鹏的《儒道融合视域中的阳明心学建构》一书，以王阳明与道家道教关系这种典型个案的研究为视角，从儒道融合的视域来深入系统考察阳明心学理论建构的基本路径、内容和方法，从而进一步解释中国思想文化中儒释道关系，特别是儒道关系的真实面貌和重要意义。同时也力求借此对阳明心学及整个中国哲学史、思想史形成一些新的认识。本书侧重于从哲学层面上对阳明学与道家道教的思想关系及融合状况做横向空间展开上的比较分析和义理、意蕴的阐发总结。从思想层面上看，我们不难发现道家道教的思想影响构成了王阳明的良知和致良知学说的一个重要维度。在认识论上，王阳明和道家一样，在对良知本体的否定性理解的基础上，明确提出应该进一步用否定性方法去认识这一本体。

全书包括绪论、结语及6章内容。第一章，融合三教（包括道术批判、吾之用、道一而已）。第二章，良知本体论（包括本体重建、心之本体、有无之辨）。第三章，意义世界（包括意义之所在便是物、主体性的维度、境界形上学）。第四章，致良知（包括不可言说之域、身心之学、内在化进路、知“道”的方法）。第五章，神秘主义（先知、神秘体验、儒学的神秘主义传统、王阳明神秘主义的特质）。第六章，生命之境（回归“真己”、独立人格、成圣之路），以及结语部分。

《王阳明教育思想评述》一书，由贵阳市财政支持贵阳学院学科与硕士点建设项目资助。全书基于阳明学专家、学者的研究成果，悉心梳理阳明教育思想的精髓。书稿呈现阳明一生的学问、事功与讲学的概况，提炼出阳明的教育目的论及阳明教育主张、德育思想尤其是阳明所采取的教育方法、教育内容，书末介绍了王阳明的社会教育与蒙学教育思想。

全书分为6章。第一章，学问、事功与讲会（包括阳明家世、学问事功、讲会活动三节）。第二章，教育目的论（包括学为圣人、明人伦、学以去其昏蔽）。第三章，教育主张，（包括立志、勤学、改过、责善）。第四章，德育思想（包括知行合一、致良知、四句教本义）。第五章，教育方法与教育内容。第六章，社会教育与蒙学教育。

二、文献整理类

阳明文献是阳明学产生衍变的历史证据，无论为学术史研究，抑或仅将儒学视为一种有益于人生的知识，这些文献都将提供不少的信息与启发。为了推动有关的研究，本书收录明代中后期直到民国四百多年中的阳明学文献，汇为一编，名曰《王阳明文献集成》。全书收录有关文本60余种。包括《传习录》《阳明先生文录》的早期传本，《王文成公全书》的初刻本、翻刻本，以及各种阳明文献的选本，包括日本学者的评选本等等。其他传记、祠志、评述类作品统一置于编末。全编资料皆为影印，未对底本做任何加工。

全书共有140册。包括：《传习录》（明嘉靖二十九年王畿刻本）、《传习录》（明嘉靖三十三年钱德洪水西精舍刻本）、《传习录论》（王应昌论，唐九经评，清顺治三年刻本）、《传习录标注》（三轮希贤标注，日本正德二年刊本）、《传习录栏外书》（佐藤一斋评注，日本明治三十六年启新书院刊本）、《传习录》（三轮希贤标注，安井小太郎校订，汉文大系本）、《传习录集评》（孙锵辑校，民国十四年上海新学会社刊本）、《求是编》（冯柯著，日本庆安三年村上平乐寺刻本）、《居夷集》（明嘉靖三年丘养浩刻本）、《阳明先生文录》（明刻本）、《阳明先生文录》（明嘉靖十五年闻人诠刻本）、《河东重刻阳明先生文录》（明嘉靖三十二年宋仪望刻本）、《阳明先生文录》（明刊本）、《阳明先生文录》（明隆庆六年邵廉刻本；明嘉靖刻本；嘉靖二十六年范庆刻本）、《阳明先生别录》（明刊本）《阳明先生诗录》（明刊本）、《王文成公全书》（明隆庆六年谢廷杰刻本；明补修谢廷杰本；《四部丛刊》本；《摛藻堂钦定四库全书荟要》本；《四库全书》本）、《王阳明先生全集》（俞嶙编，清康熙十二年刊本；陶浔霍编，清同治九年刊本）、《王阳明全书》（民国十三年中华图书馆新式标点本）、《王文成公全书》（民国二十二年商务印书馆万有文库本）、《阳明全书》（倪贻德标点，支伟成校订，民国二十三年大中书局刊本）、《王阳明全集》（储菊人校订，民国二十四年上海中央书店本；吕何均重编，民国二十五年大东书局刊本）、《阳明先生则言》（薛侃编，明嘉靖十六年刊本）、《阳明先生文粹》（宋仪望选编，明隆庆六年刊本）、《阳明先生文选》（赵友琴选，明万历刊本）、《王文成公文选》（王畿编，钟惺评，明崇祯六年刊本）、《阳明先生道学钞》（佚名辑，明万历十三年刊本）、《王门宗旨》（周汝登选，明万历刊本）、《阳明先生要书》（陈龙正纂，明崇祯八年刊本）、《阳明先生集要三编》（施邦曜辑，明崇祯刊本）、《王阳明先生文钞》（张问达辑，清康熙二十八年刊本）、《类辑姚江学脉》（王曾永辑）、《王阳明文选》（李祖陶评点，清道光二十五年刊本）、《阳明文粹》（村濑诲辅季德选编，日本明治十五年文海堂刊本）、《王阳明诗集》（近藤元粹选评，日本大正七年田中宋荣堂刊本）、《阳明先生手批武经七书》（明刊本）、《大学古本旁释》（《百陵学山》本）、《大学古本旁注》（《函海》本）、《王阳明先生经说弟子记》（胡泉撰，清咸丰八年刊本）、《平濠记》（钱德洪辑，清钞本）、《阳明先生年谱》（钱德洪编，明嘉靖四十二年刊本）、《王阳明出身靖乱录》（冯梦龙编，清初和刻本）、《姚江传》（施邦曜辑）、《王阳明先生图谱》（清钞本）、《阳明先生祠志》（周汝登撰，明万历刊本）、《新刊阳明先生要录》（郜永春等辑，明隆庆二年《皇明三儒言行要录》本）、《王文成传本》（毛奇龄撰，西河合集本）、《阳明先生年谱》（刘原道辑，清光绪三十二年刊本）、《王文成公年纪》（陈澹然撰，清光绪刊本）、《阳明先生传纂》（余重耀辑，民国十二年中华书局刊本）、《明儒学案》（黄宗羲著，清光绪十四年刊本）、《王学质疑》（张烈著，清正谊堂全书本）、《姚江学辨》（罗泽南著，清光绪二年传经堂刻本）等。

翟奎凤主编的《阳明学文献大系》总共三辑。第一辑68册，第二辑68册，第三辑72册，总计208册。所涉人物包括阳明的弟子、再传弟子，甚至与阳明关系密切但思想有所不同的历史人物。阳明学者群体，涉及人物众多，有关文献的整理工作，仍然有待深入。本编所收录文献，包括阳明的弟子、再传弟子的著作，主要为文集，也包括部分专门著述。全编中的阳明学材料，包括阳明学者群体之间的往来书信、讲义，以及有关著述中对阳明学的发挥与异议，这些文献有很大一部分还没有进入当代阳明学研究的视野。本丛书的出版，能够为开辟阳明学研究的新领域和晚明思想史研究提供新的史料支撑；同时，对于阳明学以及更广阔范围内的社会史、思想史研究，也将多有助益。

《阳明先生集要三编（黔南今本）》以明代施邦曜辑评为底本，基于贵州本土文化建设，对阳明文献进行收集整理与研究。该书的整体框架主要由以下几个板块构成：第一部分，编者序言及点校说明。包括对阳明及其文化的整体介绍，阳明在贵州的活动情况及贵州在阳明学上的重要推动作用，介绍施邦曜生平活动及其《阳明先生集要》的文献价值，梳理了《集要》的主要3个刻本，即明崇祯八年刻本、清乾隆五十二年浙江杭州济美堂刻本、清光绪四年贵州黔南刻本，并考证了黔南刻本的版刻源流。第二部分，黔南本《阳明先生集要》主体，也即本书正文部分，包括崇祯本、乾隆本、黔南本序，《年谱》，《理学编》四卷，《经济编》七卷，《文章编》四卷。第三部分，本书规范字、繁体字、异体字对照表。该书不仅对黔南本《阳明先生集要》进行特征分析，进行真伪、谬误、源流和形成时间的考订、校勘和编纂，且为阳明文化在贵州的传播与发展提供了真实有效的资料，具有重要的理论价值。

《王阳明著述序跋辑录》一书，是中华典籍整理工程项目之一。辑录了中国国家图书馆所藏王阳明著述中的刊刻序跋，以期直观反映王阳明著述的编撰缘起、刊刻始末，并进一步明了王阳明著述在当时及后世的影响和流传。大致包含了辑录古籍、碑帖两类文献中的刊刻序跋。以阳明著述的纂辑方式分类，按刊刻年代先后排序。如国图藏本原无序跋，仅保留书目信息：如有一书内之多篇序跋，约略按撰序时间排序；如无撰作时间，则以书中出现先后为序；如某一序跋为多书所收，则录出较早版本中的序跋文字。相同序跋在较晚版本再次出现时，若文字差异较大，则亦录全文，文字差异较小，则以校记反映。序跋以图文对照的方式，示以序跋书影，移录相应文字，以便于比勘和查考。序跋以繁体字录文，异体字改为通用繁体字，以便于阅读。序跋录文加以句读、分节，以便于读者阅读和利用。

中华典籍整理工程项目系列书籍中，与阳明有关的其他基本著述还包括《王阳明著述篇目索引》，书中包括《王文成公全书》篇目（隆庆六年谢廷杰刻本）、国家图书馆藏王阳明著述目录、王阳明著述篇目对照、《王文成公全书》未收篇目、王阳明著述篇目音序索引；《王阳明著述提要》，全书包括古籍类64篇、碑帖类45篇、碑刻12篇、法帖33篇；《王阳明文献普查目录》全书包括王阳明著述普查目录、王阳明著述整理阐释类文献普查目录、王阳明谱传资料普查目录、王阳明相关碑帖目录、方志辑录王阳明诗文目录、阳明学传承人物著述目录等内容。

《日本阳明学研究名著译丛》，为武汉大学邓红教授和欧阳祯人教授主持的贵州省2016年度哲学社会科学规划国学单列课题“日本阳明学研究名著译丛”（课题编号：16GZGX09）成果。丛书根据学界公认的学术标准来梳理已有的日本阳明学研究成果，按照日本阳明学研究的客观历史发展过程，挑选了8本各个时期出现的研究名著加以翻译，使本丛书能够展现出日本阳明学研究从萌芽、展开到高潮的各个阶段的优秀成果。

8部著作包括：高濑武次郎（1869－1950）的《日本之阳明学》，该著作既对阳明学进行了全面阐述，又系统勾勒出日本阳明学的人物系谱，并对他们的著作和思想作了详细的阐述。井上哲次郎（1855－1944）的《日本阳明学派之哲学》，是迄今为止日本阳明学的权威著作，为日本阳明学在日本学术界争得了正式的话语权，梁启超、张君劢和朱谦之等中国学者深受其影响。安田二郎（1908－1945）的《中国近世思想研究》，该书为论文集，研究特点在于用西方哲学的概念、体系和手法来研究朱子学和阳明学，寻找朱子和阳明著作中的逻辑关系。岛田虔次（1917－2000）的《朱子学与阳明学》，岛田将自己的阳明学论文和著作的主要观点浓缩而总结成面向社会的通俗读物，追溯了理学发展的内在逻辑，认为阳明学是对朱子学从外（王）向内（圣）的必然发展。山井涌（1920－1990）的《明清思想史研究》，该书共分为4部分，其中第二部分《性理学的诸问题》，论述了朱子学和阳明学关于气、太极、心即理等思想的内涵和演变。楠本正继（1896—1963）的《宋明时代儒学思想之研究》，由“宋学”部分和“明学”两部分构成，“明学”部分从宋代的陆象山心学开始，论述了阳明心学的渊源，然后根据前期、中期、后期的时代分划，完整地论述了阳明学的发展过程和思想全貌。冈田武彦（1908—2004）《明代哲学的本质》，它是《宋明哲学的本质》的下卷，收集了冈田40多岁到50多岁所谓学术全盛时期的明代哲学研究的12篇论文，展示了冈田阳明学研究的最高峰。荒木见悟（1917－2017）《明代思想研究》，该论文集由序言和12篇论文构成，以明代心学的展开为中心，阐述明代儒学正统和异端的总体性发展趋向，明确了这些思想和佛教的关联。

《王阳明年谱校注》一书，以通行的隆庆六年《王文成公全书》所收《王阳明年谱》为底本（此通行本，也就是众所周知的四库丛刊翻刻本），以国家图书馆所藏的嘉靖四十四年周相序刻本为参校本（此本为世所罕见的孤本，自出版后，未见有任何学者对此版本进行过深入的阅读和研究，故而学术界少有人知，更未曾引用，遑论全面的编校整理），参校本里面有不少散佚的阳明夫子事迹史料和稀见语录，对目前学术界研究和全面深入多元了解阳明夫子的思想很有必要，并结合束景南先生《王阳明年谱长编》，为读者提供一个了解与研究王阳明生平的学术性、普及性俱佳的文本。

全书包括：《刻阳明先生年谱引》《刻阳明先生年谱序》《阳明先生年谱考订序》《阳明先生年谱（上卷）》《阳明先生年谱（中卷）》《阳明先生年谱（下卷）》《阳明王公年谱跋》《阳明先生年谱（后录）》《阳明先生年谱序》《阳明先生年谱考订序》《刻阳明先生年谱序》《刻阳明先生年谱序》《刻阳明先生年谱序》《论年谱书》《论年谱书（凡九首）》《答论年谱书（凡十首）》《王阳明年谱11种对校表》《王阳明先生图谱序》《王阳明先生图谱跋》《王阳明先生图谱跋》《阳明先生年谱后语》《明王文成公年谱序》《王阳明先生遗像识及按语》《阳明先生年谱识》《王阳明年谱传习录节本序》等内容。

《王阳明研究文献索引全编》获北京国际城市文化交流基金会资助。全书共有10卷，收录了自明代年以来，中国、日本、韩国和欧美地区公开出版、发表的阳明学及其相关学说的文献目录，共计5万余条。全书分为10卷，其中，第一、二卷收录中、日、韩三国及欧美地区研究阳明学的重要文献，并按照语言类型，分为中文文献、日文文献、韩文文献和英文文献四个部分。以第一卷为例：第一卷中文文献中，分为著作（包括古籍与近现代著作）、期刊文章（哲学、经济学、法学、教育学、文学、历史学、理学、医学、军事学、管理学、艺术学）、学位论文（包括哲学、法学、教育学、文学、历史学、工学、管理学、艺术学）、报刊文章（包括哲学、教育学、历史学）、析出文献（包括哲学、法学、教育学、文学、历史学、工学、管理学）等；日文文献包括著作、期刊文章、学位论文等；韩文文献包括著作、期刊文章、学位论文等；英文文献包括著作、期刊文章、学位论文等。

第三至十卷收录中国研究阳明学的相关文献，并按年度和学科分类成卷。以第三卷为例：其目录分为12个部分，分别是哲学（包括期刊文章、学位论文、报刊文章、析出文献4个部分）、经济学（期刊文章、报刊文章、析出文献3个部分）、法学（包括期刊文章、学位论文、报刊文章、析出文献4个部分）、教育学（包括期刊文章、学位论文、析出文献3个部分）、文学（包括期刊文章、学位论文、报刊文章、析出文献4个部分）、历史（包括期刊文章、学位论文、报刊文章、析出文献4个部分）、理学（包括期刊文章、析出文献2个部分）、工学（包括期刊文章、析出文献2个部分）、医学（包括期刊文章、析出文献两个部分）、军事学（包括期刊文章1个部分）、管理学（包括期刊文章、析出文献2个部分）、艺术学（包括期刊文章、析出文献2个部分）等。

《王阳明谪龙场文编年评注与研究》一书，分上下2个部分，上半部份分5章。以王阳明贬谪龙场为视域，以其政治生涯为底色，辑录（主要来自《王阳明全集》和《王阳明佚文辑考编年》）自贬谪缘起到去谪抵庐陵令新任期间所创作的文辞210题256篇（另附谪后文3篇，门人后学撰祠记2篇）编年到月成集，并作解、注释，第一章“序曲：缘起与谪前”，起自正德元年十一月《乞宥言官去权奸以章圣德疏》，终于该年十二月出锦衣卫大狱前所撰《咎言·并序》，计12题；第二章“赴谪：寓游浙闽赣”，起自正德二年《答汪抑之三首》，终于正德二年十二月《田横论》，计25题；第三章“赴谪：历游赣湘黔”，起自正德三年正月《草萍驿次林见素韵奉寄》，终于正德三年二月《七盘》；第四章“谪居龙场”起自正德三年三月初《初至龙场无所止结草庵居之》，终于正德四年十月《赠刘侍御二首·并序》，计110题。第五章：“余韵：去谪赴庐陵令”，起正德四年十二月《将归与诸生别于城南蔡氏楼》，终于正德五年三月《过安福》，计27题。

在下半部分，执“诗意栖居”观念在之前基础上展开专题研究，成果10种5类。第一类是文献整理。第二类是从阳明贬谪龙场的文辞体悟其情怀与心态。第三类是从龙岗书院观其教育与教学思想。第四类是从阳明的创作体悟其辞赋与文风的变化。第五类是从龙场悟道、《五经臆说》等体悟阳明的哲学与经学。

张建业主编的《阳明先生道学钞》一书，是首都师范大学出版社阳明学系列丛书之一，本套丛书是国家古籍整理出版资助项目。由首都师范大学出版社出版，制作精良，文本价值高，比较完整地还原了古籍原貌，通过重新点校，便于读者阅读，是研究李贽思想的重要文献。该书选取阳明全书中的重要篇目，对年谱略作删减，并加以圈点评论，表现了李贽对阳明学的理解与领会，不但对阳明学而且对李贽之学都具有十分重要的学术研究价值。

全书包含阳明先生道学钞序、先生论学书（16篇）、先生杂著书（22篇）、先生龙场书（6篇）、先生庐陵书（1篇）、先生南赣书（28篇）、阳明先生平濠书（28篇）、先生思田书（15篇）、阳明先生年谱上、阳明先生年谱下、年谱后录（6篇）、年谱后入（1篇）。

三、其他

2017年8月26至27日，为推动阳明学文献整理，促进阳明学研究，由清华大学国学院主办，武汉大学中国传统文化研究中心协办的“阳明学文献与思想研讨会”在清华大学举办。陈来院长主持，来自20多所高校、研究机构和出版单位的30余位阳明学专家学者围绕着阳明学文献与思想主题展开了热烈讨论。此次研讨会收到的阳明学相关研究论文有20余篇，整理后以《阳明学文献与思想》为名出版，本书是对论文进一步精选完善形成。该书能总体反映阳明学文献整理与研究的前沿，与会学者就具有重要思想价值的阳明学文献资料整理研究、阳明学文献与思想的关联阐释、阳明学思想研究等议题进行了广泛而深入的沟通、交流与研讨，既有针对王阳明的思想专题论述、行实年谱考证，又有王阳明新的文献辑录；既有阳明学的特定问题探讨，又有针对重要阳明后学学者的思想梳理；既讨论阳明后学的新文献，又论述这些新文献的思想。另外，还有阳明学的经学、四书学以及现代新儒家阳明学研究等论文，这本论文集从多个角度展现了阳明学的新发展。这让我们看到阳明学在文献、思想、以及文献与思想融合方面仍具有很大的研究空间。

全书包括：《阳明学的万物一体说》《阳明杂考二则》《〈阳明年谱〉流变考》《王阳明天泉证道语录与〈阳明年谱〉的编写——罗念庵、钱德洪等论〈年谱〉书的相关讨论》《王阳明论〈大学〉“至善”》《王阳明经学三题》、王传龙《王阳明、王畿书札三通考释》《试论朱子、阳明及薛侃体用观的异同》《“印证吾心”与“本义自足”——王艮对四书的理解》《明儒蒋信“万物一体”说探析》《从门人到批判者：明儒王道与阳明学之疏离》《邹守益戒惧以致良知的工夫实践历程》《江右王门刘阳论》《王时槐的“独几”思想》《陈嘉谟及其〈念初堂遗稿〉》《黔中王门孙应鳌“仁本”心学思想探析——以〈四书近语〉为中心的研究》《管东溟著作考述》《论周汝登的四书学》《孙慎行著作〈困思抄〉〈慎独义〉及其对阳明学的理论贡献》《“朱陆之通邮”——论唐君毅对阳明之学的诠释与定位》。

《王阳明与吉安：江右王门学术研讨会论文集》一书，是2019年4月23日江西吉安青原区政府与井冈山大学庐陵文化研究中心召开的“纪念王阳明到任庐陵知县509周年暨江右王门学术研讨会”所提交的论文，结集出版而成。文集收录了23篇论文，主要集中讨论王阳明与庐陵、王阳明与江西、王阳明与贵州、王阳明与福建、王阳明及其弟子、再传弟子等内容。由江西师大方志远教授作序。

全书论文分别是：钱明《吉安的政商环境与王学共同体的形成——基于吉赣比较论的视角》、邹建锋《吉安地区阳明夫子弟子考》、陈时龙《从讲学到范俗——明代安福复真书院的讲学活动》、张昭炜《传心堂法脉薪火相传：从王阳明至方以智》、李伏明《使命与担当——论王阳明治庐陵与阳明学的发展和传播》、张宏敏《回首江西亦故园——王阳明与江西关系考论》、丁功谊《吉安阳明书院的创建于清代中后期王学在江西中部的传播》、杨柱才《王阳明心体动静论及其源流简论》、王志刚《论王阳明龙场时期的理论探索》、李晓方《论阳明学的创造性转化与创新性发展》、朱义禄《论罗汝芳的“赤子之心”》、彭树欣《礼学心学化：明儒刘元卿的礼学思想与实践》、钟世娟《从冯柯〈求是编〉看阳明心学的传播》、李旭《慎独“自考”与中和位育——邹守益学政合一思想刍议》、刘宗彬《安福阳明学讲会管窥》、刁山景《王阳明与安福心学》、李梦星《吉安城中纪念王阳明的场所和心学研讨传播》、杨彩霞、朱诗钒《王阳明庐陵知县社会治理的为民答卷》、罗志强《阳明品格与当代共产党人的使命担当》、朱忠飞《从地方豪强到科举世家：平和建县与地方社会的转型》、杨德俊《龙场悟道与玩易窝、石墩、石棺考证》、张山梁《阳明学与镇海卫》、聂学锋《清正廉明　浩然正气——聂豹评传》等。

《王阳明传习录再传习》一书，是对王阳明心学义理的再阐释。全书依照陈荣捷整理的版本，对《传习录》原文的342条语录，进行了进一步的逐条分析与讲解。作者认为，本书不是对《传习录》的简单注释和翻译，而是融汇了作者一生的坎坷经历，并结合儒释道相关的内容，以及印度及西方等文化的进一步解释。在行文中，作者一方面从佛学的视野去审视王阳明心学的得失，另一方面又结合自身传奇的人生经历，探讨“致良知”“知行合一”的内在理路。此二者，对于当下学习王阳明心学的读者而言，皆具有一定的启示意义。文中多有对王阳明心学的独特见解，也不乏对阳明后学的批判，是阳明心学爱好者较易接受的读本。

全书分为上、中、下3卷，上卷包含了《徐爱录》《陆澄录》《薛侃录》；中卷包含了《答顾东桥书》《答周道通书》《答陆原静书》《答欧阳崇一》《答罗整庵少宰书》《答聂文蔚》《答聂文蔚二》《训蒙大意示教读刘伯颂等》《教约》；下卷包含《陈九川录》《黄直录》《黄修易录》《黄省曾录》《黄以方录》等篇目。

《王阳明〈客座私祝〉与中国传统家风家训》是贵阳市政协组织贵阳和其他地方专家学者，从《客座私祝》入手，加以拓展延伸，既学习研讨了所涉儒学的主要范畴，又结合贵州贵阳本土实际，求索于中国家风家训的长河而编撰。目的是希望更好地弘扬中华优秀传统文化，发挥其培育和践行社会主义核心价值观的积极作用，促进高尚品德的养成，助力人文素质的提升和良好社会风气的形成。本书以顾久先生《中国传统家训的精神内涵及当代价值——以丁宝桢家信为例》为序言，认为其道德支撑点为“敬天法祖”，探索其是否能为今天的道德建设作参考。全书分为上下2篇。上篇主要介绍了王阳明《客座私祝》的创作背景，注释，解读，以及其中包含的儒学思想和现代意义。下篇主要精选了中国历史上传统优秀的家风家训，对其中的精华内容进行展示解读。附录部分对有关阳明的《瘗旅文》和《象祠记》进行解读。

《王阳明在浙江》一书，主要记述、收集、研究王阳明在浙江时期的生活、学习和讲学状况，重点是记述和论述阳明晚年在绍兴时期心学的集大成，良知理论的圆融和提升，以及良知心学在当时的传播。该书还收集研究了王阳明亲传浙籍弟子的情况，王阳明的主要亲戚及交往情况，王阳明在浙江的主要遗迹遗址情况。充分展示了浙江是王阳明的故乡，是王阳明的成长地、归葬地，也是阳明心学最终形成并传播的圣地。

《阳明心学得失论》一书，是“经典维新”丛书其中的一本，本丛书以不同的视角来重新整理出版近代以来的经典学术论著，其出版思路可分为4类：一、展现某学术著作的思想史或批评史。二、梳理某种观念或学说的历史际遇。三、挖掘被当代学术界忽视的学术论著。四、精选反映某学术大家思想特质的文集。《阳明心学得失论》属于第二类，本书认为“阳明心学”在当下的中国，俨然被当作了一种时髦的“成功学”，迫切需要祛魅。鉴于此，本书针对此种社会现象选编收录12位学术大家的论文，既从学理上揭示“阳明心学”的哲学真义，反对庸俗化、神秘化，又从历史上考察“阳明心学”的社会影响，明其得失。

全书包括14篇文章，分别是黄宗羲的《姚江学案》、严复的《〈阳明先生集要三种〉序》、章太炎的《王学》《议王》与《〈王文成公全书〉题辞及后序》、唐文治的《阳明学为今时救国之本论》、嵇文甫的《王阳明的道学革新运动》、释太虚的《王阳明论》、熊十力的《答牟宗三问格物致知书》、梁漱溟的《评谢著〈阳明学派〉》、汤用彤的《理学谵言》、孙中山的《知行总论》、梁启超的《王阳明知行合一之教》、贺麟的《知行合一新论》等。

《王阳明经典名句》由修文县委宣传部主持编辑，修文县文联主席李小龙主编的一部普及读物。所选内容是王阳明经典篇目中的经典句子，主要选自《传习录》经典问答，是王阳明心学思想的集中体现，选录王阳明对心学思想的论述名句200句，对每句都附上了译文，便于读者阅读和理解、运用。

捌

阳明学研究辑刊综述

一、《阳明学研究》第四辑

《阳明学研究》第四辑，郭齐勇主编，武汉大学阳明学研究中心、贵阳孔学堂文化传播中心编，人民出版社2019年6月出版。本辑主要包括阳明心学、东亚阳明学、阳明散文研究、独特的视野、阳明学派研究、阳明后学研究、文献研究、理学探微、学界回声等9个板块共26篇文章。

（一）阳明心学

阳明心学部分包括3篇文章：丁为祥教授的《阳明精神的三“点”一“线”及其现代意义——阳明心学的发生学析辨》、朱义禄教授的《论阳明后学之“悟道”》以及李健君的《知行合一与道德根源问题》。

丁为祥教授的《阳明精神的三“点”一“线”及其现代意义——阳明心学的发生学析辨》一文，认为随着国学热的兴起，阳明学的研究出现了“神化”“泛化”与“理论胎膜化”式的研究。文章首先介绍了阳明心学形成的思想文化背景，认为从客观上看，阳明学是在言必称朱子的思想文化背景下形成的。进而论述了阳明与朱子的分歧、阳明精神的三“点”一“线”、阳明学的现代意义。从主体的角度看，阳明自幼“读书学圣贤”的志向、探索人生“第一等事业”的道德立场以及自我实现的狂者胸次，是其人生追求的3个基本层级，这3个层级，即所谓个体性的志向、道德性的理想与致良知之自我实现追求构成了阳明精神的三“点”一“线”。这三“点”一“线”，既是阳明与当时官学两界风气相激荡的产物，同时也是其试图对官学两界风气进行纠偏的表现。丁教授认为，这三“点”一“线”同时也是从传统的君子人格到现代的公民意识、从个体自我之实现到民族文化之整体崛起之一种非常重要的精神资源。

朱义禄教授的《论阳明后学之“悟道”》一文认为，“悟道”对阳明后学的影响是沦肌浃髓的。“悟道”不只是思想上的认同，且大多去亲身践履，并对他们一生的私行有着关键性的意义。文章以王艮与颜钧、王畿与罗洪先、罗汝芳与周海门等6人的“悟道”进行考察，分别从3个方面进行论证。其一，“天坠压身”与“七日闭关”。王艮从“天坠压身”的梦悟道神秘感受，并彻底“顿觉”，颜钧在阅读阳明的著作后仿效阳明之法“七日闭关”后得“悟”，精神大振，从“深坑”升入“天堂”。其二，“悟说”。王畿把“悟”分为三等：解悟、证悟、彻悟。王畿与罗洪先看来，“悟”就是捅开学术的真谛，直接知晓客观对象的本质所在。其三，儒佛合一的“悟”。罗汝芳以“学圣”为己任，认为转愚成圣的途径就是自家心中的“觉悟”，凡夫与圣人之间的转换，也在于人们念头上的“觉（悟）”与“迷”，这和其早年信佛有关；周汝登更是阳明后学中禅味最浓的一位，畅言儒佛合一，认为进学之道只在“心悟”，这是学问的捷径，他把“悟道”发挥到了极致，更把禅宗的顿悟推向了高峰。综上，朱教授认为，离开了“悟道”是难以认清王阳明及其后学思想的真实面貌的。

李健君教授的《知行合一与道德根源问题》一文认为，对阳明“知行合一”的诸多讨论中，有两个普遍存在的问题，即无视王阳明“知行合一”说的特殊针对性和倾向于将“知行合一”说从其“心学”整体中剥离出来。为了避免上述偏见，文章从知行合一与心灵活动的危微之境、知行合一与道德生活之乐、道德生活之乐的身体渊源、“格物”的深意——“知行合一”所针对之究竟问题等4个方面进行论述。将注意力放在“知行合一”说与每一个人当下生命活动的相关性上，以开显“知行合一”说与道德根源问题的内在联系，突出强调以“身心合一”为基础的天然存在之“乐”是真诚的道德生活的真正基础，并由此澄清，“知行合一”浑然一体的道德生活之“乐”即是“良知”之发现流行，在本质上，它不同于“逐物”（物欲之乐）与“着空”（耽于空寂）的身心状态。身心合一，通畅无碍，与天地万物为一体的天乐状态，道德生活的根源和活力系于此“乐”，“良知”之发现流行亦是此“乐”。面对日益僵化的道德生活和普遍的道德虚伪现象，这种朴素却意味深刻的天然存在之“乐”，正是我们要去“体”现的，而王阳明的“知行合一”说在究竟处正是关乎此种道德生活之“乐”。

（二）东亚阳明学

东亚阳明学部分包括3篇文章：蒋国保教授的《岛田虔次论阳明学要略》、陈晓杰翻译中纯夫的《朝鲜阳明学的特质（上）》、关雅泉的《论熊泽蕃山的诚意致知思想——基于与中江藤树思想之比较》。

蒋国保教授的《岛田虔次论阳明学要略》一文，以日本著名学者岛田虔次为研究对象，认为岛田虔次的阳明学研究，视人和人性问题为阳明学的根本问题，通过对阳明学之人和人性思想的系统阐述，将宋学（以朱子学为代表）到明学（以阳明学为顶峰）再到清学（以乾嘉考据学为典型）的思想衍变描绘为“内面主义”之合理的线性发展历程。并借此描述以强调四个方面的内容：儒学研究不应限于中国儒学，应从整个东亚儒教来研究儒学的发展前途；近代的“启蒙”热情，绝非与中国无缘，中国自有其独特的思想“启蒙”，而阳明学无疑为中国式的思想“启蒙”提供了精神动力；明清时代的客观唯心论与主观唯心论未必截然对立，所以朱子学（宋学）与阳明学（明学）未必不能在“内面主义”意义上统一起来；清学（乾嘉考据学）的可观主义精神，未必不贯穿着明学（阳明学）主观主义的立场与态度。蒋国保教授认为，这些对我们中国学者从事中国思想、中国哲学研究，具有重要的启迪作用。

陈晓杰对中纯夫《朝鲜阳明学的特质（上）》的部分译文，源于中纯夫2013年出版的专著《朝鲜の阳明学——初期江华学派の研究》，书中对阳明学在朝鲜的接受过程中的诸多问题，以初期江华学派的相关研究为中心，试图作出综合性的解释和说明。概言之，全书由2个部分13章组成。序章对于朝鲜阳明学的诸多特质进行总括性概观。第一部分选取了郑齐斗以及初期江华学派的主要人物、郑齐斗的后裔，在对各个人物的基本事迹进行整理的同事，对于其阳明学、霞谷学的接受乃至非接受的实际情况等进行考证。第二部分，对于初期江华学派的时代状况之诸相，从文化、社会、思想、政治等各个方面进行分析。终章对于除去江华学派的阳明学受容的特质相关的朱王两个问题，在将中国近世思想史动向也纳入视野范围的前提下进行考察。

关雅泉的《论熊泽蕃山的诚意致知思想——基于与中江藤树思想之比较》一文，通过比较熊泽蕃山与中江藤树的思想，考察熊泽蕃山对《大学》“诚意”与“致知”两个条目的解读情况。文章首先明确熊泽蕃山对中江藤树学问的评价，其次论述了对中江藤树《大学》思想的继承，以《大学》两个重要条目“诚意”和“致知”为中心做深入阐析。在《大学》定本问题上，熊泽蕃山与中江藤树一样折中朱熹与阳明的观点，采取“古本分经传”的方式进行解说， 解释“诚意”之“意”为应该被去除的“思意”，并且同样以阳明提倡的“致良知”的含义解释“致知”。在对《大学》的解读上，熊泽蕃山中式地集成了中江藤树的学问与思想。

（三）阳明散文研究

阳明散文研究部分包括2篇文章：熊礼汇的《再论王阳明古文的文化精神和风格走向》、欧阳祯人的《王阳明龙场戊辰“八记”合论》。

熊礼汇的《再论王阳明古文的文化精神和风格走向》一文认为，对阳明文化精神的理解，不能停留在知晓心学基本概念的层面上，而要着重领会心学所蕴含的充分发挥主观能动性、积极向上的认识性艺术精神。阳明反对过于讲究文字的组织安排，提倡简易明白的文风。全文从6个方面进行论述：（1）以心学为本的文化精神；（2）简易、明白的风格走向；（3）以理趣为主的美感特质，各体之文各有其美；（4）记体文的美感特质；多以议论为主，自以识见新异取胜；（5）赠序的美感特质。无篇部道及良知之学，无篇不自有机杼；（6）墓碑文的美感特质。重人物品鉴而忽略事迹描述，故动人者不是墓主形象而是作者概而言之的墓主品行。祭文长于抒情致哀，最具有美感的是作者借祭祀死者而抒发的忧生之悲。作者认为，阳明被誉为明文佳作的古文，所使用的突出的修辞手法有三：一是大量采用对话形式叙事，用记言方式结构其文；二是驰骋语词，力求句式整齐、凝练，大量使用对句、排比句、长句和顶真句；三是惯用譬喻说理。

欧阳祯人的《王阳明龙场戊辰“八记”合论》一文，依托原始的儒家经典，对王阳明初到龙场那一年（1508）所写的《何陋轩记》《君子亭记》《远俗亭记》《象祠记》《卧马冢记》《宾阳堂记》《重修月潭寺建公馆记》《玩易窝记》等8篇文章进行了综合性的分析与研究。文章认为，在面临人生巨大灾难的时候，王阳明在其系列的文章中以超乎寻常的自信与定性，超越了他所置身的贵州龙场那险恶的自然环境和明朝宦官当权的黑暗时代，岁寒三友，德、操、时、容，无不时时刻刻践履先秦儒家哲学的精神和人格操守。能够彻底地与贵州土苗百姓打成一片，真诚地热爱贵州无边无际的群山大壑，并且深得无边无际云贵大山的启迪，以气势苍凉，浩瀚博大的如椽大笔，描述大山的层峦叠嶂，气象森然，深沉厚重而栩栩如生，而且文以载道，阐述了自己独到的人生与哲学的见解，既不同于唐宋八大家，也不同于前后七子，更不同于晚明山水小品。

（四）独特的视野

独特的视野部分包括2篇文章：赵景飞的《王阳明与儒佛道之结缘——以家族事迹、传说和幼年经历为视角》、朱浩浩与褚龙飞的《论阳明心学对薛凤祚科学体系的影响》。

赵景飞的《王阳明与儒佛道之结缘——以家族事迹、传说和幼年经历为视角》一文认为，要看清阳明与佛、道之间的关系，就必须要以其全部生命经历为背景，回溯其家族历史，关注家族传说，文章认为王氏家族的复兴预言，体现其家族复兴的殷切希望，这对阳明少时影响深远，阳明与佛、道的种种结缘，都与其少年复兴担当意识有关。文章从王氏家族“兴必胜且久”的预言、祖父“胸次洒落”与祖母“稍崇佛教”、阳明父亲海日翁的“盈盛之戒”“神人受儿”之梦、与僧道结缘等5个方面进行论述，认为阳明的一生，无论是处于主动还是被动，都总会以某种方式与佛、道之间发生微妙的互动，这种全景式的研究是一项有价值的尝试。

朱浩浩、褚龙飞的《论阳明心学对薛凤祚科学体系的影响》一文以薛凤祚科学体系为例，从3个方面探讨其与心学背景的紧密联系。首先，论述了薛凤祚科学体系以天为外在标准的特征与当时心学大背景的联系。其次，结合当时另外一位天文学家王锡阐的工作，论述了薛凤祚对理的理解与心学背景的关联。最后，探讨了薛凤祚科学体系“致用”倾向所受心学的影响。文章得出结论，认为薛凤祚科学体系至少在3个方面收到心学背景的影响。第一，以天为外在行为标准的特征，是心学背景发展过程中寻找外在行为标准与天文学发展过程中将心性研究与天文研究联系起来共同作用的结果。第二，关于理的特殊定义，实际上发展自其心学老师陆善继的定义，与阳明的理有相似之处。第三，薛凤祚表现出来的“致用”特征具有鲜明的王学特征。

（五）阳明学派研究

阳明学派研究部分包括3篇文章：陈畅的《阳明学派心学体系中的气学进路——兼论气学家刘宗周、黄宗羲及其意义》、焦堃的《早期楚中王门再考》、吴龙灿的《从良知到良能——阳明和蕺山“四端”异解及其意义》。

陈畅的《阳明学派心学体系中的气学进路——兼论气学家刘宗周、黄宗羲及其意义》一文，从阳明心学思想发展脉络梳理出发，提出关于明清之际“自性理转向经史”这一思想是实践的一种理解方案。文章认为黄宗羲在其《明儒学案·蕺山学案》中所言“儒者人人言慎独，唯先生始得其真”这一观点，与阳明学派内部的思想转向密切相关。这就是阳明心学体系中开出的气学理路。而作为气学家的刘宗周、黄宗羲建立了以元气论取代知觉论的阳明学派心性论体系，实现了心学在主体性中追求“先天之学”“天地无心而成化”的客观性目标。这一进路与明清思想转型有着内在的理论关系。文章从3个方面展开论述，“独知”说：朱子、阳明论慎独工夫；独知非良，抑或无有良：阳明后学工夫困境；以“自”（气）取代“知”：刘宗周的慎独诠释转向。文章还对“以自己解读”的思想效应进行了论述，认为黄宗羲对刘宗周慎独学说的盛赞绝非门户之见，而是有深刻的思想史洞见。

焦堃的《早期楚中王门再考》一文认为，楚中王门是阳明结束贬谪生涯，前往江西任庐陵知县之前，在湖广地区的门人弟子，本文基于这一点进行考察。文章认为，阳明在湖广的授徒讲学活动，只可能发生在长沙、常德和辰州三地，尤以常德和辰州为重。文章分别对长沙府、常德府、辰州府的基本情况进行了叙述，进而得出结论，认为王阳明虽然曾两次途径湖广，但在湖广的讲学活动当发生于返经湖广期间，在其第一次路经湖广时并没有从事讲学的准确记录。长沙也并未出现其弟子，早期楚中王门均来自常德和辰州，尤其是所辖的武陵县、沅陵县，入门顺序则是辰州弟子在前，常德弟子在后，且这些弟子身份绝大多数是地方生员或者更低层次者。

吴龙灿的《从良知到良能——阳明和蕺山“四端”异解及其意义》一文，将阳明以“良知”解“四端”以确定心学思想主干，与刘宗周以“良能”解“四端”以打通心学和气学进行比较，认为从王阳明到刘宗周，以从良知到良能诠释“四端”，不仅在哲学上逐步精密地解决了情感、实践理性和道德法则之间的内在关系，而且对中晚明士人坐而论道风气和心学狂禅末流具有纠偏补弊和实践指导作用。文章首先对四端与良知、良能进行论述，进而对阳明的四端即良知与蕺山的四端即良能分别进行论述辨析，将蕺山对阳明学的态度变化（疑、信、辩难）进行分析，最后得出结论。认为从阳明到蕺山，对“四端”的异解主要体现在从强调“良知”等同“四端”之内涵，到强调“四端”是“良知”“良能”兼备，且“良能”是“四端”更值得强调的本质。阳明解“四端”割裂了“良知”“良能”的统一性，另外设置了“致良知”工夫来代替“良能”的工作，即是对“四端”理解的缺漏，也是多此一举的重复工作。蕺山既没有否定“良知”内涵，还强调“良能”的特性，从而完整发掘了“四端”的丰富内涵和全副精神，完善和发展了阳明心学思想，更启迪了晚明黄宗羲、王夫之一脉的气学实践哲学。

（六）阳明后学研究

阳明后学研究部分包括3篇文章：陈寒鸣、陆信礼的《关于泰州学派的思想和著作》、彭树欣、刘卫华的《论罗近溪哲学的神秘主义倾向》、杨浩的《薛侃对〈四书〉的理解》。

陈寒鸣、陆信礼的《关于泰州学派的思想和著作》一文认为，泰州学派不仅成为早期启蒙思想的先导，还为儒学的发展开出了新的路向，全面搜集并系统整理王艮和泰州学派的文献数据，对于弘扬包括儒学精华在内的中华优秀传统思想文化具有重要的现实意义。文章从归纳了泰州学派所倡导的平民儒学的特点：抛开传注，任意解释经典；打破士大夫对学术文化的垄断，强调学术的平民性，并将其社会化、普及化；启迪大众，使其“乐学”向善；重视道德，讲求伦理；具有宗教色彩。这种平民儒学在当时和后世产生了强烈的影响。文章还就《泰州王门集》这部以泰州学派的有关文献资料汇集的书做了大致地介绍。

彭树欣、刘卫华的《论罗近溪哲学的神秘主义倾向》一文认为，罗近溪哲学（或生命）的终极追求是见体、证道，即走向神秘主义，其生命历程（包括为学求道的过程）、工夫进路和哲学（或生命）境界均与神秘主义相关。这是其哲学的一个重要面向，也是大多数宋明心学家的一个不可忽视的面向。审视这一问题，对当代儒者的工夫进路不无启迪。文章首先讨论了陈来对罗近溪的研究，进而讨论罗近溪生命历程中的神秘色彩，即总体上呈现一个儒者平常而理性的风格，但其一生的某些经历透出了一定的神秘色彩。接着讨论了罗近溪为学求道过程的神秘体验、其工夫进路的神秘主义走向、其哲学（或生命）境界所呈现的神秘主义状态。最后得出结论，认为作为一个儒者，理性主义是罗近溪哲学的另一个根基，同时也具有神秘主义色彩，工夫上的神秘主义路向也是当今为学求道不可忽视的进路。

杨浩的《薛侃对〈四书〉的理解》一文认为，薛侃对《四书》的理解虽源自阳明，但有着诸多新奇创新，如认为《大学》“定安静虑”即本体即工夫，《大学》工夫在“诚意”，“本体见在，无染无浊”为《中庸》的“中”，《中庸》以“戒慎”“恐惧”为工夫，“未发”“已发”非时间先后，《论语》“克己复礼”是虚明之中不容一物，《孟子》中“圣”即“神”是本体的妙用。文章从对朱熹《四书》解释的批判开始，进一步讨论薛侃的读书与涵养、其心体与镜喻，再讨论起如何解《大学》、解《中庸》、解《论语》、解《孟子》。最后得出结论，认为薛侃对《四书》的理解，体现着阳明学在《四书》理解方面的诸多特点。他认为对文本的理解可以并且应该有各种不同的理解，他自己的理解就是经典的更为根本的意义。这种自信，一方面源于阳明自己的气象与事功等树立的权威，另一方面则是学者自己在心性修炼当中获得的体验。文章认为，薛侃所举的武库、簿数等比喻也恰能说明，经典对于阳明学者的意义，心性涵养是第一位的，经典理解是第二位的。

（七）文献研究

文献研究部分包括3篇文章：任文利的《〈邹东廓先生语石鼓诸生〉语录二十五条辑佚》、许蔚的《罗念庵佚文辑暨文集版本诸问题》、刘海成的《刘宗周〈阳明传信录〉析评》。

任文利的《〈邹东廓先生语石鼓诸生〉语录二十五条辑佚》一文，对邹守益在嘉靖二十二年（1543）春游南岳时，在石鼓书院与诸生讲论时所留下的语录进行了逐条分析研究。这些语录共有25条，载于《石鼓书院志》（万历）当中，其中6条见于《邹守益集》，9条见于《衡州府志》（万历），其他则未见于别的版本。文章对这些语录逐一进行了标点，并略述其渊源。

许蔚的《罗念庵佚文辑暨文集版本诸问题》一文对罗念庵文集的版本进行了溯源。其中今人整理本有2种，虽然搜罗大体详备，但因为底本选择及版本利用的原因，也存在诸多问题。文章根据缩减各版本及其他诸书，将不见于2种今人整理本之篇目录出。文章首先概说了罗念庵文集的版本问题，进而讨论了徐儒东本与朱湘钰本的成绩与问题，后补充了上述2个版本所佚失部分文章篇目，包括制义、经解、书、记、书序、寿序、传、状、志、表、赞、疏、跋、祭文、诗等。

刘海成的《刘宗周〈阳明传信录〉析评》一文，从刘宗周所编撰的《传信录》用意和择录原则的探讨出发，充分统合朱王、意念之别、“四句教”之辨等3个论题，现客观地树立了刘宗周对阳明《传习录》的品评和质疑。首先讨论了刘宗周编纂《阳明传信录》的旨趣。讨论其《阳明传信录》对《传习录》的品评，从王阳明哲学思想出发，进而对刘宗周的论点做出回应，并得出结论，认为：良知不等同天理、格物非是逐念、“四句教”非支离。经过仔细分析和比较，作者认为，刘宗周对《传习录》的诠释是有强烈的现实指向的，即针对阳明后学玄虚而荡，猖狂恣肆的流弊而提出的补偏救弊的方案。他的策略是回到阳明本人的著述、言论中寻找理论根据，将自己的主张通过阳明的话语表达出来，以此教示学人。虽然他对《传习录》的理解有所偏差，但这正透露出刘宗周《传信录》有着建构自身理论体系的内在目的，而非仅是对经典文本的诠释。

（八）理学探微

理学探微部分包括4篇文章：蔡家和的《东亚文明共同载体朱子学杂糅思想之解析》、张锦枝《论朱子的心主性情说》、廖璨璨的《由理气观论朱熹与船山对孟子性命论的诠释》、崔发展的《门户观念与汉宋之争中的宋学》。

蔡家和的《东亚文明共同载体朱子学杂糅思想之解析》一文认为，朱子作为理学之集大成者，于其庞大的哲学体系中杂糅了各家思想，朱子的思想贯通“四书”体系而建立，改造了先秦的“四书”，吸收了北宋五子的思想，融汇了佛学，撷取了汉儒思想，采荀子庄子说。如果将朱子学放到当今世界思想潮流中来看，其中具备了开出科学、知识的元素，更可进一步地和基督教或知识论进行对话，如有学者便把朱子学与莱布尼茨神学做一比较，又如牟宗三先生采用朱子“天道、性命相通为一”，而建立了道德形上学，提出牟氏的“心即理”论。在时代上，朱子面对佛老挑战，返本开新，成就大教，进而影响东亚思想800年，称为东亚文化之共同载体，至今仍源远流长。

张锦枝《论朱子的心主性情说》一文，以朱子的“心主性情”这一核心观点出发，尝试在心主身解心主性情论上更进一步，心主性情即心主一的结果。认为学者对这一概念的两种解释进路进行了辨析，一种是心主性即主敬工夫，如陈来。另一种是从心之知觉角度说明心主性，如蒙培元。文章进而论述对朱子强调心主性的意义，造成心主性不能确信的3个误区即心小性大、心性相分、性情相分进行论述。接着论述性体情用到心主性情、性与知觉等。得出结论认为，朱子对心主宰性的方面相当强调，其“心主性情”论下的“性体情用”说蕴含着心主宰情的同时亦主宰性的要求，心主宰性即心之自我主宰，呈现为敬的工夫，心主性情包含了性是心之理和心主宰性的双重意义。

廖璨璨的《由理气观论朱熹与船山对孟子性命论的诠释》一文，以朱子和船山对孟子性、命二者关系及张力的不同理解入手分析，认为朱熹以理命、气命言性与命之分合，船山则强调人日受命于天而性日成，二人对力气关系的不同理解使得其对性、命关系特别是对命的理解也呈现出差异，由此可见明清之际的学术思想与宋明时期的理学之间的转变。文章首先论述了朱熹与船山以理气论性命、朱熹和船山论两种命（理命、气命与德命、福命）、朱熹和船山论正命。文章认为二者对孟子性命论的诠释，有2层意义：一是这种诠释自觉地建构在一种理论框架之上。二是这种理气的框架，朱熹和船山均试图对个体生命在具体人生境遇中的遭遇给予解释，并由此而为人的道德实践确立依据。

崔发展的《门户观念与汉宋之争中的宋学》一文，揭示了明代“宋学”在汉学话语中的具体意蕴。文章从以下几个方面进行论述：乾嘉汉学家是否真的“不立门户”？如果某一汉学家的确有汉宋门户，此时的“宋”指的是什么？若说汉学家没有汉宋门户之见，此时的“宋”指的又是什么？文章认为，汉宋分治主义引发了普遍的汉宋之争，但汉宋之争与汉宋兼采其实并不矛盾。在汉学掌控话语权的背景下，汉学家所说的“宋学”实则明显有别于宋明理学意义上的“宋学”，而汉学家对于汉宋的兼采，亦非是在统一层面上的运作。

（九）学界回声

学界回声部分包括3篇文章：欧阳祯人的《贵州修文“中国阳明文化园”设计思想介绍》、黎业明的《〈王阳明全集（新编本）〉辑佚诗文辨正》、张昭炜的《哲学史与思想史融合的阳明学研究——评汪学群〈吾心自有光明月——王阳明思想原论〉》。

欧阳祯人的《贵州修文“中国阳明文化园”设计思想介绍》一文，是归置修文县“中国阳明文化园”设计思想的文化理念，尤其是文化内涵的打造理据，进行了分门别类的分析和介绍。

黎业明的《〈王阳明全集（新编本）〉辑佚诗文辨正》一文，针对吴光、钱明、董平、姚延福编校，浙江古籍出版社出版的《王阳明全集（新编本）》的相关疏漏和错误的辨正。文章认为该书在辑佚方面，由于一时失考，还存在一些错误。其中包括，或将部分不必辑录之语录、言行录加以辑录，或将部分不是阳明作品误为阳明作品加以辑录。文章将这些地方逐一列出并进行了分析，包括：《言行录汇辑上》第5条、《言行录辑要下》第119条、《寄杨廷和书》、《寄杨廷和书二通》等。

张昭炜的《哲学史与思想史融合的阳明学研究——评汪学群〈吾心自有光明月——王阳明思想原论〉》一文，是对汪学群《吾心自有光明月——王阳明思想原论》一书的评价。该书从两方面展开：其一，研究方法上。在知的层次上，发掘良知、独知、未发之中、天理等道德体论概念的深意及内在关联；在行的层次上，还原慎独、求未发之中、存天理等致良知的工夫。即道体即工夫，此二层次由“知行合一”融为一体。从思想的形态及视野看，阳明的光明心体源于吸收并超越佛教思想。文章认为，该书综合性强，思想视野开阔，是一部基础研究扎实的成功范例。但张昭炜认为该书还可以分别从哲学史和思想史角度拓展，两种方法互相取长补短。

二、《王学研究》第十辑

《王学研究》第十辑，赵平略、陆永胜主编，社会科学文献出版社2018年12月出版。本辑是基于贵阳学院阳明学与黔学研究院、贵阳孔学堂文化传播中心、贵州省儒学研究会、江苏省儒学学会、韩国阳明学会、韩国忠南大学儒学研究所、韩国始兴文化院联合主办的中国·贵阳2017年第五届知行论坛暨“文化复兴与阳明学的当代传承发展”国际学术大会的论文选集。文集共收录了22篇论文，共分王阳明思想研究、阳明学与佛道思想、海外阳明学研究、阳明学比较研究、阳明学的当代价值研究、学术专稿6个板块。

（一）王阳明思想研究

本部分包括5篇文章，分别是吴光教授的《知行合一重在行——王阳明“知行合一”论的重点与当代启示》、景云的《从知行至境界——王阳明〈大学〉观演进探析》、王胜军的《论王阳明的良知史观》、刘振维的

《良知与道德心》、向世陵的《杨东明心学的“广仁”说与同善呼唤》。

吴光教授的《知行合一重在行——王阳明“知行合一”论的重点与当代启示》一文，认为很少有学者做出“知行合一重在行”的论述。文章从历代儒家“知行”观的简略回顾、“知行合一”论的内涵与重点、“知行合一”论的当代启示3个方面进行论述，认为阳明所谓的“知”是“吾心良心知之天理”，“行”是“致吾心良知之天理于事事物物”的道德实践。阳明的知行合一论，本质上是集道德、伦理、政治于一体的人文哲学。

景云的《从知行至境界——王阳明〈大学〉观演进探析》一文，认为王阳明“心学”的构建历程实则是其对《大学》不断诠释的历程。基于其“心学”发展过程，将王阳明对《大学》的诠释划分为4个阶段：发端阶段，走出程朱理学“格物”视域下人物二分的格局，以“知行本体”揭示本体心体。深化阶段，告别知行之论，进入“意”的层面，主张于“意”中用功，倡导“诚意”功夫法门。成熟阶段，倡导“致良知”功夫法门，因“良知”直契本然心体，由功夫转入境界，主张“以天地万物为一体”，最后进入第四个阶段——化境。作者认为，其“心学”建构历程，与突破朱熹《大学》观实则是一体两面之关系。

王胜军的《论王阳明的良知史观》一文认为王阳明的良知史观主要表现在3个方面：其一，良知作为意所构建的形器世界的法则，是实有而非虚无，万事万物及人类历史均在其发用流行之中呈显。其二，王道理想的根本精神在于良知而非外在制度和言行，良知依托于圣贤君子这一人文力量，最终决定着人类历史的治乱兴衰。其三，良知是历史意识构建的标准，应该以良知为准衡，删隐恶迹，减少习染对人类心灵的遮蔽。

刘振维的《良知与道德心》一文，论述了王阳明的“良知”说与牟宗三的“道德心”，并尝试比较二者的异同。从王阳明对“良知”的理解，比较强调由功夫而本体的路径，通过克治省察、事上磨炼以回复良知，因此特别强调“知是知非”义，不涉及外在的客观知识。牟宗三认为康德和黑格尔都解释了主体性意义颇具“现代性”的特色，但此价值理性又与现代性的工具理性有区别。阳明的“良知”与牟宗三的“道德心”区别在于阳明的“良知”与具体客观知识无涉，“道德心”则能开出外在知识。

向世陵的《杨东明心学的“广仁”说与同善呼唤》一文，认为杨东明从阳明学理气合一的观点出发阐释他的生生之仁，主张亲民爱物，以生名仁，生生之仁从“里面”生发出来。推此心于天下，父天母地，民胞物与，通天地万物为一体。万物一体既植根于天道的生机畅达，也依赖于人世的养心劝善，更立足于性命主题的存仁存生和赞天地化育的积极参与。“广仁”落实于救民众所急的生存关怀和“以遂吾大同之愿”的博爱实践。人能全仁，则生机所畅，泽及后裔，行善会带来更大的福报。杨东明倡导“同善”不回避利益的计度和报偿，但重点在宣扬克私为公，力求避免人世间的冷漠。从一体流行之气到内在生发之仁再到出以公心的善举，合力推动着他的同善呼唤。

（二）阳明学与佛道思想

本部分包括3篇文章，分别是姚文永的《浅析宗喀巴发菩提心与王阳明致良知的相似性》、寇征的《儒佛道视阈下王阳明心学的思维特点及当代伦理价值》、刘笑非的《圣人可学而至——宗教多元论视野下的阳明心学“圣人”观》。

姚文永的《浅析宗喀巴发菩提心与王阳明致良知的相似性》一文认为，藏传佛教（宗喀巴）与儒家（王阳明）虽然体系不同，但他们的出发点与归旨却有相同的指向，即寻找永恒的价值存在。菩提心与良知都具有扩展性的特点，一个普度众生，一个万物一体；发菩提心与致良知是佛家大乘与儒家成圣的关键；菩提心与良知均有可操作性的生成途径，且人人具有成功可能；在具体修行上，宗喀巴与王阳明均反对一蹴而就。

寇征的《儒佛道视阈下王阳明心学的思维特点及当代伦理价值》一文，从王阳明的思想历程与儒道佛修学视野、王阳明的心学体系、王阳明

“心学”的思维特点、王阳明心学的当代伦理价值和启示等4个部分出发进行论述。认为阳明学体现出了融合儒道佛的独特的心性本体合而为一的创新思维路向，冲破了传统儒学的思维局限，融合佛教禅宗和道家道教对传统儒家予以创造性新解，充分体现了中道不二的超越性思维特点以及重直觉悟性的非理性思维特点。

刘笑非的《圣人可学而至——宗教多元论视野下的阳明心学“圣人”观》一文，从约翰·希克的“宗教多元论”的背景和方法出发进行论证，从本体论上对“圣人”的界定，认为圣人之心与常人之心并无异同；从工夫论上对“圣人”的界定，认为阳明强调的“生知”虽有优势，但常人依然可以通过“学知”而实现圣人高度；在圣人的道德践行上依靠自我修养，同时忧国忧民。分别从以上方面考察阳明心学对“圣人”的具体阐释，文章认为阳明还进一步强调了圣人以“万物一体”为道德实践的标准，并指出了阳明的“圣人”观对佛教的包容态度。

（三）海外阳明学研究

本部分包括6篇文章，分别是韩国学者金容载的《韩国阳明学研究的本质问题》、朴成浩的《韩国阳明学者郑霞谷的生平及其阳明思想——以对“无善无恶心之体”的解释为中心》、李妍静的《阳明与退溪之心学比较》、金润境的《近代时期霞谷学派的真假论》、越南学者黎黄南的《王阳明与阮廌的思想在越南与中国文化交叉过程中的相同点》、范越胜的《比较王阳明政治思想与越南黎贵惇政治思想的相同》。

金容载的《韩国阳明学研究的本质问题》一文，承认朝鲜儒学史受朱熹影响很大，但韩国阳明学对诸子学为中心的韩国性理学的发展和巩固都发挥了很大的作用，尤其是阳明学通过其他学问间接体现的情况是不容忽视的，包含了史学、数学、力学、诗文、书画、音韵、实学等领域。

朴成浩的《韩国阳明学者郑霞谷的生平及其阳明思想——以对“无善无恶心之体”的解释为中心》一文，其目的是以郑霞谷之生平及对四句教的解释为中心，探究阳明思想的形成背景及其思想特征。文章认为，霞谷并非单纯地吸收阳明思想，而是把阳明学的主要核心思想要素与当时朝鲜学术的潮流加以整合，进而建立了自己独特的学说。霞谷对阳明思想的理解不仅具有一定深度，还在某些特定的点上进行了“独辟蹊径”式的探索。霞谷将四句教中的无善无恶心之体视作体现于伦理善恶无关的心本质上的无执着性，将心之本体的这种特性表达为“无定型”“无定名”等，将阳明思想与朝鲜实际相结合，建立了自己的学说。

李妍静的《阳明与退溪之心学比较》一文认为，将退溪的学问判定为“心学”是基于3个方面：其一，退溪比朱熹更强调对道德主体的探索，这点将其思想与阳明“心学”区别开来。其二，元代以后，退溪对程朱学内的“尊德性派”加以继承和发挥。其三，退溪心学是在重新审视和关照程朱学和陆王学的过程中逐渐形成的一种新思潮。

金润境的《近代时期下古学派的真假论》一文认为，近代时期霞谷学派真假论认为内心良知而并非可以在外求得，而是借助主观自觉和仁义的道德伪善的境界而形成的讨论。对于道德的伪善境界，随着时代的变化而具体化为批评老论的领袖宋时烈教条的学问和争论点。文章以李建芳和郑寅普等的真假论进行论述，同时从与二者交流的朴汉永等的思想出发，批评佛教界等，这些都为近代时期批评现实和改革方面起了一定的思想作用。

越南学者黎黄南的《王阳明与阮廌的思想在越南与中国文化交叉过程中的相同点》一文认为，阮廌的思想创造了越南儒教的特点，王阳明和阮廌在充满跌宕起伏的生活和为民为国的事业上有诸多相同，都是有重大创作的思想家，二者在亲民、仁义、提高道德和正义思想上都有共同点。了解二者有利于研究和继续发展以及运用现代经济、文化一体化背景下的儒教。

范越胜的《比较王阳明政治思想与越南黎贵惇政治思想的相同》一文，以王阳明与越南黎贵惇为研究对象，从提高王道的主张、结合“仁治”与“法治”的主张两个方面进行论述，认为黎贵惇结合了中越儒学的成就，进而发展出可以处理越南民族难题的思想，他首先要越化儒家思想，发挥更多切合实用的作用，所以需要回到儒家思想去深入研究，并建立一套自己的入学体系。因此，黎贵惇的贡献在越南是没有人可以超越的。

（四）阳明学比较研究

本部分包括两篇文章，分别是冯琳的《王船山与王阳明知行观的比较研究》、吴龙灿的《从良知到良能——阳明和蕺山“四端”异解及其意义》。

冯琳的《王船山与王阳明知行观的比较研究》一文从船山与阳明的“知”与“行”、诚意与致知、良知与良能等3个方面进行比较，分析其知行观的不同。二者的不同所反映出来的是“心本体”与“气本体”哲学思想的差异。阳明的良知在践履的过程中虽然有扩充，但这种扩充虽范围有扩大、内容有充实，但良知在本质上孩提之时与成年之时并无区别。秉持着“性日生日成”说，船山认为作为起点的心、性，抑或良知，在人生的各种社会实践中不断充实变化。这种变化，在船山看来应该不仅仅是用强弱大小等词汇描述的外在形态改变，而且应该是氤氲神化后的性质改变。

吴龙灿的《从良知到良能——阳明和蕺山“四端”异解及其意义》一文，从阳明及蕺山二人对孟子“四端”学说的理解出发，分别论述宋明理学不仅仅是心学、气学等学派的分野，更是各学派内部思想深化发展的重要机缘，文章认为阳明的“良知”解“四端”是以良知学说确立其心学思想的主干；刘宗周以“良能”解“四端”，打通了心学和气学。从王阳明到刘宗周，从以良知到以良能诠释“四端”，不仅在哲学上逐步精密地解决了道德情感、实践理想和道德法则之间的内在关系，而且对中晚明士人坐而论道的风气和心学狂禅末流具有纠偏补弊和实践指导作用。

（五）阳明学的当代价值研究

本部分包括五篇文章，分别是王国良的《王阳明心学豪杰人格与现代价值》、王明云的《浅析王阳明的工商税收思想》、赵岩、陈华森的

《〈赣南乡约〉与传统中国基层治理体系的重建》、张寒松的《大学通识教育与阳明文化的传承发展——兼谈贵州大学近年来的探索》、栾成斌的《思政教育视域下阳明心学思想的借鉴意义》。

王国良的《王阳明心学豪杰人格与现代价值》一文，从3个方面对阳明的豪杰人格进行了论述，其一，阳明的良知学说是从自己百死千难的生平经历中提炼出来的，饱含了强烈浓郁的生命精神，表现出勇往直前，信念不移的大无畏精神。其二，要了解阳明学，应当从良知是宇宙万物之本体、良知是天理之昭明灵觉、良知是“是非之心”、良知人人皆有四个方面进行研究。其三，阳明认为人应该立志做圣贤，但只有首先称为豪杰之士，才能追求成为圣贤。

王明云的《浅析王阳明的工商税收思想》一文，认为阳明在平定宁王之乱、管理赣南地区等实践中提出了一套较为系统的工商税收思想，比如四民平等、公平征税等。该文对王阳明的税收政策的深入认识，有助于对阳明思想进行全面认识。

赵岩、陈华森的《〈赣南乡约〉与传统中国基层治理体系的重建》一文，认为《赣南乡约》的出现标志着传统中国基层治理体系转型期的结束，并以此为开端，传统中国基层治理体系逐步实现了从“编户齐民”基层治理体系向“吏民共治”基层治理的转型。

张寒松的《大学通识教育与阳明文化的传承发展——兼谈贵州大学近年来的探索》一文，认为大学通识教育的性质、目的和内容决定了它在教书育人、传承发展优秀文化中角色重要，作用重大。文章围绕贵州大学通识教育进行论述，认为贵州大学建立阳明学与采用新生学院模式面向全校一年级学生开展本科通识教育，稳步推进了通识教育与阳明思想的结合，在育人和传承发展阳明文化方面取得了成效。

栾成斌的《思政教育视域下阳明心学思想的借鉴意义》一文，认为王阳明的心学思想不仅在空间上影响国内外，也在时间上绵延至今。其思想体系中的“心即理”“知行合一”“致良知”等对我国当下的思想政治教育事业有着极高的借鉴意义。

（六）学术专稿

本部分包括一篇文章，是日本学者吉田公平的《性善说——中国文化的赠予》。文章认为宋明理学的特色是以“修己”论与“治人”论为双焦点的椭圆形思想结构。日本17世纪后受到这一思想影响，逐步形成了日本心学·性善说的思想，代表性的有藤原惺窝、林罗山一系的儒教性善说，中江藤树认为人性本原行善，但同时也潜伏着恶的种子。文章认为日本的心学是宗教思想，但它是具有宗教性的思想，而不是相信神存在的宗教，文章还论述了心学·性善说的现代意义，认为现实中与性善说相悖的事情不断出现，要解决这一问题，不仅仅需要宗教，还需要对“性善论”进行研究，也许可以看到希望之光。

玖

阳明学研究前沿

论“知行合一”的四重向度*

□董　平

摘要： 王阳明“知行合一”的完整内涵呈现为四重向度：知为“知觉”、为“感知”、为“知识”、为“良知”。“知觉”是心体的本原能力，也是心体对自身存在的自我证明，在不受其他因素遮蔽的情况下，心体的“知觉”确保了个体自我心身的完整性与统一性，心身原是一元。这是王阳明“知行合一”论的基础，被他称为“知行本体”。“感知”既是“知觉”的对外运用，又是作为交往对象的“外物”纳入于自我心身结构的必要环节，正是“感知”的可能错误造成了心体的“遮蔽”或心身“隔断”，从而失却“本体”，所以，必以“诚意”为心身一元的保证。“知识”是就特定的认知交往关系情境中的事物实在状况的还原而论，实现事物存在的本然真实，即是“知识”。“良知”即“心体”，“心体”的本然真实状态的如实体现即“致良知”，所以“致良知”在理论上是“知行合一”固有内涵的进一步深化。“知行合一”的理解不能脱离人的现实生存，实际上是一个生存论命题，而“知行合一”的根本义乃是“知行同一”，其终极意义则是还归心身一元，由此而建构起个体生存的意义世界。

关键词： 王阳明　知行合一　良知　心即理　对象性关系情境　生存论

就王阳明心学体系的完整结构而言，“心即理”乃其理论基础，也是其哲学体系建构的逻辑起点。在王阳明那里，“心即理”实质上是关于人的存在的形上预设，是作为“真己”的生命存在之本然实在状态。把这一“先验真实”通过人的现实生存活动体现出来，使之成为“经验真实”，便既是人的存在的本原性真实的实现，也是存在之现实意义与价值的实现“知行合一”作为阳明心学体系的一个理论环节，即是“心即理”之落实于生存世界的经验方式。“知行合一”即是“心即理”的实践工夫。就此

*本文系国家社会科学基金重大项目“阳明后学文献整理与研究”（项目批准号：15ZDB009）阶段性成果。董平，浙江大学求是特聘教授，浙江大学哲学系教授。

而言，则“知行合一”不只是一个关乎道德或知识的实践论（工夫论）命题，更是一个关乎人的现实存在的生存论命题。

一、“知行合一”的二重关切

王阳明提出“知行合一”说，实有其现实与存在的双重关切。就前者而言，随着朱熹“知先行后”观点的普遍流行，人们长期浸润其中，已然深陷于知行两相分离之弊病。王阳明说：

> 今人却就将知行分作两件去做，以为必先知了，然后能行。我如今且去讲习讨论，做知的工夫，待知得真了，方去做行的工夫，故遂终身不行，亦遂终身不知。此不是小病痛，其来已非一日矣。某今说个知行合一，正是对病的药。①

在王阳明看来，把“知行分作两件”的“知先行后”之说，事实上必然会导致知识与实践的两相分离，而终究陷入“终身不行，也遂终身不知”的重大弊病。“某今说个知行合一，正是对病的药”，则表明他的“知行合一”之说是有其现实的针对性的，是为惩“知先行后”之弊而发，是所谓“因病发药”。这一现实关切体现了“知行合一”说的显著的批判性，而其批判性所指向的理论目的则相当清晰，是要在学理上解构朱熹的知行观念。因此，我们需要先来了解一下朱熹知行观的基本表述。朱熹说：

> 知、行常相须。如目无足不行，足无目不见。论先后，知为先；论轻重，行为重。
>
> 致知、力行，用功不可偏。偏过一边，则一边受病。如程子云：“涵养须用敬，进学则在致知。”分明自作两脚说。但只要分先后、轻重。论先后，当以致知为先；论轻重，当以力行为重。
>
> 问：“南轩云：‘致知、力行互相发。’”曰：“未须理会相发。且各项做将去，若知有未至，则就知上理会；行有未至，则就

①〔明〕王守仁：《传习录上》，《王阳明全集》卷一，吴光等编校，上海古籍出版社2011年版，第5页。

行上理会。少间自是互相发。今人知不得，便推说我行未到；行得不是，便说我知未至。只管相推，没长进。”[①]

我们可以把朱熹的知行观概括为3点：第一，知、行的确是不同的两件事，不能混淆，“分明自作两脚说”；第二，正因是“两脚”，所以就存在着相互间的关系，就时间（或逻辑）上的先后而言，知先行后；就其重要性而言，行重知轻；第三，知、行不可偏废，“偏过一边，则一边受病”，所以“知、行常相须”。

朱熹关于知、行的观点是建立在知、行为“两脚”的基础上的，朱熹对张栻“致知、力行互相发”的评论表明，先不必去“理会相发”，只要“各项做将去”，分别“理会”，到时“自是互相发”。就是说，知、行“互相发”是基于知、行分别“理会”而达到的一种工夫熟练境界。这一意思从朱熹以下一段对话中仍然显著地体现出来：

或问：“南轩云：‘行之至，则知益明；知既明，则行益至。’此意如何？”曰：“道理固是如此。学者工夫当并进，不可推泥牵连，下梢成两下担阁。然二者都要用工，则成就时，二者自相资益矣。”[②]

从这段对话中，我们可以了解张栻“致知、力行互相发”的意思。“行之至，则知益明；知既明，则行益至”，知、行是一个相互促发并渐次深化的互动过程。但朱熹认为只是“道理固是如此”，在实践上，“二者都要用工，则成就时，二者自相资益矣”。可见，知、行的“互相发”或“相资益”，在朱熹看来是“成就时”的一种状态。但不管如何，基于知、行之二分，朱熹已经把二者的相互关系讲得十分清晰而全面。知、行虽是二分，但“工夫当并进”，则是确然无可怀疑的。

基于朱熹知行观的基本了解，用以反观时下人们关于王阳明“知行合

①〔宋〕黎靖德编：《朱子语类》卷九，王星贤点校，中华书局1986年版，第148页。

②〔宋〕黎靖德编：《朱子语类》卷一百〇三，王星贤点校，第2605页。

一”的理解，我们就大抵可以肯定，以下诸种观点基本上都是误解：

第一，认为“知行合一”就是强调“知识与实践不可偏废”，齐头并进。这其实是朱熹的观点，用来解释王阳明的“知行合一”，并不恰当。

第二，认为“知行合一”就是“知识”与“实践”相结合，或者把“知识”运用于“实践”。即便如此，“知识”与“实践”仍然是“两脚”，还是朱熹的观点。

第三，认为“知行合一”的“知”不是指“知识”，而是指“良知”。若指“知识”，则“知行合一”是讲不通的，或“不究竟”的，只有在“良知”意义上讲“知行合一”才合乎阳明本意。因此“知行合一”不是就非规范性知识而论，而是就规范性知识而言，强调的是德性实践。我在30年前也持这种观点，[①]但这一观点事实上并不可取。一个最为显著的理由是，如果朱熹的知行观中的“知”是包含知识意义的，那么王阳明的“知行合一”就必然包含知识意义，否则不可能成为“对病的药”。

以上几种关于王阳明“知行合一”的理解，大抵都是“善意的误解”。但在过去的研究中，还存在着某种“恶意的误解”，认为“知行合一”是“以知代行”，取消了行动或者实践在认知过程中的作用，因此是“主观唯心主义”。基于王阳明“知行合一”的真实了解，“善意的误解”会消除，“恶意的误解”也会消除。

基于朱熹观点影响下造成的“终身不行，亦遂终身不知”现实弊病的洞察，王阳明提出“知行合一”以为“对病的药”，是为“补偏救弊”而设，则“知行合一”乃为“权宜方便”。王阳明多次强调，“知行合一”并不只是为“补偏救弊”，而是“知行本体”原是如此，就此而论，则“知行合一”实为“究竟”。事实上，“知行合一”正是开权显实、发迹显本、权实兼摄之论。如果在朱熹那里，知行问题主要是在知识论义域中来加以关注并予以论述的，王阳明认为，知行问题已经转变为一个生存论

①董平：《王阳明主体哲学论要》，《浙江学刊》1988年第5期。

命题。正是这一关于人的生命存在的本原性关切，才使“知行合一”的内涵获得了极大的丰富性，它的全部意义是在个体生存的现实过程中才得以充分呈现的。

二、“知行合一”即是“知行同一”

在“补偏救弊”的意义上，为对治朱熹分知、行为“两脚”的基本观点，王阳明提出“知行合一”，强调知、行不是“两脚”，而是“一件”。他说：

（徐）爱曰：“古人说知、行做两个，亦是要人见个分晓，一行做知的工夫，一行做行的工夫，即功夫始有下落。”先生曰：“此却失了古人宗旨也。某尝说知是行的主意，行是知的功夫；知是行之始，行是知之成。若会得时，只说一个知，已自有行在；只说一个行，已自有知在……若见得这个意时，即一言而足。”[①]

（阳明）曰：“知、行原是两个字说一个工夫。这一个工夫，须著此两个字，方说得完全无弊病。若头脑处见得分明，见得原是一个头脑，则虽把知行分作两个说，毕竟将来做那一个工夫，则始或未便融会，终所谓百虑而一致矣。若头脑见得不分明，原看做两个了，则虽把知行合作一个说，亦恐终未有凑泊处，况又分作两截去做，则是从头至尾，更没讨下落处也。”[②]

可以确定的是，所谓“知行合一”，并不是把“知”“行”两件东西“合”为一件，而是“知”“行”原本就是“一件”。既是“一件”而又要说“合一”，则是因为这一件事须借“知”“行”二字“方说得完全无弊病”。王阳明所谓“知行合一”，实质上是“知行同一”。所谓“知”“行”，不过是同一个工夫在其展开的过程性上所呈现的两个面向，所以是两个字说“一个工夫”。既然“知”“行”原本是一件，则显

①〔明〕王守仁：《传习录上》，《王阳明全集》卷一，吴光等编校，第5页。

②〔明〕王守仁：《答友人问》，《王阳明全集》卷六，吴光等编校，第233页。

然并无“先后”“轻重”之分别。在逻辑上，只要破除“知”“行”为“两脚”，则其“先后”“轻重”之说便一齐皆破。

知、行之间的同一性是如何可能的？既然知行只是一个“工夫”，我们就应当在“工夫”的意义上对这一点做出阐释，而避免诉诸概念上的纯粹理论辨析。“知是行的主意，行是知的功夫”，在日常生活中，人们之所以去做一件事并且以某种特定的方式去做，按照王阳明的观点，是必定以“知”为其“主意”的，即以“知”作为其行动的“主导意识”。“主意”本身在行为主体那里是作为一种“知”而存在的，并且正是“知”实际“主导”了行为的发生及以何种方式发生，因此，行为的全部过程就成为“知”的体现过程，所以说“知是行的主意”。另一方面，正由于行为的全部过程即是“知”的现实表达，是把“知”实现出来的现实手段，所以说“行是知的功夫”。由于“知是行的主意”，因而“知”即为行动或实践的一种内源性动力，是在它的主导之下才有行为的展开，所以“知是行之始”，是行为活动的开端；而行动或实践不过是“知”的外向呈现形态，既是“知的功夫”，也是“知”得以完整实现出来的经验方式，所以说“行是知之成”，是“知”的完成或实现形态。不论“知”还是“行”，在王阳明所阐明的意义上，任何一方，当被作为一个完整过程来呈现的时候，必然是同时涵摄另一方的，它们在过程性上是同时共在的。因此，王阳明又强调：“知之真切笃实处即是行，行之明觉精察处即是知。知行工夫，本不可离。”[①]人们对某事的“知”，如要达到“真切笃实”的地步，那么使“知”达于“真切笃实”的过程，即是“行”；人们对某事的“行”，如要做到“明觉精察”的地步，那么就必有“知”为之主导，“行”之至于“明觉精察”，即是“知”的实现。

王阳明是在“工夫”的意义上阐释“知行合一”，我们就需要将它还原于行为实践中。在宋明理学的一般语境中，“工夫”总是关乎人

①〔明〕王守仁：《传习录中》，《王阳明全集》卷二，吴光等编校，第47页。

们在经验状态下的行为或实践活动的。而需要强调指出的是，作为实践活动，“工夫”必然呈现出过程性。正是在“工夫”的过程性意义上，“知”“行”是作为过程性本身的统一性而呈现两个面向，它们是相互涵摄的一体两面，所以说“本不可离”。因此，我们遂为此下一断语：“知行合一”实质乃是“知行同一”。需要指明的是，“知行合一”在王阳明那里原本就是“工夫”，是把“心即理”这一人的本原性实在付诸实践，使之“真切笃实”“明觉精察”地呈现于现实人生之全部过程的必要方式。正是在这一意义上，“知行合一”充分体现了王阳明哲学的实践品格。但是，仅有这一总说显然是不够的，它只是关于“知行合一”之本原义的总体提挈。要进一步阐明“知行同一”之所以可能的本原性根据，则需要切入“知行本体”的层面。为此，我们便基于总说而“分别说”，切入“知”的四重向度。

三、“知”的多重内涵及其与“行”的同一性

王阳明曾一再表示，他之所以提出“知行合一”，一方面是为了“补偏救弊”，因病发药，另一方面，“知行本体”也原本如此。他说：

> （知行合一）不是某凿空杜撰，知行本体原是如此。今若知得宗旨时，即说两个亦不妨，亦只是一个。若不会宗旨，便说一个，亦济得甚事？只是闲说话。①
>
> 此（知行合一）虽吃紧救弊而发，然知行之体，本来如是。非以己意抑扬其间，姑为是说，以苟一时之效者也。②
>
> 某今说知行合一，虽亦是就今时补偏救弊说，然知行体段，亦本来如是。③

“知行合一”的揭示，不只是为了补偏救弊以匡正时风之缺陷，更

①〔明〕王守仁：《传习录上》，《王阳明全集》卷一，吴光等编校，第5页。
②〔明〕王守仁：《传习录中》，《王阳明全集》卷二，吴光等编校，第48页。
③〔明〕王守仁：《答友人问》，《王阳明全集》卷六，吴光等编校，第232页。

是因为“知行本体”原是如此。此既为权宜，亦为究竟。然则什么是“知行本体”？今人见“本体”二字，便往往作哲学上的“玄想”。其实在王阳明那里，所谓“本体”，就是“本来体段”之意。所谓“体段”，在理学基本语境中，也只是“模样”之意。如《朱子语类》载：“问：李先生谓颜子‘圣人体段已具’。‘体段’二字，莫只是言个模样否？曰：‘然。’”[①]故所谓“知行本体”或“知行体段”，是指知行的本来样子、本原状态。“知行本体原是如此”，就知行的本原状态而言，它们原本就是同一的。知行是人的活动，因此王阳明对知行之本原意义上的同一性之追寻，是以人作为生命存在自身的完整性与统一性为开端的，并由此而揭示了四重向度上的“知行合一”之义。

（一）“知”为“知觉”义而言“知行合一”

在王阳明那里，人心原是个“灵明”，原本是“虚灵明觉”的，是具有自我觉知的本原能力的。“知觉”是心体自身之存在的自我证明，是它之所以为“虚灵明觉”的自我体现，故“知觉便是心”。王阳明说：“心不是一块血肉，凡知觉处便是心。如耳目之知视听、手足之知痛痒，此知觉便是心也。”[②]这里的“知觉”，是专就人对于自我身体的某种感觉、某种需要的自我觉知而言的。比如“我口渴”，其实也就是说：我“知觉”到了自己口渴，或心灵对于“口渴”这一身体状态有了一种“知觉”。尽管这种“知觉”是为他人所知的，但对于一个正常的、心身健全的人来说，如果这一“口渴”的“知觉”是千真万确的，那么他就一定会去找水喝；如果他只是说“口渴”，可水在眼前却不喝，那么我们也就可以判断：此人并不是真的“口渴”。在这一例子中，“知口渴”即是“知”，喝水即是“行”；喝水是口渴的真实体现，因此“行”是“知”的现实表达，所以“知行合一”。王阳明又说：

---

①〔宋〕黎靖德编：《朱子语类》卷二十四，王星贤点校，第569页。

②〔明〕王守仁：《传习录下》，《王阳明全集》卷三，吴光等编校，第138页。

又如知痛，必已自痛了，方知痛；知寒，必已自寒了；知饥，必已自饥了。知、行如何分得开？此便是知行的本体，不曾有私意隔断的。①

心体自身的“知觉”必然导致相应的外在行为，知渴则必饮，知饥则必食，知寒则必衣，正常的健全生命自有其由内向外、内外一致的本然秩序，这一“不曾有私意隔断的”生命本然秩序，“便是知行的本体”。由此可见，所谓“知行本体”，正是指内在之知觉必见之于外在之行为这一生命存在的本然真实状态。人的存在，在其心身健全统一的意义上，正如《中庸》所谓“诚则形，形则著”，“诚于中，形于外”，凡实有诸内，则必体现于外，心身内外原是一致。这一“知行本体”或知行“本来体段”的揭示，表明王阳明是十分清楚明白地把生命存在的本原性真实状态确立为“知行合一”的根本基础的，因此，“知行合一”遂成为一个生存论命题，是与人的现实生存及其存在性的真实表达直接相联系的。

就心体的“知觉”而言“知行合一”，这一意义往往被今天的研究者所忽视，正是这一“知行本体”的揭示，才使“知行合一”建立于生命存在的本原性基础之上，并同时揭橥这样一种基本事实：一个人的外在行为活动是取决于其内在的心灵状态、精神状态、意识状态、知觉状态的，作为外观而显现出来的行为活动之整体（包括语言、行动、态度、方式等等），总是其内在精神状态的体现。因此，从一个人的行为外观来对其内心的真实状态做出判断是可能的。孔子谓“听其言而观其行”（《论语·公冶长》），又谓“视其所以，观其所由，察其所安，人焉廋哉”（《论语·为政》），又谓“先行其言而后从之”，“古者言之不出，耻躬之不逮也”（《论语·里仁》），等等，实际上都已经在强调心身活动的本原性同一。只有“诚于中，形于外”的心身内外活动的同一性，才合乎生命存在的本原秩序，才标志了人自身存在的本然真实。王阳明以“知

①〔明〕王守仁：《传习录上》，《王阳明全集》卷一，吴光等编校，第4页。

觉”言“心”，以“知觉”之真实言“行”，虽其言似“形下”，而实则充分强调了心对于身的主宰作用，强调了心身统一的生命秩序，体现了对于人的存在本原性关切。在这一意义上，“知行合一”不仅体现了生命存在的本然实在状态，并且是实现这一真实生命的必要途径或方式。

（二）“知”为“感知”义而言“知行合一”

“知觉”意义上的“知行合一”，在王阳明所预设的意义上，主要是就个体自我之本原的心身秩序而言的。“知是心之本体，心自然会知”，“知觉”是心体自身的本原能力，是确认其自体实在的本原方式。正因心有“知觉”，便必有“感知”。“感知”是“知觉”的对外运用，是心体把自己与外在对象连通为整体的经验方式。自我心身与世界对象的交往，既是心在特定情境中的对象性“发散”，也是对象的向内“收敛”，此“发散”与“收敛”之际，既是“感知”，也是“感通”。这实际上是人实现其现实生存的基本方式。

就日常生活而言，我们无时不处于各种各样的“对象性交往关系情境”中。与人的交往、与事物世界的交往、与形而上的“超越性”对象的交往、与内在“真己”的交往……只要自觉的生命活动存在，那么“对象性交往关系情境”就必然存在。人的现实生存，只能是在各种各样的“对象性交往关系情境”中实现的。“对象性交往关系情境”既是“我”得以呈现、表达、体现、实现的基本经验场域，也是“我”的存在性及其存在的意义与价值得以实现的基本经验场域。正是在这一场域中，“感”使“我”的恰当表达成为可能。

“感”是感官的自觉运用。在特定的“对象性交往关系情境”中，人们既通过感官活动把外在世界中的交往对象摄入内心，使之成为意识世界的构成部分，同时也通过感官活动把自己向交往对象开放。交往关系的实现，必以感官与对象的交感过程为基本途径。这一交感过程，从“我”的方面来说，感官活动在特定的“对象性交往关系情境”中的自觉运用，即是“行”；交往对象因被感官所摄入而成为意识的部分，即是“知”；“感知”作为一个过程的整体，是“寂感神应”，瞬间而同时实现的，因此是“知行合一”。王阳明举例说：

> 《大学》指个真知行与人看，说“如好好色，如恶恶臭”。见好色属知，好好色属行；只见那好色时，已自好了，不是见了后又立个心去好。闻恶臭属知，恶恶臭属行；只闻那恶臭时，已自恶了，不是闻了后别立个心去恶。如鼻塞人，虽见恶臭在前，鼻中不曾闻得，便亦不甚恶，亦只是不曾知臭。就如称某人知孝、某人知弟，必是其人已曾行孝行弟，方可称他知孝知弟。不成只是晓得说些孝弟的话，便可称为知孝弟？①

《大学》说“如好好色，如恶恶臭”，王阳明对它做了“情境还原”，将它放置到人的“对象性交往关系情境”中加以解释，认为是“指个真知行与人看”。所谓“真知行”，也即是“真实的知行状态”，即是知行“本体”；“见好色”而“知好色”，乃是即感即知；“知好色”而“好好色”，乃是即知即行，故谓“知行合一”。我想补充的是：“见”“闻”作为感官活动，在特定的对象性交往关系情境之中，是“我”的心体本然之知的对象性运用。在这一意义上，作为“心之本体”的“知”即被体现为“感”的现实活动，也即是“行”；“感”之“行”是心体本然之“知”的表达方式，故为“知行合一”。就对象而言，因它成为“我”的“感”的对象，则其自身的存在状态便即刻转变为“我”的“知”，是为即“感”而“知”，故“感知”的过程，正是“知行合一”的过程。应“感”而“知”，即“感”即“知”，虽然仍然可能存在着所谓“逻辑上的”先后关系，但就其在“对象性交往关系情境”中得以实现的实际情况而言，的确是“寂感神应”，无前无后无中间，知行的存在是具有共时性的。在“感知”意义上讲“知行合一”，其实儒学中有

①〔明〕王守仁：《传习录上》，《王阳明全集》卷一，吴光等编校，第4页。

其丰富的固有思想资源。如《易》说“感而遂通天下之故”，如果我们把“感”理解为“行”，那么“通天下之故”无疑是由“感”而实现出来的“知”。故“感通”之际即是“知行合一”。

“知觉”与“感知”呈现为“知行合一”，被王阳明阐释为生命存在的本原状态，是生命实现其存在性真实表达的一种原在秩序。因此，人的生命存在既然原本是“知行合一”的，只要人们在“感知”之际，不以任何私意、私心、私欲去“隔断”心体自身的本然秩序，知行的本原性同一就会作为生命存在的真实状态而得到体现，对象性存在的真实状态就能得到真实还原，而生存的意义与价值才可能真实地建立起来。因此，“知行合一”便需要被扩充到底，体现于现实人生的全部对象性交往关系情境，从而实现出存在的本原性真实。王阳明说：

> 知是心之本体，心自然会知。见父自然知孝，见兄自然知弟，见孺子入井自然知恻隐，此便是良知不假外求。若良知之发，更无私意障碍，即所谓“充其恻隐之心，而仁不可胜用矣”。然在常人，不能无私意障碍，所以须用致知格物之功，胜私复理，即心之良知更无障碍，得以充塞流行，便是致其知，知致则意诚。①

基于心体之“知”的本原能力，“见父自然知孝，见兄自然知弟，见孺子入井自然知恻隐”，都是特定的对象性交往关系情境中由“感”而“知”的“知行合一”之例证，其情形与“好好色”“恶恶臭”是一致的，尽管其“知”的实际内容可有差别。“感”是良知（心体）本然之“知”的对象性运用，在运用过程中，若“无私意障碍”，而使心体之“良知”能以其本身原在的状态来如实表达与体现，那么其呈现的方式便必是“知行合一”的。因此，在特定的对象性交往关系情境中，人自身的存在、对象的存在、交往关系的存在等等，就都能依其本然的真实状态来获得表达，则心—身—意—知—物的完整统一性就会作为一个事实而呈现

① 〔明〕王守仁：《传习录上》，《王阳明全集》卷一，吴光等编校，第7页。

于主体的心灵世界。但在常人，因难保其“无私意障碍”，所以须用“诚意”工夫。在王阳明看来，正是私意、私欲的介入，事实上造成了心体（良知）自身之真实表达的“障碍”与“隔断”，从而无法确保“知行合一”的“充塞流行”。

值得特别注意的是，在王阳明那里，“知行合一”是心体自身的本然实在性在经验的“对象性交往关系情境”中得以如实体现的本然方式，也是实现生命真实存在的方式。私意的介入而“障碍”“隔断”了心体自身之“知”的真实表达，也就破坏了心身统一的本然秩序，造成了心身的二重分裂，或谓之“心身灭裂”，这就谈不上生存的意义与价值了。因此，以“感知”义而揭示“知行合一”，便不只是揭示了生命活动的自身真实状态，更是以此为个体之现实的生存世界与价值世界的建构方式。心—身—意—知—物的一体化，本质上即是“知行合一”所建构的个体的生存世界，也是其意义世界与价值世界。因此，“诚意”与否决定了知行“合一”与否，知行“合一”与否，决定了个体自身的存在性及其存在的意义与价值能否得以真实体现。正是在这一意义上，“知行合一”说充分体现了王阳明对于人的存在的生存论关切。

（三）“知”为“知识”义而言“知行合一”及“行”的隐显二维

“感知”是人置身于对象性交往关系情境实现其自身表达的一般方式。把一般的对象性交往关系情境限定于“认知交往关系情境”，则“感知”转变为知识过程。因此“知行合一”原本就包含“知识论”意义，正是在“知识论”意义上，“知行合一”在对治朱熹“知先行后”而分知、行为“两脚”之弊病的同时，发展了中国古代的知识论。

“知行”本来就是作为一个知识问题而呈现于中国古代思想史的。作为一对范畴的最早出现，应是《尚书·说命》的“非知之艰，行之惟艰”。二程、朱熹所论，也多涉及此二句。仅就此二句而论，既以“知”“行”对举，显然是分“知”“行”为二。但也正因“知”“行”

为二，所以须明其相互关系。“知”先“行”后、“行”重“知”轻，程、朱关于知行之基本关系的论断，正可以从《尚书》的这两句话中直接引导出来。程颐在谈到这一问题时曾说：

> 故人力行，先须要知。非特行难，知亦难也。《书》曰“知之非艰，行之惟艰”，此固是也，然知之亦自艰。譬如人欲往京师，必知是出那门、行那路，然后可往。如不知，虽有欲往之心，其将何之？自古非无美材能力行者，然鲜能明道。以此见知之亦难矣。①

这里显然是在讨论“知识”问题。按程颐之意，“知”之必先在于“行”，原是生活事实，如“欲往京师”，关于出哪个门、走哪条路这些“知识”是必须先具备的，否则“其将何之”？故谓“知”也不易。王阳明提出“知行合一”之后，人们议论纷纷，多所怀疑。如顾璘（1476—1545）也曾以“知路乃行”为例，对“知行合一”提出质疑。王阳明回答说：“必有欲行之心，然后知路。欲行之心即是意，即是行之始矣。路歧之险夷，必待身亲履历而后知。岂有不待身亲履历，而已先知路岐之险夷者邪？”②“必待身亲履历而后知路岐之险夷”，意思非常清楚，关于“路岐之险夷”的具体知识的获得，与“身亲履历”这一行动的过程，全然是相互同一的；而在“身亲履历”之前的关于“路岐之险夷”的知识，皆非“真知”，所以说“真知即所以为行，不行不足谓之知”。这一“行路”的问题，王承裕（1465—1538）也曾对王阳明提出过质疑，同样认为关于目的地的“知识”先须具备，如往大都，“使斯人不识大都所在而泛焉欲往，其不南走越而北走吴，几希矣”，然王阳明说：

> 夫不辞险阻艰难，决意向前，此正是诚意之意。审如是，则其所以问道途、具资斧、戒舟车，皆有不容已者。不然，又安在其为决意向前，而亦安所前乎？夫不识大都所在而泛焉欲往，则亦欲往而已，

①〔宋〕程颢、程颐：《河南程氏遗书》卷十八，《二程集》，王孝鱼点校，中华书局1981年版，第187页。

②〔明〕王守仁：《答顾东桥书》，《王阳明全集》卷二，吴光等编校，第47页。

未尝真往也。惟其欲往而未尝真往，是以道途之不问、资斧之不具、舟车之不戒，若决意向前，则真往矣，真往者，能如是乎？①

在王阳明看来，如“真往”而不只是“欲往”大都，那么“斯人”就必然会通过一系列的行动来获得关于大都的知识，“问道途”“具资斧”“戒舟车”之类的实际之“行”便“皆有不容已者”，而此一系列的“行”，就正是获得关于大都之“知”的确切的实践过程。“如人走路一般，走得一段，方认得一段；走到歧路处，有疑便问，问了又走，方渐能到得欲到之处。”②

以上例子表明“知行合一”原是具有知识论意义的。从理论上说，只有把知识论涵摄在内，“知行合一”作为一个命题才可能获得逻辑上周延的自洽性，否则，就不可能具有理论上的普遍有效性。就“知行合一”的知识论义域而言，王阳明的特殊之处，正在他基于人自身生命活动之本然真实状态的揭示，而重新考察了知识活动，从而揭示了知识与实践在过程上的同一性，把知识转化为实践，把实践统一于知识。知识与实践的过程性同一，既是合乎生命活动的本然真实状态的，因此它就成为知识——实践之双向互动的“应当”。正是由于“应当”的导出是基于生命之本然真实的，“应当”的实施便即成为生命自身真实存在性的实现方式。③因此之故，作为命题的“知行合一”，实际上便蕴含了本体与工夫的统一、实然与应然的统一、知识与实践的统一、存在与价值的统一。知识—实践互动的整体过程，则正因其成为生命本然实性的体现而获得其整全意义。

“真知”概念的提出，最能体现“知行合一”之于中国知识论的价值。东汉王充在《论衡》中曾提出“知实”与“实知”，强调知识活动以获得关于事实认知的“实知”为目的，但“实知”的获得必以“知实”为前提，而“知实”则是受到各种知识条件的制约的。王充“疾虚妄”的精

①〔明〕王守仁：《答王天宇二》，《王阳明全集》卷四，吴光等编校，第184页。

②〔明〕王守仁：《传习录上》，《王阳明全集》卷一，吴光等编校，第23页。

③这里涉及所谓“休谟问题”，此处不做展开。

神，使他能够在知识论域中突破前人，但对后世影响不大。王阳明的“知行合一”，在作为知识活动的意义上，则充分强调了人的实践活动之于“真知”的相互促成关系：“真知”既是实践活动的内源性动力，须借行为实践来表达其自身，而实践在表达“真知”的同时，又使“真知”得以进一步扩充。无“真知”为之主导的行为活动，只是“冥行”；不能付诸实践的知识，只是“妄知”。正是在知、行为一体两面且作为实践过程的同一性意义上，“知行合一”便是实现“真知”的根本道路，“真知”则是“知行合一”的必然结果。就此而言，则“知行合一”之说，实为王阳明关于“真理”观念的典范性表述；“知行合一”工夫，便是求取真理之途。

王阳明“知行合一”的知识论内涵，前文已然阐述清晰。王阳明的“知行合一”之说，其实是充分吸取了不同的思想资源而予以重新整合的结果，也可以说是关于中国不同思想体系中的知行观念的理论总结，是有其充分理据的。

中国古典文化十分关注人的现实存在及其情感表达的真实性。《尧典》谓“诗言志”，突出人的内在之“志”与“诗”之间的本原性同一关系。历来对于“志”的解释是“心之所之”，不过我主张改一个字：“心之所在”谓之志。心之所在之“志”，显然是一种“自知”状态，“诗”作为语言行为，即是内在之“志”（知）的表达或体现。诚如南宋蔡沈所说：“心之所之谓之志。心有所之，必形于言，故曰‘诗言志’。”[①]“心有所之”而“必形于言”，即已然包含“真知之必出之以行”的意思。虽曰“非知之艰，行之惟艰”，在孔子那里，其试图统一“知”“行”的思想倾向是显著的，尽管他并未揭示“知行合一”。《论语》“学而时习之”为开篇首句，窃以为实有统领全书之意。“学”无疑是求取知识的活动，孔子“学无常师”“不耻下问”“学而不厌”，向文本学（“文武之

---

①〔宋〕蔡沈：《书经集传》卷一，〔清〕永瑢、纪昀等：《景印文渊阁四库全书》（第58册），台湾商务印书馆1986年版，第13页。

政布在方策”）、向他人学（“三人行必有我师”）、向历史学（“温故而知新”）、向现实学（“吾欲观夏道是故之杞”云云），所有这些“学”，我们的确无法想象是不体现为实际的行为活动的。因此，“学”的确是一种行为活动，同时也是一种知识活动。由“学”而“知”，即是行为与知识的统一；而所谓“习”，原是“实习”“实践”之意，是“知”的实际运用，即是知识与行为的统一。因此，在“学而时习之”一句中，已然内含“知行合一”之意。且如“温故而知新”，“温故”即是“行”，“知新”则是“温故”的结果，“温故”的行为活动与“知新”的结果实现，两者无疑呈现为过程上的同一性。王阳明曾经解释说：“惟夫‘知新’必由于‘温故’，而‘温故’乃所以‘知新’，则亦可以验知行之非两节矣。”[①]孔子曰：“盖有不知而作之者，我无是也。”“作”即是“行”。“不知而作”，只是妄行；既是妄行，焉有真知？“我无是也”，即无“不知而作”之弊，则孔子之所行，无非真知的体现，是“真知即所以为行”也。

以上略举二三例，表明孔子有丰富的“知行合一”的思想资源。司马迁记孔子之言曰：“我欲载之空言，不如见之于行事之深切著明也。”[②]孔子重行，“行事”较之于“空言”是尤为“深切著明”的，所以他也倡导“先行其言而后从之”。重视心身统一、内外一如，是儒家最为核心的根本教义之一，故孔孟无不以“反思”为确保心身一如的日常工夫。凡言“三省”“内自省”“求诸己”“反求诸己”“内自讼”“反身而诚”等等，所强调的只是一个意思：要确保自我的全部行为活动契合于内心的真实状态，心身合一。在孟子那里，心身合一即是“诚”，所以他说“反身而诚，乐莫大焉”。若经由心灵对于自我全部身体活动的反思，结果发现行为与心灵本身契合无间、原为一体，则“乐莫大焉”。而在王阳明那

①〔明〕王守仁：《答顾东桥书》，《王阳明全集》卷二，吴光等编校，第58页。

②〔汉〕司马迁：《太史公自序》，《史记》卷一百三十，中华书局1982年版，第3297页。

里，“知行合一”正是“诚意”的工夫。

若稍广而言之，佛教中也有丰富的“知行合一”的思想资源。天台宗有“止观双修”之说，[①]以“止观二法”为入于涅槃的最为急要之途径。智者大师曾说：“止乃伏结之初门，观是断惑之正要；止则爱养心识之善资，观则策发神解之妙术；止是禅定之胜因，观是智慧之由藉。”所以止观二法，“如车之双轮，鸟之两翼，若偏修习，即堕邪倒。”[②]止是禅定，观是般若；禅定是行，般若是智；由定发智，行即是智；智由定生，智即是行。在智者大师那里，当他特别强调“由定发慧”之时，实质便已然强调了禅定之行与般若之智在过程上的同一性，是定慧合一。唐朝梁肃在《删定止观》中说：“夫非知之难，行之惟难。若知而不行，如蛇怀珠，虽有光耀，于蛇何益！”“知而不行”，虽有光耀，终归无益，则知之必行之意已然明显。北宋知礼（960—1028）弟子自仁说：“智为行本，则行借智生；行能成智，则智借行成。行解相资，缺一不可矣。”[③]此虽在概念上仍以智、行为二，但强调“行借智生”“智借行成”，已经把智、行视为一体。就其表述而言，则与王阳明“知行合一”之说已是难分轩轾。

唐代之后，佛教中影响最大的是禅宗。慧能所说，其核心要义，确在乎“明心见性，见性成佛”而已。禅宗最重“工夫”，“明心”即是工夫，“见性”也是工夫。天台宗的“定慧均等修止观”，到慧能那里，便被直接转化为“定慧一体”。学佛之人，若既已自明本心，则便自现本性，如此即佛。若“不识本心，学法无益”[④]。能识心见性，便自成佛道。然明心之要，在于定慧，所以慧能说：“我此法门，以定惠（慧）为本”，“定惠体一不二。即定是惠体，即惠是定用；即惠之时定在惠，即

①董平：《天台宗研究》，上海古籍出版社2002年版。

②〔隋〕智顗：《童蒙止观校释》，李安校释，中华书局1988年版，第1页。

③宗晓编：《教门杂问答（智礼问，自仁答）》，《四明尊者教行录》卷三，《大正藏》（第46册），佛陀教育基金会1995年版。

④〔唐〕慧能：《坛经校释》，郭朋校释，中华书局1983年版，第15页。

定之时惠在定。善知识！此义即是定惠等。”[①]“定是慧体”，即行为知本；“慧是定用”，即知由行成；“定慧一体不是二”，即知行同一。以上表明，中国思想史上不同体系当中原本存在着丰富的“知行合一”的理论资源。知行问题在宋儒那里的讨论，较前人更为突出。前引张栻“知行相互发”之说，虽为朱熹所批评，但当时持此论者并非只张栻一人。吕祖谦曾说：“致知、力行不是两事，力行亦所以致其知，磨镜所以镜明。”[②]既谓知行“不是两事”，则便是“一事”；力行的同时即是致知，好比磨镜的同时即是镜明。吕祖谦此说，“知行合一”之意已是十分显著。

明初学者王祎基于朱熹的知行观而有所发明，他说：“既明于心，复征于身；知之行之，如车两轮；进而无息，乃底成德。厥德克成，圣贤为一。”[③]

王祎也熟知佛学。知行如“车两轮”之说，原是来自天台宗的观点，但王祎已经把它阐释为知行工夫了。早于王阳明的陈真晟说：“人于此学，若真知之，则行在其中矣。”周汝登曾评论说：“布衣（即陈真晟）谓真知则行在其中，知行合一之旨已萌芽于此矣。”[④]清初李颙也认为陈真晟的这一观点，乃“为后儒知行合一之倡，卓哉”[⑤]！周海门与李二曲把“知行合一”的首倡归为陈真晟，其实也失之偏颇。可知，中国思想史原本就存在着“知行合一”的丰富资源，但只有王阳明的“知行合一”才成为一个哲学命题，其内涵才得到了充分显化。

但知行的过程性同一、“知行是一个”、是“两个字说一个工夫”，这些一般性解释似乎并未完全尽了“知行合一”之义。《传习录》载：

---

①〔唐〕慧能：《坛经校释》，郭朋校释，第26页。

②〔宋〕吕祖谦编著：《丽泽论说集录》卷十，黄灵庚、吴战垒主编：《吕祖谦全集》（第2册），浙江古籍出版社2008年版，第260页。

③〔明〕王祎：《思学斋箴》，《王忠文公文集》卷十五，书目文献出版社1998年版，第278页。

④〔明〕周汝登：《圣学宗传·陈真晟》，《周汝登集》，张梦新、张卫中点校，浙江古籍出版社2015年版，第777页。

⑤〔明〕李颙：《观感录·剩夫陈先生》，《二曲集》，陈俊民点校，中华书局1996年版，第284页。

> 问“知行合一”。先生曰：“此须识我立言宗旨。今人学问只因知行分作两件，故有一念发动虽是不善，然却未曾行，便不去禁止。我今说个知行合一，正要人晓得：一念发动处，便即是行了。发动处有不善，就将这不善的念克倒了，须要彻根彻底，不使那一念不善潜伏在胸中。此是我立言宗旨。”①

这段对话的重要性，在王阳明确断了“一念发动处便即是行”，从而揭示了“行”的另一种内涵。凡通过眼耳鼻舌身诸身体活动所呈现的“行”，因为行为是外向呈现的，所以是“行”的显性维度，或显性之行；“一念发动处”，即人的意识、念虑、思维、情感等内在的精神活动，精神活动是隐性的、尚未显现的，所以是“行”的隐性维度，或隐性之行。我曾将隐性之行称为显性之行的“前形态”。②在王阳明那里，心身内外的一致性是作为生命存在的本原性真实而予以确认，并要求把这一生命自体的本然实性贯彻到底的，否则便谈不上人的真实存在。因此，他在理论上必然坚持隐显一体、显密不二。可经验的外在行为，不过是“一念发动”之“行”，或“行”的隐性维度的外向显发或其实现形态，实不外乎“行”的存在状态发生了场域迁移而已。不论内外、隐显，知行在过程上的同一性则全然略无二致。

（四）“知”为“良知”义而言“知行合一”

“知行合一”的知识论向度，实际上是把“对象性关系情境”限定于“认知关系情境”来审察“感知”过程的真实状态，因而对象的实在状态在心体本身被还原为“知识”。“知识”即是对象在特定的关系情境之中向主体开显的实在本身。由于人的存在所处的对象性关系情境具有共性，因此“知识”尽管无不经由“经验”产生，但可以被他人在相同或类似情境中加以验证，从而形成“积累”与“传递”。纯粹“经验”尽管相对于

---

①〔明〕王守仁：《传习录下》，《王阳明全集》卷三，吴光等编校，第109—110页。

②董平：《王阳明哲学的实践本质——以“知行合一”为中心》，《烟台大学学报（哲学社会科学版）》2013年第1期。

特定情境中的个体是“真实”的，但不具有共享性，因而也无法形成“积累”与“传递”。但人的现实生活情境，显然不只是“认知关系情境”，还有如伦理（道德）的、情感的、审美的等等，都构成日常生活中的对象性关系情境。人的现实生存全然是在各种各样的对象性关系情境中来实现的。然不论处于何种情境，要求于当下情境中将心体自身之本然实在状态通过眼耳鼻舌身的行为活动如实地呈现，则是全然没有差别的。心体自身之本然实在状态的如实呈现，即是“知行合一”；在将心体自身之本然实在状态领会为“良知”的意义上，“知行合一”即转为“致良知”。因此，“知行合一”被贯彻于人的现实生存的全部场域的终穷究竟极说，是为“致良知”。

“良知”即天道、天理、本心，即自性，是真正的“天人之际”的现实关键，是人作为生命存在的本原性实在。一切知识、情感、理性、道德、审美等等，皆由此出。作为本原性实在，良知本体只是个“未发之中”，它总是以其“常惺惺”的“自知”来确认其如实的自在的。凡个体在经验的对象性关系情境中确保其良知的真实呈现，则现实性上即是“和”的实现。因此，良知本体即是大中至正之体，是为“中体”。“致良知”即是“致中和”。良知本体不是“知”，却无知无不知；良知本体“无善无恶”，却是知善知恶、善善恶恶；良知本体无是无非，却是知是知非、是是非非，而成为现实性上一切知识之真妄、情感之虚实、道德之善恶的终极尺度。故良知即是“至善”。“致良知”的实地践履，既是个体之本原生命的实现，是人道价值的实现，同时也是天道的本原实在性及其价值的实现。“致良知”之极致，是“人与天下万物为一体”“天地万物一体之仁”的实现，而这也是“心即理”这一关于人的存在的原初预设在现实性上的终极境界。个体的生存只因其良知的实现而达成其存在的本原性真实，并因此而实现其生存境界的超越性转进。

上论“知行合一”的四重向度，是基于“知行合一”即为“知行同一”之总说而予以分别说，实则四重向度本原上只是一重向度，只是“心身一元”而已。虽所述详略不同，如“致良知”未做展开，但“知行合一”需要贯彻于个体现实生存的全部场域，此义已然显著。在王阳明那里，“心即理”或“圣人之道吾性具足”的洞达，在理论上成为他关于人的存在之本真状态的原初预设，是为生命之实相；因此在现实性上，这是需要个体在其主体世界加以自觉肯认的“先验真实”，是即为“立志”。在经验世界的诸多对象性关系情境之中将此“先验真实”转化为“经验事实”，即是人的使命；实现这一使命的唯一手段或方式，即“知行合一”；“知行合一”之通达于人生全部场域的终极原理，则是“致良知”。在王阳明的自身语境之中，“知行合一”的完整内涵，实质上是关于人作为生命存在之整体的完整性、统一性、一元性在经验世界中得以实现的根本原理，是人的存在及其意义与价值之自我证明与实现的唯一有效的经验方式。因此，“知行合一”实质上是一个生存论命题，充分体现了对于人的现实生存之免于“心身灭裂”的本原性关切。

（原载《社会科学战线》2019年第2期）

阳明学“四句教”解读与评论之思想史考察

□ 汪学群[1]

摘要：“四句教”是王阳明晚年对自己思想的高度概括，以往学术界关于“四句教”的研究，大都侧重于文献的考证与辨析或哲学的诠释与反思。这里仅从钱德洪“四有”与王畿“四无”、王阳明对“四句教”的完整解读，以及阳明后学的评判与论争三个方面，做一思想史意义上的考察，追述他们之间在这一问题上的分歧与对立。同时通过对有与无、渐修与顿悟、后天之学与先天之学，以及本体与工夫范畴的分析，附带揭示“四句教”之要义。

关键词：阳明学　四句教　四有与四无

嘉靖六年（1527）九月，王阳明身兼都察院左都御史准备出征广西思恩、田州二地，临行前恰巧赶上两位弟子钱德洪与王畿论学，钱氏提出所谓的“四有”，王氏则提出所谓的“四无”，二人争执不下并请教于老师王阳明，王阳明大体以平衡两说做出回应，提出完整或广义的“四句教”。[2]因此事发生在绍兴天泉桥上，史称“天泉证道”，《传习录》《阳明先生年谱》《天泉证道记》等文献都有相关记载。以往学术界对“四句教”多有研究，但主要集中在文献的辨析或哲学的诠释，而本文侧重从钱氏“四有”、王氏“四无”的提出，王阳明的“四句教”回应与解读，以及阳明后学的评论三个方面，做一思想史意义上的考察，试图还“四句

---

①汪学群，北京师范大学历史学院特聘教授、中国社会科学院古代史研究所二级研究员、中国社会科学院中国思想史研究中心研究员。

②关于“四有”与“四无”的概念，有些学者认为是王畿《天泉证道记》提出的，其实王阳明《言行录汇辑下》也明确提及，阳明后学则广泛运用，为了讨论方便，姑且使用这对范畴。而这里使用的“四句教”非“四句为教法”（狭义“四有”），也包括“四无”。

教”思想史之要义。

一、钱德洪“四有”、王畿“四无”的提出

《传习录》记载，王畿提到王阳明的教诲，概括为“无善无恶是心之体，有善有恶是意之动，知善知恶是良知，为善去恶是格物”。钱德洪问道：“此意如何？”王畿答道：“此恐未是究竟话头。若说心体是无善无恶，意亦是无善无恶的意，知亦是无善无恶的知，物是无善无恶的物矣。若说意有善恶，毕竟心体还有善恶在。”钱德洪说：“心体是天命之性，原是无善无恶的。但人有习心，意念上见有善恶在，格、致、诚、正、修，此正是复那性体功夫，若原无善恶，功夫亦不消说矣。”[①]钱德洪对王畿转述的“无善无恶是心之体，有善有恶是意之动，知善知恶是良知，为善去恶是格物”四句话可分为两个层面来解读：第一个层次为首句，意思是说心体无所谓善恶，也可以视为超越善恶，在这里心与性、性与天道合一，是原发之性存在于心中，属于形而上，是先天或超验的。第二个层次是后三句，则有了善恶，这已经不是心体，心与性、性与天道一分为二，属于形而下，进入后天或经验的气化阶段，可能会出现恶障蔽心体，此时就要用工夫使之回归本体，达到两者的一致。具体而言，后三句的第一句，意念的萌动才有善恶，有了善恶首先要以良知来知晓善恶，其次才是为善去恶，而这便是格物的工夫，性本善从潜在转变为现实，这就是所谓的“四有”。王畿认为“四有”恐不符合王阳明之教，于是提出“心体是无善无恶，意亦是无善无恶的意，知亦是无善无恶的知，物是无善无恶的物”另外“四无”与之对立。在他看来，既然心体是无善无恶的，那么与此相关的意知物也应该是无善无恶的，因此反对意有善恶、心体却无善无恶之说，这一主张实际上强调本体即工夫。钱德洪认为，心体原本无所谓

---

①〔明〕王阳明：《传习录下》，《王阳明全集（新编本）》（第1册），吴光等编校，浙江古籍出版社2010年版，第128页。

善恶或超越善恶，因人心受后天习染影响，意念萌发之中表现出善恶，因此才需要《大学》所谓的格物、致知、诚意、正心、修身等工夫以恢复其本心，倘若没有善恶，工夫则变得无意义，这是强调工夫即本体。

《年谱》嘉靖六年（1527）九月条记载："畿曰：'先生说知善知恶是良知，为善去恶是格物，此恐未是究竟话头。'德洪曰：'何如？'畿曰：'心体既是无善无恶，意亦是无善无恶，知亦是无善无恶，物亦是无善无恶。若说意有善有恶，毕竟心亦未是无善无恶。'德洪曰：'心体原来无善无恶，今习染既久，觉体上见有善恶在，为善去恶，正是复那本体功夫。若见得本体如此，只说无功夫可用，恐只是见耳。'"①与《传习录》的记载除文字表述有所不同之外，意思大体相同，分别记录了所谓"四有"与所谓"四无"，又强调"四有"与"四无"涉及本体与工夫之辨。

再看《天泉证道记》的记载：王阳明之学，以良知为宗。"每与门人论学，提四句为教法：'无善无恶心之体，有善有恶意之动，知善知恶是良知，为善去恶是格物。'学者循此用功，各有所得。绪山钱子谓：'此是师门教人定本，一毫不可更易。'先生谓：'夫子立教随时，谓之权法，未可执定。体用显微只是一机，心意知物只是一事，若悟得心是无善无恶之心，意即是无善无恶之意，知即是无善无恶之知，物即是无善无恶之物。盖无心之心则藏密，无意之意则应圆，无知之知则体寂，无物之物则用神。天命之性，粹然至善，神感神应，其机自不容已，无善可名。恶固本无，善亦不可得而有也，是谓无善无恶。若有善有恶，则意动于物，非自性之流行，著于有矣。自性流行者，动而无动，著于有者，动而动也。意是心之所发，若是有善有恶之意，则知与物一齐皆有，心亦不可谓之无矣！'绪山子谓：'若是，是坏师门教法，非善学也。'先生谓：'学须自证自悟，不从人脚跟转。若执着师门权法以为定本，未免滞于

①〔明〕钱德洪：《年谱三》，王阳明：《王阳明全集（新编本）》（第4册），吴光等编校，第1317页。

言诠，亦非善学也。’”[①]这里首次把“四有”概括为老师的“四句为教法”，钱德洪认为遵循这一教法下功夫必然有所得，而且把此教法视为教人的根本，不可更易。王畿则反对把“四有”绝对化，认为老师立教随时，即根据不同情况做适当的改变。依“四有”，其中的体用显微只是一机（事物发生的枢纽），而心意知物只是一事，机与事两者分离，也即本体与工夫割裂，如此工夫流于外在，这不符合工夫内在之说。如果体悟“四无”，心意知物皆无所谓善恶或者说超越善恶，这就是天赋予人之性即粹然至善。而依“四有”出现第一句是无善无恶，后三句是有善有恶，显然前后矛盾。钱德洪则认为，王畿的说法有损于老师的教法，因此不赞同并予以批评。王畿则强调学贵在“自证自悟”，不要盲目跟从，有时对于老师的教法也要灵活运用，这才是真正善于学习。

《传习录》《年谱》和《天泉证道记》皆记载王学教人“四有”和“四无”之说，涉及心体及体现问题，心体无所谓善恶，超越善恶，本体与工夫一致，而其表现则有所谓的善恶，本体与工夫出现不一致，于是才有以工夫达于本体。《天泉证道记》始称“四有”为“四句教”，又强调对于老师教人宗旨应灵活理解而不可僵化。

表现上看，钱德洪“四有”与王畿“四无”第一句相同，其理解并不同。如钱德洪认为，心体只有一个，称善、至善、至善无恶、无善无恶皆可以。称善、至善人都坚信不疑，又为何有无善无恶之说？至善之体本身就无所谓善恶，因此是虚灵的，如同目对于明、耳对于聪。虚灵之体不可先有善，如同明不可先有色，聪不可先有声一样。目无一色才能尽万物之色，耳无一声才能尽万物之声，心无一善才能尽天下万事之善。论至善的人探索于事物之中而先求其所谓定理，并以此为应事宰物的准则，是虚灵之内先有善。虚灵之内先有善，如耳未听先有声，目未视先有色，是塞其聪明之用，窒其虚灵之体，并非至善。因此，王阳明说的“无善无恶者心

① 〔明〕王畿：《天泉证道纪》，《王畿集》，吴震编校整理，凤凰出版社2007年版，第1页。

之体”，针对后世格物穷理之学先有善而发，是“特因时设法，不得已之辞焉耳”[①]。换句话说，“无善无恶者心之体”有针对性且权宜之计，相较于无善无恶，他更赞同至善，至善是超越善恶，这是从源头上（先天）立论，讲的是心体。与此同时也承认善恶，这是从流弊上（后天）说的，讲的是心表现形式。又致王畿书写道：“日来论本体处，说得十分清脱，及征之行事，疏略处甚多，此便是学问落空处。”[②]“吾心本与民物同体，此是位育之根，除却应酬，更无本体，失却本体，便非应酬。苟于应酬之中，随事随地不失此体。”[③]在本体与工夫统一框架内，更重工夫，与他坚持的“四有”大体一致。

二、王阳明对“四句教”的回应与解读

钱德洪“四有”与王畿“四无”各执一词，于是请教王阳明，后者对两位弟子的争执有如下评判。

《传习录》记载王阳明对二人说：“我今将行，正要你们来讲破此意。二君之见正好相资为用，不可各执一边。我这里接人原有此二种：利根之人，直从本源上悟入。人心本体原是明莹无滞的，原是个未发之中。利根之人一悟本体，即是功夫，人己内外，一齐俱透了。其次不免有习心在，本体受蔽，故且教在意念上实落为善去恶。功夫熟后，渣滓去得尽时，本体亦明尽了。汝中之见，是我这里接利根人的；德洪之见，是我这里为其次立法的。二君相取为用，则中人上下皆可引入于道。若各执一边，眼前便有失人，便于道体各有未尽。”[④]从不同角度肯定两人的说法，认为“四有”与“四无”并不矛盾，所适用的范围不同，可以“相资为用”，所谓并行而不悖。这是对包括“四有”与“四无”在内的“四句

①〔明〕钱德洪：《复杨斛山书》，《徐爱　钱德洪　董沄集》，钱明编校整理，凤凰出版社2007年版，第157页。

②〔明〕钱德洪：《复王龙溪》，《徐爱　钱德洪　董沄集》，钱明编校整理，第150页。

③〔明〕钱德洪：《复王龙溪》，《徐爱　钱德洪　董沄集》，钱明编校整理，第151页。

④〔明〕王阳明：《传习录下》，《王阳明全集（新编本）》（第1册），吴光等编校，第128—129页。

教”全面完整的解读，因此反对把“四无”与“四有”片面化甚至走向极端。接着分别以两种人为例加以解读：首先“利根之人”，即天性聪明的人属于“四无”，从天赋人性本原处悟入人心，在未发时便是中，心与性、性与天道一致，本体与工夫统一，本体即工夫。其次“中根以下之人”，即一般人属于“四有”，本体受习染等遮蔽，心与性、性与天道一分为二，因此要下功夫，在意念上为善去恶，工夫尽到则本体自然显现，也就是说通过工夫复归本体，工夫即本体。一般人虽然有程度上的差异，但经过努力皆可回归本体，所谓殊途而同归，主张两种人并存。

《年谱》同条载：“德洪举与畿论辩请问。先生喜曰：‘正要二君有此一问！我今将行，朋友中更无有论证及此者，二君之见正好相取，不可相病。汝中须用德洪功夫，德洪须透汝中本体。二君相取为益，吾学更无遗念矣。’德洪请问。先生曰：‘有只是你自有，良知本体原来无有，本体只是太虚。太虚之中，日月星辰，风雨露雷，阴霾饐气，何物不有？而又何一物得为太虚之障？人心本体亦复如是。太虚无形，一过而化，亦何费纤毫气力？德洪功夫须要如此，便是合得本体功夫。’畿请问。先生曰：‘汝中见得此意，只好默默自修，不可执以接人。’”[①]与《传习录》稍有不同，没有“利根人”“其次立法”（中根以下人）等提法，而是使用良知来说明本体。良知本体只是太虚，无所谓有而无所不有，属于形而上领域，工夫属于自己，因此要钱用功透见本体，王直接体悟本体，进入形而上的境界，当然也离不开渐修，不是所有人都直接体悟本体，告诫不可以直悟本体来固执地要求所有人。

《天泉证道记》载：“吾教法原有此两种：四无之说，为上根人立教；四有之说，为中根以下人立教。上根之人，悟得无善无恶心体，便从无处立根基，意与知物皆从无生，一了百当，即本体便是工夫，易简直截，更无剩欠，顿悟之学也。中根以下之人，未尝悟得本体，未免在有善

①〔明〕钱德洪：《年谱三》，王阳明：《王阳明全集（新编本）》（第4册），吴光等编校，第1317页。

有恶上立根基，心与知物，皆从有生，须用为善去恶工夫，随处对治，使之渐渐入悟，从有以归于无，复还本体，及其成功一也。”[①]明确提出“四无”和“四有”，并把这两者与“上根人”和“中根以下人”相配合，“四无”之说为天生聪明的人立教，“四有”则为一般人立教。天生聪明的人悟得超越善恶的心体，意知物也同样超越善恶即无所谓善恶，在原初意义上本体与工夫一致，属于顿悟之学。一般人不能悟得心体，因此难免有善有恶，意知物之善恶必须通过为善去恶的工夫，透过渐修回归本体。这两种人尽管起点有所不同，但都能达到终点，本体与工夫一致，所谓殊途而同归。

《天泉证道记》接着写：世间天生聪明的人不易得，只得就一般人立教，通此一路。“汝中所见，是接上根人教法；德洪所见，是接中根以下人教法。汝中所见，我久欲发，恐人信不及，徒增躐等之病，故含蓄到今。此是传心秘藏，颜子、明道所不敢言者。今既已说破，亦是天机该发泻时，岂容复秘？然此中不可执着。若执四无之见，不通得众人之意，只好接上根人，中根以下人无从接授。若执四有之见，认定意是有善有恶的，只好接中根以下人，上根人亦无从接授。但吾人凡心未了，虽已得悟，不妨随时用渐修工夫。不如此，不足以超凡入圣，所谓上乘兼修中下也。汝中此意，只好保任，不宜轻以示人，概而言之，反成漏泄。德洪却须进此一路，始为玄通。德洪资性沈毅，汝中资性明朗，故其所得，亦各因其所近。若能互相取益，使吾教法上下皆通，始为善学耳。”[②]对于两位弟子的不同意见，王阳明皆予以肯定，“四无”适应于天资聪颖的人，“四有”适应于一般人。对于“四无”不敢阐发，怕人犯躐等之病，传心秘藏，含蓄而不发，现在说破算是泄露天机，对于“四有”指点凡心，随时用渐修工夫。执着“四有”和执着“四无”与他们各自的性格不同有

①〔明〕王畿：《天泉证道纪》，《王畿集》，吴震编校整理，第2页。
②〔明〕王畿：《天泉证道纪》，《王畿集》，吴震编校整理，第2页。

关，两者应该互补，互相取益、上下贯通，才是善学。王阳明对“四句教”全面完整的解读旨在平息弟子之间的争论。

另外，《言行录汇辑》也有相关记载，以下再引几条。王阳明之学以良知为宗，每当与门人论学，指出“无善无恶心之体，有善有恶意之动，知善知恶是良知，为善去恶是格物”，以此四句为教法。钱德洪认为，这是老师教人的定本，丝毫也不可更改。王畿则主张，老师立教随时，未可执定。体用显微，只是一路，不过是“悟得心是无善无恶之心，意即是无善无恶之意，知即无知之知，物即无物之物。”如果意知物有善恶，那么心就不能说无善恶。钱德洪认为，如此则是坏师门教法而非善学。王畿认为，“学须自证自悟，不从人脚跟转”①。反对片面地理解老师的教法。

又嘉靖六年（1527）秋，钱、王二弟子人因各以所见请教，王阳明说：“吾教法原有此两端。四无之说，为上根人立教；四有之说，为中根以下通此一路。汝中所见，我久欲发，恐人信不及，徒起躐等之病，故含蓄到今。今既已说破，岂容复秘？然此中不可执着。若执四无之见，中根以下人无从接授；若执四有之见，上根人亦无从接授。德洪资性沉毅，汝中资性明朗，故其悟入亦因其所近。若能各舍所见，互相取益，使吾教法，上下皆通，始为善学耳。”②反复重申“四无”与“四有”的适应范围，“四无”为天资聪明人立教，“四有”为一般人立教，告诫“二人正好互相为用，弗失吾宗”。由于王畿和钱德洪分别执着于“四无”和“四有”，对立并没有因此而消弥，反而开门户之争，后来演为良知现成派、良知修正派等。

再引一条：王阳明平两广，钱德洪、王畿二人送至富阳。王阳明说：我将要走了，你们何不说一说各人所学。钱德洪说：“至善无恶者心，有善有恶者意，知善知恶是良知，为善去恶是格物。”王畿说：“心无善而

①〔明〕王阳明：《言行录辑要下》，《王阳明全集（新编本）》（第5册），吴光等编校，第1672—1673页。

②〔明〕王阳明：《言行录辑要下》，《王阳明全集（新编本）》（第5册），吴光等编校，第1673页。

无恶，意无善而无恶，知无善而无恶，物无善而无恶。”[①]王阳明笑说，钱德洪需要意识到王畿所言的本体，王畿也应该意识到钱德洪所讲的工夫，你们两打并为一，也即本体与工夫相结合，就不失我传了。

《传习录》《年谱》《天泉证道记》《稽山承语》《言行录汇辑》主要记载了王阳明的回应与解读，即所谓“四有”与“四无”并不矛盾，而是相互补充、相辅相成，完整全面地理解“四句教”。这里又进一步涉及本体与工夫之辨，“四有”重在工夫，“四无”强调本体，“四有”通过渐修工夫而达于本体，“四无”则直接透见本体，立脚点有所不同，但本体与工夫一致。

王阳明虽然画定“四句教”中“四有”和“四无”的适用范围，但他更强调“四有”，认为这才是其教人的根本。

《传习录》说：“已后与朋友讲学，切不可失了我的宗旨。无善无恶是心之体，有善有恶是意之动，知善知恶的是良知，为善去恶是格物，只依我这话头随人指点，自没病痛。此原是彻上彻下功夫。利根之人，世亦难遇，本体功夫，一悟尽透。此颜子、明道所不敢承当，岂可轻易望人！人有习心，不教他在良知上实用为善去恶功夫，只去悬空想个本体，一切事为俱不着实，不过养成一个虚寂。此个病痛不是小小，不可不早说破。”[②]告诫两位弟子，与朋友讲学切不可失去“四句教”宗旨，尤其是“四有”，要根据不同的人随时指点，做彻上彻下的工夫。由此来看，更重视一般人，因为天生聪明之人毕竟是少数，本体与工夫体悟得透者更是难寻。人生总要受习染的影响，应教在良知上下功夫为善去恶，离开工夫空悬本体，于修身成圣毫无意义。在本体与工夫关系上，强调由工夫见本体或者说本体由工夫而显，并非抽象的空谈本体。

《年谱》同条载：“上根之人，世亦难遇。一悟本体，即见功夫，物

①〔明〕王阳明：《言行录辑要下》，《王阳明全集（新编本）》（第5册），吴光等编校，第1676页。

②〔明〕王阳明：《传习录下》，《王阳明全集（新编本）》（第1册），吴光等编校，第129页。

我内外，一齐尽透，此颜子、明道不敢承当，岂可轻易望人？二君已后与学者言，务要依我四句宗旨：无善无恶是心之体，有善有恶是意之动，知善知恶是良知，为善去恶是格物。以此自修，直跻圣位；以此接人，更无差失。’畿曰：‘本体透后，于此四句宗旨何如？’先生曰：‘此是彻上彻下语，自初学以至圣人，只此功夫。初学用此，循循有入，虽至圣人，穷究无尽。尧、舜精一功夫，亦只如此。’先生又重嘱付曰：‘二君以后再不可更此四句宗旨。此四句中人上下无不接着。我年来立教，亦更几番，今始立此四句。人心自有知识以来，已为习俗所染，今不教他在良知上实用为善去恶功夫，只去悬空想个本体，一切事为，俱不著实。此病痛不是小小，不可不早说破。’”[①]天生聪明之人世上少见，体悟本体而见工夫者恐怕颜回、程颢也未必敢当，更不要说一般百姓，因此明确自己“四有”教人宗旨，希望从自我修养开始做起。王畿站在直接透见本体角度对“四有”产生怀疑，王阳明则认为“四有”是彻上彻下，由工夫渐进达于本体，属由凡入圣的工夫，这也体现圣人的教法。“四有”宗旨也是他多年体会形成的，不可更改，对所有人都适用。“四有”立足于人后天受习俗所染这一前提，因此必须要在心体即良知上用为善去恶的工夫，否则空谈本体毫无意义。

《稽山承语》载：杨文澄问：“意有善恶，诚之将何稽？”王阳明说：“无善无恶者心也，有善有恶者意也，知善知恶者良知也，为善去恶者格物也。”又问：“意固有善恶乎？”又说：“意者心之发，本自有善而无恶，惟动于私欲而后有恶也。惟良知自知之，故学问之要曰致良知。”[②]“四有”为王阳明晚年提出，这里关键在理解“意”字，心未发时即原本无善无恶，因为意是心之所发，不过意动了之后或者说有了意念便使人们易受欲望的影响而出现恶，因此要经过良知自知，并加以实践改

①〔明〕钱德洪：《年谱》，王阳明：《王阳明全集（新编本）》（第4册），吴光等编校，第1317—1318页。

②〔明〕王阳明：《稽山承语》，《王阳明全集（新编本）》（第5册），吴光等编校，第1611页。

正，这也是致良知，是为学之要。

《传习录》《年谱》《天泉证道记》《言行录汇辑》记载王阳明总体上肯定“四有”和“四无”并分别适用于一般人与天资聪明的人，因此本体与工夫的一致可以通过这两种方式达到：渐修与顿悟，殊途同归。相对而言，《传习录》《年谱》《稽山承语》则更强调一般人的渐修，也即工夫达到本体通过渐修来完成，并认为这是他教人宗旨，“四有”才是其教人的核心，而“四无”是少数人的专利，对于一般人而言是可望而不可即的。在这一点上《天泉证道记》似有不同，并没有强调“四有”的重要性，只是说“四有”与“四无”各有适用的范围，相资相辅，不可或缺，反映王畿本人的思想。他本来就倡导“四无”，而且还与偏于“四有”的钱德洪发生上述辩论并请王阳明评判，所以不会贬低“四无”。《传习录》是王阳明弟子直接的记录，应该说最能反映他的思想，关于“四句教”的记载更加真实全面，《年谱》由钱德洪编辑，在这方面与《传习录》大体一致。换言之，王阳明在肯定由“四有”与“四有”构成的“四句教”中，更倾向于“四有”，“四无”应属第二位。

三、阳明后学“四句教”评论举要

对于钱德洪的“四有”、王畿的“四无”，以及王阳明完整全面解读“四句教”，其后学多有评判，甚至论争，试举些实例做扼要分析。

关于阳明后学的评判。邹守益认为，王阳明平定两广时，钱、王二子送至富阳。王阳明对他们说：“予别矣，盍各言所学？”钱德洪回答：“至善无恶者心，有善有恶者意，知善知恶是良知，为善去恶是格物。”王畿则说：“心无善而无恶，意无善而无恶，知无善而无恶，物无善而无恶。”①王阳明笑道：钱德洪须识王畿本体，王畿须识钱德洪工夫。二人打并为一，不失吾传。这是从本体与工夫合一角度平衡钱、王两家之说。

①〔明〕邹守益：《青原赠处》，《邹守益集》，董平编校整理，凤凰出版社2007年版，第103页。

耿定向认为，曾听闻王阳明教诲，有“无善无恶者心之体，有善有恶者意之动，知善知恶是良知，为善去恶是格物”一句。由此来看，老师当初与诸弟子同游，载歌载咏，熙然陶然，此时只见心体，何来善恶？见情景意念萌动之后才说“贪”“恕”，善恶由此而分。通过反省克己工夫，即致知格物化解恶，复归于致善，这也是颜回有善有不善未尝不知、知之改过不再犯之义，人的意念萌动而不知反省导致贪。现在有误传老师宗旨的人说“心无善恶，意亦无善恶，知亦无善恶，物亦无善恶”①，是上乘法，以至于说见景即动，即动即为者为见性，而以讼悔为轮回，以迁改为拙钝，这种说法极端淫诐，伤风败教。因此推崇“四有”，强调工夫，反对“四无”之说。

刘宗周试图揭露四句教的矛盾。第一，“四有”前一句与后三句自相矛盾，简单地说是无与有的矛盾。王阳明常说“至善是心之本体”，又说“至善只是尽乎天理之极，而无一毫人欲之私。”“良知即天理。”有时说“无善无恶者理之静”，并没有直接说“无善无恶是心体”。如果心体果然是无善无恶的，那么有善有恶之意从何处来？知善知恶之知从何处来？为善去恶之功又从何处来？这显然是前后接不上。第二，“四无”与“四有”也相互对立。所谓“心体是无善无恶，意亦是无善无恶的意，知亦是无善无恶的知，物亦是无善无恶的物”，不知如何回答？第三，提出天资聪颖的人与一般人，称“教上根人只在心上用工夫，下根人只在意上用工夫”，分别教人在心和意上用工夫，这与《大学》心意一贯相矛盾，意念下工夫这本身就不符合心体，也即工夫与本体不一致。第四，认为心意知物是一事，事是有，这与无相矛盾。“教在意念上着实，用为善去恶工夫。久之心体自明”，才着念便不是本体。如果只在念的起灭上用工夫，恐怕永远也合不上本体了。王阳明解《大学》对于“意”字理解不

①〔明〕耿定向：《新建伯文成先生守仁》，王阳明：《王阳明全集（新编本）》（第6册），吴光等编校，第2267页。

透，所以在“四条目”处未免架屋叠床。到了弟子一再摹仿，愈来愈失去其本色。“心意知物只是一事”，此是定论，既是一事就不是一事皆无。王畿“四无”中易一字说：“心是有善无恶之心，则意亦是有善无恶之意，知亦是有善无恶之知，物亦是有善无恶之物”，不知王阳明是否首肯？或“如何定要说个有善无恶”？第五，“《大学》只说致知，如何先生定要说个致良知，多这良字？”学术所关，不敢不辩。[①]在这里，刘宗周不懂得心的两个层面即本体及表现，心体属于先天超验形而上，是天赋予人的至善，至善即无所谓善恶；心的表现属于后天经验形而下，受后天习染而有善有恶，它们之间存在着辩证关系，形成一种张力，不可混为一谈。王阳明分两个层面是告诫人们摆脱后天习染复归先天之善，也即回归天性，达到本体与工夫的一致。另外，《大学》讲的心不是天心而是人心，否则就不需要正心，而“四有”讲心是心体即天心。至于致良知主要是吸取孟子的良知思想，也非自己主观妄意发明。王阳明的说法或有不严谨的地方，而刘宗周的批评同样值得批评。

彭定求认为，自从王阳明提出“无善无恶者心之体”一句，而诟病者视此为佛氏“不思善不思恶”之说，以为有碍于性善之义。王阳明的意思是：心体是理之静，恶固本无，善也不可得而有。因此说“上天之载，无声无臭”，无所谓善恶。《传习录》说：“至善者，性也。性元无一毫之恶，故曰至善。”又说：“佛氏侪无善恶之见，一切不理，不可以治天下。圣人只是无有作好作恶，循乎理，不动乎气。谓之不作者，不去又著一分意思，即是不曾好恶一般。”儒家讲的至善超越善恶指心之本体，而佛家则泯灭善恶，儒家对于后天出现善恶现象则是为善去恶，内圣达于外王，佛家则一味出世，如何能治理天下。“无善无恶者心之体”一句，“其于至善宗旨，契尽无余矣。”其灼见善恶之几，说“有善有恶意之动”，其吃紧为人处，说“知善知恶是良知，为善去恶是格物”，这是希

① 〔明〕刘宗周：《阳明传信录》，《刘宗周全集》（第5册），吴光主编，浙江古籍出版社2007年版，第91—92页。

望人们切实体验宗旨，无所渗漏。如何“以无善无恶”一语埋没“其所论未发已发之指乎？”这是慎防放言高论之弊，其严如此，王畿应终身恪守此论。遗憾的是王阳明死后，王畿罢官，林下游行，四方讲学，津津乐道于本体自在之说而流为禅。为了决破藩篱，罗洪先予以批评，真可为王畿的诤友、王阳明的功臣。刘宗周说：“象山不差，慈湖差。阳明不差，龙溪差”，此为推勘公平之案。听说有人怀疑“四句教”出于王畿而非王阳明，检视《传习录续录》（中卷）“四句教”成于钱德洪，他明确说“侍坐天泉桥，各举请正”，无疑不出自王畿，钱德洪有此议论意在批评王畿、护持王阳明。总之，无善无恶即至善，与禅家的无善无恶不同，学者应当潜心领会其旨而不可妄加猜测。[①]彭定求的论述倾向于“四有”而反对“四无”。

为此，阳明后学等还发生过一些争论。万历二十年（1592），罗汝芳的弟子周汝登在南京讲学会上提出“四句教”来讨论。湛若水的弟子许孚远写了一篇《九谛》，主张心体至善无恶，反对以无善无恶为宗。周汝登写《九解》加以反驳。许孚远《谛》八认为，“无善无恶心之体”一语，指其未发廓然寂然，而不深惟《大学》止至善的本旨，也不觉其矛盾。至于“有善有恶之动，知善知恶是良知，为善去恶是格物”，则是指点下手工夫，可谓平正切实。如果说心意知物都无善恶可言，这恐怕不是王阳明的正传。也就是说并不觉得“至善”与“无善无恶”对立，赞同“四有”，反对“四无”。周汝登《解》八则认为，“无善无恶心之体”一语，既然指的是未发廓然寂然，已发后难道一分为二？未发是廓然寂然，已发也应是廓然寂然。由此可知未发已发不分，心意知物一致，“四无”之说既是王阳明的秘密，也是我的秘密，不应有所怀疑。不怀疑才能知晓其立论宗旨，在这个前提下工夫才不会出现谬误。以“四有”第一句讲无，后三句讲有，彼此矛盾为由而加以否认，以“四无”前后四句都讲无、没有矛盾

---

①〔清〕彭定求：《姚江释毁录》，《长洲彭氏家集附》，光绪七年刻本，第12—16页。

为由而赞同“四无”。

由“四有”与“四无”的争论推展到“上根之人”与“中根以下之人”。许孚远《谛》九认为，王畿以“四无”“四有”之说判为两种教人法门，当时钱德洪并不赞同。《周易》说“神而明之，存乎其人，默而成之，不言而信，存乎德行。”其中“神明默成”已经超出言语授受范围，颜回、曾子都属下功夫之人，不属于天资聪明之人，而一般人又另有一种说法，自相矛盾。王畿又以此为传心秘藏，颜回、程颢都不敢言，今已说破也是天机该发，其实并没有所谓的传心秘藏。后来王畿逢人就讲“四无”之说，自以为聪明的人也大都持此见，所谓王阳明发孔子之所未发，王畿在颜回、程颢之上等等，竟忘记自己是谁。王畿的说法不过是画蛇添足，不是尊王阳明而是害了他，不能把“四无”当成最高的准则。周汝登《解》九认为，人分二等，所以教法不同。“此两种法门，发自孔子，非判自王子也”，而且二者并不矛盾，尤其是“四无”之说“岂是凿空自创？究其渊源，实千圣所相传者”，如太上之“无怀”，《周易》之“何思何虑”，舜之“无为”，禹之“无事”，文王之“不识不知”，孔子之“无意无我”“无可无不可”，子思之“不见不动”“无声无息”，孟子之“不学不虑”，周子之“无静无动”，程子之“无情无心”，皆发明这一宗旨，并无二义。天泉证道，包括王阳明及王畿都遵循这一宗旨。圣人立教是应病设方，病尽方消，起初并无实法，言有不是真，言无也属于不得已，并没画蛇添足，维护王畿。[①]与当年钱德洪、王畿各执一词一样，许孚远和周汝登也坚持己见，均片面地理解王阳明解读的“四句教”。

万历二十四年（1596）以后，顾宪成与管志道就所谓的“四有”与“四无”进行辩论。顾氏认为，既然是无善无恶，为何又讲为善去恶？既然是为善去恶，为何又说无善无恶？本体与工夫一致还是二分？是自相矛盾

① 〔明〕周汝登：《东越证学录》卷一，《四库全书存目丛书·集部·别集类》一六五，齐鲁书社1997年版，第429—436页。

吗？如果无善无恶之说得到伸张，那么为善去恶之说必然屈枉。管志道认为，“无善无恶心之体”源自周敦颐的“太极本无极”，所谓“重新周子之太极”，太极动生阳，静生阴，两仪立。太极阴阳未分即善恶未分，善恶不过是阴阳之分而已。顾氏认为，“太极本无极”之本即原来如此，太极即无极，非“本于”，如此，仿佛太极之上另有个无极，周子之“本”是本来之“本”，不是管氏讲的无极之“无”。把阴阳未分（太极）等同于无阴无阳，如此，动而静静而动又指何物，也就是说太极等范畴与无善无恶不同。管氏又区别“统体之善”与“散殊之善”，前者是善的本体即至善，后者是道德名目（仁义礼智等）。顾氏认为，“统体之善”与“散殊之善”一体不分。

顾宪成从本体与工夫角度驳斥无善无恶之说，写道：“夫自古圣人教人，为善去恶而已，为善为其固有也，去恶去其本无也。本体如是，工夫如是，其致一而已矣。阳明岂不教人为善去恶？”既然是“无善无恶”，又说“为善去恶”，学者执着前一句，就会忽视其下一句。因为心体既然无善无恶，那么所谓善恶都不是我所固有而是“感遇之应迹”。“感遇之应迹”就不足以障蔽本体。心体无善无恶，我也无善无恶。如果选择“为”或“去”，那么就承认有善恶，而这离背“无善无恶”，顾氏旨在强调本体与工夫一致。在他看来，王阳明的“四无之说，为上根人立教；四有之说，为中根以下人立教”[①]，是“无善无恶”与“为善去恶”的运用，既然“无善无恶”与“为善去恶”矛盾，那么所谓的“上根人”与“中根以下人”也应是矛盾的。他又说：“愚窃谓无善无恶四字当之。何者？见以为心之本体，原是无善无恶也，合下便成一个空。见以为无善无恶，只是心不着于有也，究竟且成一个混。”空则一切解脱，无复挂碍，

①〔清〕黄宗羲：《明儒学案》卷五十八，《黄宗羲全集》（第8册），沈善洪主编、吴光执行主编，浙江古籍出版社2005年版，第752页。

混则一切含糊，无复拣择。[①]空指空洞无物，已经不是真正的本体，把本体与工夫混为一谈。总之，他既反对“无善无恶”，也批评把它与“为善去恶”对举，这一批抨揭露了阳明后学理解上的矛盾。

刘宗周与陶奭龄也曾有过辩论。陶奭龄为王阳明三传弟子，属浙中王门，指出：“学者须识认本体，识得本体，则工夫在其中。若不识本体，说甚工夫？”刘宗周主张，“不识本体，果如何下工夫？但既识本体，即须认定本体用工夫。工夫愈精密，则本体昭荧。”[②]陶氏把工夫纳入本体之中，本体即工夫，刘氏承认知晓本体的重要性，在此基础上要用工夫，工夫即本体，也是各执一词。总的来说，阳明后学大都片面理解“四句教”，把其中的“四有”与“四无”割裂片面化，看成是相互对立矛盾的，并没有完整全面把握“四句教”，从性的本源与流弊的结合角度加以解读，忽视“四有”与“四无”的适用范围。通过对阳明学“四句教”解读与评论之思想史考察，知晓“四句教”主要讨论人性问题，涉及有与无、渐教与顿悟、后天之学与先天之学、工夫与本体等关系问题，这使得把握其要义出现了一定的困难。

把“四句教”概括为有无之辨，有指具体存在的事物，无指无形象的虚无或者是一种抽象的有，这对范畴侧重描述一些自然和社会的存在及现象。而“四句教”专属于道德领域，以有无揭示其要义不太准确，也不太清晰。即使用有无来说明，如所谓钱德洪是有，王畿主张无，而王阳明倡导有无合一。但从字面看，钱德洪的“四有”第一句是无，而后三句是有，说其主张有也似乎不准确。另外，钱德洪讲的无与王畿讲的无实际上是不同的，钱德洪讲的无包含有，因此才有后三句，他的四句也可视为有无合一，而王畿讲的无似乎是空无，因此才有他自己的后三句，两人的后三句的区别在于第一句，或言之，正是因为第一句对无的理解不同，才

①〔清〕顾宪成：《顾端文公遗书·小心斋札记》卷十八，《续修四库全书》（第943册），上海古籍出版社1995年版，第1—5、8页。

②〔明〕刘宗周：《语类》，《刘宗周全集》（第2册），吴光主编，第507页。

造成两人“四句教”后三句的区别。总之，以有无这对范畴概括“四句教”，因其概念含混，没有把握实质。

至于渐教与顿悟，渐教指经过逐渐修行而达到悟境，顿悟指突然领悟。渐教与顿悟被批为佛家，正如王夫之写道：“阳明天泉付法，止依北秀南能一转语作葫芦样，不特充塞仁义，其不知廉耻亦甚矣！”[①]这里讲的“北秀”指神秀，“南能”指慧能，他们分别有一个偈子，神秀的是“身是菩提树，心为明镜台，时时勤拂拭，勿使惹尘埃。”慧能的是“菩提本无树，明镜亦非台，本来无一物，何处惹尘埃。”前者属于渐教，后者属于顿悟，在禅宗看来，顿悟比渐修更高明，所以五祖弘忍把衣钵传给了慧能。但它们都是禅宗的教法，不符合阳明学作为儒学的特质，王阳明及后学肯定不会赞同。

后天之学与先天之学源自《周易》，邵雍加以发挥并构建起先天象数学。从“四句教”角度看，笼统地说钱德洪属于诚意的后天之学、王畿属于正心的先天之学，也不准确。“四有”的第一句就有先天的特征，也就是说钱德洪的后天之学兼有先天的特色，后三句则属于后天，“四有”应该是先天与后天的统一。另外，在先、后天之前又分别加上正心、诚意二字加以修饰，他们讨论的中心是善恶问题，而这似乎变成了正心和诚意的问题，与“四句教”的主题不符。更重要的是，以上三对范畴只是从不同角度描述“四句教”，而并没有揭示其中的要义。

本体与工夫就不同。宋明理学系统地把它们纳入道德哲学视域，用来说明道德的本质及修养等问题，也就是说本体与工夫的引入把“四句教”的讨论上升为道德哲学的高度，揭其要义。在本体与工夫合一框架之内，“四无”倾向于本体即工夫，侧重本体，“四有”倾向于工夫即本体，偏向工夫，如果执着或只承认其中之一，视它们为相互对立的矛盾，就不符合王阳明“四句教”的宗旨。“四句教”强调本体与工夫的高度一致性，

①〔明〕王夫之：《搔首问》，《船山全书》（第12册），岳麓书社1992年版，第627页。

在这里本体是工夫的本体，是工夫施加的对象，本体由工夫彰显，工夫使本体不再成为潜在，或者说使道德意义上潜在的善有可能转变为现实的善；工夫是本体的工夫，本体使工夫有了施放之地，离开本体，工夫无对象。另外，在本体即工夫、工夫即本体两个面向中，王阳明更注重工夫，本体毕竟是先天内在，工夫属于后天外在，潜在需要后者唤起。其后学黄宗羲所谓“心无本体，工夫所至，即其本体”反映这一思想特征。遗憾的是阳明后学对本体与工夫片面的理解，把本体与工夫的区别加以夸大，导致阳明学的分化，违背了王阳明“四句教”本体与工夫统一的宗旨。

（原载《船山学刊》2019年第5期）

“恶”之缘起、明觉与去除
——以王阳明“四句教”为中心的考察

□ 龚晓康[1]

摘要：王阳明“四句教”围绕善恶问题而展开，其理论前提为“仁者与天地万物为一体”。心体作为无限感通的一体之仁，超越善恶的相待性，此即“无善无恶心之体”；心之应物起念处即是意，一体之仁遂有感通与阻隔之别，此即“有善有恶意之动”；而一体之仁的感通或阻隔，皆能为良知所自然明觉，此即“知善知恶是良知”；行事上磨练之工夫，涤除私欲执着之障蔽，以恢复心体之感通，此即“为善去恶是格物”。可见，“四句教”对于“恶”之问题有着完整而清晰的阐明：心体无恶，表明“恶”为非本体性的存在；意动有恶，表明“恶”具有因缘和合的性质；良知知恶，表明“恶”能为主体所明觉；格物去恶，表明“恶”能为工夫所破除。其间涉及道德本体之确立、伦理责任之承担、自由意志之可能、道德行为之价值等问题。由此，王阳明不但构建起了融本体与工夫为一贯的修证体系，亦构建起了心学之道德形上学。

关键词：恶 一体之仁 遮蔽 诚意 致知

关于中国哲学有无对“恶”之问题的自觉，学术界向来存在着不同的观点。韦政通认为儒家重视“性善”之论，以至于“对现实人生的种种罪恶，始终未能一刀切入，有较深刻的剖析”。[2]倪德卫（D.S.Nivison）亦持类似的观点，他认为王阳明关注的是“引导我们走出恶”，而没有对“恶”之问题给出真正的答案。[3]牟宗三则持相反之意见，他认为儒家系以道德意识立教，对于过恶有着“彻底穷源清楚明确而且真切之理解”[4]，而

①龚晓康，贵州大学哲学与社会发展学院教授。

②韦政通：《儒家与现代中国》，上海人民出版社1990年版，第35页。

③［美］倪德卫、万白安编：《儒家之道：中国哲学之探讨》，周炽成译，江苏人民出版社2006年版，第273页。

④牟宗三：《牟宗三先生全集》（第8册），（台湾）联经出版有限公司2003年版，第435页。

这一点为其他宗教所不及。

综观学界对“恶”之问题的研究，主要集中于以下几个方面：一是“恶”之本体根源的问题。学界普遍认为，本心乃是超越善恶的绝对实体，唐君毅谓其具有无限性、超越性、涵盖性、主宰性等特征，郑宗义谓除无限性、超越性之外，“心”尚具有自主性、自由性、价值性等形式特性。[①]而“恶”并非源于心体，故不具有本体之性质。二是“恶”之现实发生的问题。本心虽为纯粹的精神实在，然其流行于经验界，则有陷溺之可能，唐君毅谓之为“一念之陷溺”[②]。陈志强指出，王阳明与刘蕺山两人皆主张“恶”的出现只能从意念的“流弊”状态（意念的留滞、外驰、转念）而言。[③]陈立胜认为，“恶”既不在于良知之“心体”，亦不在于“物体”，而在应物起念之处。[④]林月惠的观点则有所差异，她认为王阳明对于“恶”的根源的阐释，“当从本心（良知）之自我‘异化’来理解”。[⑤]但无论如何，诸人皆主张，“恶”之产生只能归于意念的发动。三是“自然之恶”与“道德之恶”的问题。李明辉认为朱熹的理论系统中，“心”并不具有真正的道德主体的地位，至多只能解释“自然之恶”的形成，而无法真正解释“道德之恶”的形成。[⑥]牟宗三认为气质本身无所谓过恶，“顺其特殊各别之偏，通过感性之影响，使心体不能清明作主，以致行为乖妄，心术不正，始成为过恶”[⑦]。郑宗义指出：“恶的出现归根究底不过是

①郑宗义：《恶之形上学——顺唐君毅的开拓进一解》，《中国哲学研究之新方向》，香港中文大学新亚书院2014年版，第301页。

②唐君毅先生关于“恶”之问题的讨论，见于《道德自我的建立》《人生之体验续编》《文化意识与道德理性》《生命存在与心灵境界》《中国文化之精神价值》《人类罪恶之根源》等著述。

③陈志强：《阳明与蕺山过恶思想的理论关联——兼论 “一滚说” 的理论意涵》，（台湾）《“国立”政治大学哲学学报》总第33期。

④陈立胜：《王阳明“万物一体论”：从“身-体”的立场看（修订版）》，北京燕山出版社2018年版，第114页。

⑤林月惠：《良知学的转折：聂双江与罗念庵思想之研究》，（台湾）台大出版中心2005年版，第698页。

⑥李明辉：《朱子论恶之根源》，钟彩钧主编：《国际朱子学会议论文集》，（台湾）“中央研究院”中国文哲研究所筹备处1993年版，第580页。

⑦牟宗三：《牟宗三先生全集》（第8册），第434页。

气质障蔽道德意识的结果。”[1]他们皆注意到，气质本身虽能妨碍道德心的呈现，但气质之差异并不能说明“道德之恶”的问题。

本文在前贤既有成果的基础之上，围绕王阳明“四句教”关于善恶的讨论，分析其间所蕴含的心体有无恶之根源、意念发动与恶之产生、气质之性与自然之恶、道德之恶与自由意志等问题，借以呈现阳明对于“恶”之问题的深刻洞察。同时也试图表明，正是在对“恶”之根源进行追问的过程中，阳明建立起了诚意、格物、致知为一体的工夫论体系。

一、“恶”之缘起

如所周知，王畿与钱德洪虽然对于“四句教”有着不同的理解，但对于“无善无恶心之体”一语，两人却均持肯定的态度。心体为何“无善无恶”？我们或许可以这样理解：心之本体作为绝对性的存在，超越了善恶的相对性，故可谓“无善无恶”。“恶”既然非本体所起，那它又源于何处呢？王阳明认为，源于意念的发动，所谓“有善有恶意之动”。关于意念如何发动，阳明又有两种说法：一为“心之所发便是意”[2]，二为“凡应物起念处，皆谓之意”[3]。前者谓“意”关联着心体，后者谓“意”关联着外物。进言之，“意”实为心体与外物之间联结的中介。那“无善无恶心之体”又是如何转换为“有善有恶意之动”的呢？若欲厘清其间的关键问题，则有必要考察阳明关于心体的规定。

顾名思义，“心之体”即是心之本体，阳明谓其广大无碍，该摄天地万物，所谓：“心之本体，无所不该，原是一个天。”[4]显然，心体为涵摄万物之绝对存有，万物皆在其觉润与感通之下，故阳明有言：“夫人者，

①郑宗义：《恶之形上学——顺唐君毅的开拓进一解》，《中国哲学研究之新方向》，第283页。

②〔明〕王阳明：《传习录上》，《王阳明全集（新编本）》（第1册），吴光等编校，浙江古籍出版社2010年版，第6页。

③〔明〕王阳明：《答魏师说》，《王阳明全集（新编本）》（第1册），吴光等编校，第231页。

④〔明〕王阳明：《传习录下》，《王阳明全集（新编本）》（第1册），吴光等编校，第105页。

天地之心。”[①]天地万物本无有“心”，因人而有了“心”，在人心的摄持之下，万物不再是本然性的存在，而是与人同体而共感：“你只在感应之几上看，岂但禽兽草木，虽天地也与我同体的，鬼神也与我同体的。”[②]此感应之几彻上彻下，周流六虚，无能所之分，无自他之别，故可谓为“神感神应”。因此之故，天地万物并非仅为块然之物质，而为人之精神所弥沦充塞，氤氲相通而形成宇宙性生命：“仁者以天地万物为一体，莫非己也。”[③]天地万物皆是一体，阳明谓之为“真己”：

> 所谓汝心，却是那能视听言动的，这个便是性，便是天理。有这个性，才能生这性之生理，便谓之仁。这性之生理，发在目便会视，发在耳便会听，发在口便会言，发在四肢便会动，都只是那天理发生，以其主宰一身，故谓之心。这心之本体，原只是个天理，原无非礼，这个便是汝之真己。[④]

显然，“真己”即是“即存有即活动”的宇宙精神本体，即是灵明感通之“性之生理”，耳、目、口、四肢依之而能视、听、言、动，此“性之生理”亦即悱恻不忍之“仁”，亦即化育万物之“天理”。与“真己”相对而言的耳、目、口、鼻、四肢，则构成“躯壳的己”，为前者所支配与主宰：“这个真己，是躯壳的主宰。若无真己，便无躯壳，真是有之即生，无之即死。”[⑤]因此，阳明对于“我”之言说，实有着不同的层次：能视听言动之心，即性、天理、仁、本体，为人之宇宙生命，灵明感通于天地万物，可称为“本体我”；耳、目、口、鼻、四肢所构成的物理性存在，可称为“躯壳我”；当“本体我”发用于现象界时，依“躯壳我”而有意识之活动，可称为“意念我”。如果说“本体我”为“真己”的话，那“躯壳我”为生老病死所束缚，“意念我”为感性物欲所缠蔽，皆不过

---

①〔明〕王阳明：《传习录中》，《王阳明全集（新编本）》（第1册），吴光等编校，第86页。阳明之说不可谓无据，在《礼记·礼运》中即有“人者，天地之心也，五行之端也” 之语。

②〔明〕王阳明：《传习录下》，《王阳明全集（新编本）》（第1册），吴光等编校，第136页。

③〔明〕王阳明：《书王嘉秀请益卷》，《王阳明全集（新编本）》（第1册），吴光等编校，第289页。

④〔明〕王阳明：《传习录上》，《王阳明全集（新编本）》（第1册），吴光等编校，第39页。

⑤〔明〕王阳明：《传习录上》，《王阳明全集（新编本）》（第1册），吴光等编校，第39—40页。

是假我性的存在。

此“真己”，牟宗三谓之为“无限智心”，唐君毅谓之为“精神实在”，广大无碍而能含摄万物，寂感神化而无能所之别，不可以相待性的善恶言之，故可谓“无善无恶”。然而，当“躯壳我”与“意念我”——“假我”落于感性世界时，却有了“意”与“物”的相待与对立：能知之心成为“意”，所知之境化为了“物”。在此过程中，“意”被实在化，“物”被对象化，人从“万物一体”中脱落出来，与物之神感神应亦随之丧失。

> 盖心之本体自是广大底，人不能“尽精微”，则便为私欲所蔽。[①]
>
> 及其动于欲，蔽于私，而利害相攻，忿怒相激，则将戕物圮类，无所不为，其甚至有骨肉相残者，而一体之仁亡矣。[②]

“一体之仁”本是心体与万物的无限感通，然意念发动时不能不有私欲之滞碍，“动于欲”乃是为物欲所牵动，“蔽于私”乃是执着于小我，皆意味着灵明感应受到阻隔，以致产生恣情纵欲、妒贤嫉能、杀盗淫妄等恶行。唐君毅先生对此有着深刻的说明：“人之一切罪恶，皆不外由人之自私执我，与其他人或万物互相对峙阻碍而生。”[③]其实，“恶”不但可说为源于躯壳之私欲，亦可说为源于心识之活动，陈志强指出：“尤其心内部的心知、知识、反省活动，往往更是使得本心陷溺、偏向、堕落的帮凶。”[④]因此，“恶”之根源固然可归结为一念之陷溺，但其根本仍在于神感神应的滞碍阻隔，以至于一体之仁的痿痹丧失。与之相反，“善”的产生则是一体之仁的感通无碍。阳明有言：“循理便是善，动气便是恶。”[⑤]依循于天理——一体之仁即是“善”，扰动于客气——私欲执着即

①〔明〕王阳明：《传习录下》，《王阳明全集（新编本）》（第1册），吴光等编校，第134页。

②〔明〕王阳明：《大学问》，《王阳明全集（新编本）》（第3册），吴光等编校，第1015页。

③唐君毅：《中国古代哲学精神》，《唐君毅全集》（第27卷），九州出版社2016年版，第341页。

④陈志强：《一念陷溺——唐君毅与阳明学者“恶”的理论研究》，（台湾）《中国文哲研究集刊》2015年总第47期。

⑤〔明〕王阳明：《传习录上》，《王阳明全集（新编本）》（第1册），吴光等编校，第32页。

是“恶”。阳明又谓：“顺本体是善，逆本体是恶。”[①]随顺于本体——一体之仁即是“善”，违逆于本体——一体之仁即是“恶”。因此，“恶”之根本在于人与天地万物的感应受到阻隔，整全世界之“一”裂变为自他分别之“二”。亦即是说，一体之仁本为无限之精神，然为有限的现实对象所拘碍，众生由此而堕入善恶相待之中。因此，意念发动之处，或为一体之仁的感通，或为一体之仁的痿痹，故有善恶之相待而生，此即是“有善有恶意之动”。[②]

究竟而言，心之发动处为意，意之所在处为物，“意”实为心、身、物三者的因缘和合。当阳明将“恶”归之为意念的发动时，即表明他已经注意到“恶”的因缘和合性质，即：既不能将“恶”归结为某种单一来源，亦不能将“恶”抽象化乃至实在化。进言之，既不能单纯地将“恶”归结为心体的歧出，亦不能单纯地将其归结为躯壳的使然，更不能单纯地将其归结为事物的诱引。[③]同时，“恶”既然具有因缘和合的性质，那就表明其非为绝对的实体，牟宗三称之为虚幻物：“是则过恶是吾人之行为离其真体之天而不真依顺于真体之理者，是感性、气质、真体三者相交会所成之虚幻物。”[④]这也就表明：“恶”既然为因缘和合的虚幻物，那也就只能是无根性的存在。

另一方面，“恶”的出现亦与心、身、物又有着莫大的关系，故阳明

---

①〔明〕王阳明：《阳明先生遗言录》，《王阳明全集（新编本）》（第5册），吴光等编校，第1605页。阳明弟子邹守益指出，心体流行之通塞处，有善与不善之别：“流行之合宜处，谓之义；其障蔽而壅塞处，谓之不善。”

②如果说“恶”并非源于心体，也许会导致这样的疑问：既然“心之所发处谓之意”，那为何不能将“恶”归结为心呢？牟宗三有着这样的说明，说心发动为了意，并不是直线地推说，而是曲折地言说：“在这曲折地说中，必认定心之体为超越的本心自己，发动而为意是在感性条件下不守自性歧出而着于物或蔽于物，因而成为意。”［牟宗三：《牟宗三先生全集》（第32册），第221页］意念非是由心体所直接发动，而只是依于心体所发动，故只能说“恶”源于意念发动，而不能说其源于心体本身。

③王阳明与康德的观点相类似，两人皆主张不能用感性（躯壳）的性好来说明恶，亦不能用理性（心体）的腐败来解释恶。在康德看来，一方面，感性与自然性好作为人生而所具有的东西，与道德上的恶并没有直接关系；另一方面，作为自由存在者的人已经摆脱了自然法则，也就不会再把为恶的动机纳入自己的准则。前者表明不能将恶归之于自然的性好，后者说明不能将恶归之于理性的腐败。

④牟宗三：《牟宗三先生全集》（第8册），第434页。

在论说“恶”时皆紧扣此三者而展开。

首先，从心体方面而言，“恶”表现为对心体的遮蔽，阳明谓：“恶人之心，失其本体。”[①]当然，恶人之心并非真正“失却”本体，只是本体受到私欲的遮蔽，以至于隐而不显，“只为私欲障碍，则天之本体失了”。[②]除此之外，“恶”还表现为心体自身的偏倚，有过与不及的情形：“本体上才过当些子，便是恶了。”[③]当然，无论是心体受到遮蔽，还是心体有所偏倚，皆是心体的神感神应受到阻隔，从而导致一体之仁的丧失，林月惠谓“恶”为本心自我的“异化”。但在笔者看来，与其说是本心的自我异化，毋宁说是意念的发动遮蔽了本心。但无论如何，“恶”虽不能归结为心体，但毕竟与心体相关联。

其次，“恶”虽不能完全归因于外物，但其产生也与外物相关联。阳明云：“天地生意，花草一般，何曾有善恶之分？”[④]但是，当意念牵连于外物时，却不能不有好恶之心，由此而有了善恶的分判。阳明谓：“子欲观花，则以花为善，以草为恶；如欲用草时，复以草为善矣。此等善恶，皆由汝心好恶所生，故知是错。”[⑤]善恶皆由好恶心所生，好恶心又因外物所引发，故外物亦与“恶”相关联。

最后，好恶心依躯壳而发动，故“恶”也与躯壳相关联。阳明有言：“此等看善恶，皆从躯壳起念，便会错。”[⑥]躯壳作为气质之所依，本无善恶之分，然毕竟为“习气”[⑦]所熏染，故有种种差别。阳明云：“人生初时，善原是同的。但刚的习于善则为刚善，习于恶则为刚恶；柔的习于善

①〔明〕王阳明：《传习录上》，《王阳明全集（新编本）》（第1册），吴光等编校，第16页。
②〔明〕王阳明：《传习录下》，《王阳明全集（新编本）》（第1册），吴光等编校，第105页。
③〔明〕王阳明：《传习录下》，《王阳明全集（新编本）》（第1册），吴光等编校，第107页。
④〔明〕王阳明：《传习录上》，《王阳明全集（新编本）》（第1册），吴光等编校，第31页。
⑤〔明〕王阳明：《传习录上》，《王阳明全集（新编本）》（第1册），吴光等编校，第32页。
⑥〔明〕王阳明：《传习录上》，《王阳明全集（新编本）》（第1册），吴光等编校，第31页。
⑦“习气”本为佛教用语，指众生无始以来的烦恼惯习。阳明借用了此概念，有“习气已深”“习所胜、气所汩”等说法。

则为柔善，习于恶则为柔恶，便日相远了。”[①]人初生之气质，皆可同谓为善，但因后天习染的不同，故有善恶的差异。同时，阳明还有主气、客气的说法：“客与主对，让尽所对之宾，而安心居于卑末，又有尽心尽力供养诸宾，宾有失错，又能包容，此主气也。惟恐人加于吾之上，惟恐人怠慢我，此是客气。”[②]可见，阳明所说的“气质”，并非指物理性的躯壳，而是指伦理性的习气。[③]“习气”既已熏染成就，则成为人相对稳定的精神品质，并在应物起念处发挥作用。

概而言之，阳明非是将“恶”的产生归于某种单一来源，而是认为其源于心体、躯壳与外物三者的和合之处——意念。心体处于神感神应之中，然依躯壳而起种种欲望，并为外物所驱驰，由此而有“恶”之发生。综观阳明之说，实有诸多深刻意蕴：“恶”并不能归结为心体所本有，否则，其便具有了本体的性质；“恶”亦不能归结为事物所本有，否则，其便为异己力量所主宰支配；“恶”亦不能归结为躯壳所本有，否则，其便不能为主体的意志所决定。（相关问题的讨论，参见李明辉、林月惠）阳明将“恶”归结为意念的发动，而非归结为气质之使然，这就避免了决定论的弊端，又凸显了自我的伦理责任。

二、“恶”之明觉

意念发动处有善有恶，那何者能知此善恶呢？阳明谓“知善知恶是良知”。显然，他将知善知恶的功能归结为先天之良知，而非归结为后天之意识，其谓：“意则有是有非，能知得意之是与非者，则谓之良知。”[④]在

---

①〔明〕王阳明：《传习录下》，《王阳明全集（新编本）》（第1册），吴光等编校，第135页。

②〔明〕王阳明：《语录》，《王阳明全集（新编本）》（第5册），吴光等编校，第1560—1561页。

③学界注意到，气质本身无所谓善恶，但其能妨碍道德心的呈现，故有所谓“恶”的问题。黄敏浩指出，宋明儒者所说的天地之性是自由而无限的，“此自由无限之天地之性透过气质呈现而同时为某气质所熏染时，就有其限制，此便是一般意义下的气质之性而为恶的根源”。在笔者看来，气质之所以能妨碍道德心的呈现，乃是其本身即有私欲执着的熏染。

④〔明〕王阳明：《答魏师说》，《王阳明全集（新编本）》（第1册），吴光等编校，第231页。

他看来，意念本身并不能自知善恶，知其善恶者乃是良知。那作为不虑而知的良知，又如何能知善知恶呢？

依阳明之论，心之本体非是寂然不动的至静理体，而是感而遂通的灵明心体。天地万物皆在心体中发用流行，其感应之机窍则为人心之一点灵明："天地万物与人原是一体，其发窍之最精处，是人心一点灵明。"[①]在一点灵明的感通之下，天地万物皆为良知所觉润，并在此过程中成为其自身："人的良知，就是草、木、瓦、石的良知。若草、木、瓦、石无人的良知，不可以为草、木、瓦、石矣。"[②]天地万物若无良知之感应，也就不能成其为自身，故良知即是涵括天地、化育万物的本原性存在。

作为一点灵明的良知，与天地万物氤氲相感，其间并无能所的对立，只能说为一种自然明觉，阳明以明镜之照喻之。其谓："圣人之心如明镜，只是一个明，则随感而应，无物不照"。[③]在一点灵明的随感随应之中，万物皆在心体的朗照之下，于人而言则为切身之感应，即是所谓的良知："生民之困苦荼毒，孰非疾痛之切于吾身者乎？不知吾身之疾痛，无是非之心者也。是非之心，不虑而知，不学而能，所谓良知也。"[④]"生民"与"吾身"本为一体，其所遭受的困苦荼毒，皆如疾痛之切于吾身，其间有"安"与"不安"之别，阳明依之而论良知之"知"："故顺天地万物之理则心安，不顺天地万物之理则心有不安，安与不安之际，其名曰'知'。"[⑤]此即是说，一体之仁若是感通无碍，随顺天地万物之理，则心有所安，此即良知之"知善"；一体之仁有所阻滞痿痹，背逆天地万物之理，则心有所不安，此即良知之"知恶"。故良知之知，只是对安与不安的自然明觉。

①〔明〕王阳明：《传习录下》，《王阳明全集（新编本）》（第1册），吴光等编校，第118页。

②〔明〕王阳明：《传习录下》，《王阳明全集（新编本）》（第1册），吴光等编校，第118页。

③〔明〕王阳明：《传习录上》，《王阳明全集（新编本）》（第1册），吴光等编校，第13页。

④〔明〕王阳明：《传习录中》，《王阳明全集（新编本）》（第1册），吴光等编校，第86页。

⑤〔明〕王阳明：《言行录汇集上》，《王阳明全集（新编本）》（第5册），吴光等编校，第1633页。

职是之故，良知对于善恶的判断，乃是出于切身的感应，故能为自身立法：“凡意念之发，吾心之良知无有不自知者。其善欤，惟吾心之良知自知之；其不善欤，亦惟吾心之良知自知之；是皆无所与于他人者也”。[①]当下一念之善与不善，惟有良知所自知，而非他人所觉知，良知既能自知，则能为自身立法，即为自身提供先验的道德法则，故人人皆能实现道德之自律。即使是遮蔽至极的小人，亦不失此自我立法之良知：“虽昏塞之极，而良知未尝不明，但人不知察，则有时而或蔽耳。”[②]良知为人人所本有，故人人皆能成为道德之主体。

良知作为一体之仁的感通，其间并无能所的分别，但意念发动处却有能所之对待：主观意识——能念成为“自我”，客观对象——所念成为“非我”；“自我”与“非我”的相待而生，意味着“万物一体”的丧失。在此过程中，神感神应的活动被“固定化”，天地万物的存在被“符号化”，进而被“客观化”为现实的存在，最终成为认知的对象。关于心体之感应如何向意动之认知转换的问题，唐君毅有着如下的说明：

> 而任何活动，当我对之加以反省时，都可把它固定化、符号化，成一现实的对象；而我们将它固定化、符号化，成一现实的对象以后，我们又可对它再加以把握，使隶属之于我，执着之为我所有而生一种有所占获的意思。而当我们把一对象隶属之于我，生一种占获的意思时，同时我即隶属于对象，为对象所占获，而我之精神即为对象所限制、所拘絷而陷溺其中。[③]

当意念的“反省”活动被“固定化”与“符号化”后，能念之身心则成经验之“自我”，所念之外物则成为客观的“对象”，从而有了自我与他者的对立，亦就失去了“万物一体”的本然情态。在此过程中，“自我”成为了空洞虚幻的概念，自觉于此世界“一无所有”，需是不断地

①〔明〕王阳明：《大学问》，《王阳明全集（新编本）》（第3册），吴光等编校，第1019页。

②〔明〕王阳明：《传习录中》，《王阳明全集（新编本）》（第1册），吴光等编校，第67页。

③唐君毅：《道德自我之建立·智慧与道德》，《唐君毅全集》（第4卷），第128页。

"占获"他物，以求得身心的充实与满足，此即是"私欲"产生的根源；同时，"自我"在"占获"对象的同时，亦为客观对象所"占获"，陷溺其中而不得自在。换言之，意念发动处所夹杂的自他执着，导致了现实生命的滞碍困厄。阳明曾比喻曰："这一念不但是私念，便好的念头，亦着不得些子。如眼中放些金玉屑，眼亦开不得了。"[①]而私欲执着的根本在于，将"躯壳我"与"意念我"作为唯一真实的存在，"本体我"则被抽象化为虚寂的理体，导致了良知与私欲的本末颠倒："良知犹主人翁，私欲犹豪奴悍婢。主人翁沉疴在床，奴婢便敢擅作威福，家不可以言齐矣。"[②]此即是言，良知若不能自作主宰，则将导致私欲的泛滥。[③]

究竟而言，良知作为切身的明觉感应，乃是一种先天的道德直觉，而非后天意识的理性分别，阳明喻之为天上之日"未尝有心照物"，故可说良知"无知"——非能所相待的闻见之知；但良知的自然明觉又能时时发用，譬如天上之日"无物不照"，故可说良知"无不知"[④]——一切皆在心体的神感神应之中。质言之，良知乃是对一体之仁的感通明觉，而非对具体行为的伦理判断，后者属于意识的认知功能。因此，与其说良知是一种道德理性，毋宁说是一种道德直觉，由后者所直觉的为"天理"——天地万物一体之理，由前者所知觉的为"事理"——天地万物各具之理。故阳明特别指出，圣人之所以被称之为圣人，并非其拥有丰富的经验知识，"圣人无所不知，只是知个天理"[⑤]。因此，作圣之本乃是纯乎天理，而非从知识才能上求圣人。从册子上钻研、从名物上考索、从形迹上比拟，阳明

①〔明〕王阳明：《传习录下》，《王阳明全集（新编本）》（第1册），吴光等编校，第135页。

②〔明〕王阳明：《传习录拾遗》，《王阳明全集（新编本）》（第5册），吴光等编校，第1546页。

③阳明的这一说法与康德的观点若合符节。在康德看来，当人把包括道德法则在内的各种动机纳入自己的准则时，把自爱等动机当做了遵循道德法则的条件，这就颠倒了它们的道德次序，从而形成了"恶"之意念。我们也可以如此理解阳明的说法，恶之根本不过是将私欲（自爱动机）置于良知（道德法则）之上，从而导致良知的遮蔽——道德主体性的丧失。

④〔明〕王阳明：《传习录下》，《王阳明全集（新编本）》（第1册），吴光等编校，第120页。

⑤〔明〕王阳明：《传习录下》，《王阳明全集（新编本）》（第1册），吴光等编校，第106页。

谓之为“拟议加损”，已非良知的自然发用，“至善之发见，是而是焉，非而非焉，固吾心天然自有之则，而不容有所拟议加损于其间也。有所拟议加损于其间，则是私意小智，而非至善之谓矣”。[①]拟议加损是以自我为中心的得失算计，并非良知的神感神应，将会导致知识愈广而人欲愈滋、才力愈多而天理愈蔽的情形。换言之，知识之丰富非但不能使人成圣，反而有可能成为良知之遮蔽，甚至于助长人之恶劣行径。对此，阳明有着清醒的自觉：“记诵之广，适以长其敖也；知识之多，适以行其恶也；闻见之博，适以肆其辩也；辞章之富，适以饰其伪也。”[②]这也表明，若只是单纯以追求名物度数为目的，而不能以良知作为根本，则知识愈多而愈易行恶。正是有见于此，阳明提出了“良知之外，更无知；致知之外，更无学”[③]的说法。因此，去恶功夫的根本在于恢复一体之仁，而非是停留于对伦理规范的认知。当然，阳明强调良知对于知识的优先性，并没有否定知识的独立地位，只是他认为知识有“大小”之分：“良知之发见流行，光明圆莹，更无挂碍遮隔处，此所以谓之大知；才有执着意必，其知便小矣。”[④]此即是说，良知透过意识而得以发见流行，其间有无私欲执着染污，为分判“大知”与“小知”的关键。人若能挺立良知，则可不为私欲所陷溺，如此，良知则成为真正之“自由意志”——源于无限心体而能自作主宰。依此，阳明构建起了以破除私意执着为根本的去恶工夫论。

三、“恶”之去除

如前所论，“恶”源于意念发动之处，而“意”又系因缘和合所生，故“恶”为非本体性的存在；也正因为“恶”外在于本体，故可由工夫所去除。依此之故，阳明对于“人欲，吾之所本无。去其本无之人欲，则善

①〔明〕王阳明：《从吾道人记》，《王阳明全集（新编本）》（第1册），吴光等编校，第268页。
②〔明〕王阳明：《传习录中》，《王阳明全集（新编本）》（第1册），吴光等编校，第61页。
③〔明〕王阳明：《与马子莘》，《王阳明全集（新编本）》（第1册），吴光等编校，第232页。
④〔明〕王阳明：《传习录下》，《王阳明全集（新编本）》（第1册），吴光等编校，第93页。

在我而圣体全”[①]的说法表示了赞同。同时，“恶”源于一体之仁的丧失，而陷溺于当下之一念，故去恶工夫也应是于当下一念处，破除私欲执着之缠蔽，以恢复与天地万物一体的感应之机。如阳明所言：“故夫为大人之学者，亦惟去其私欲之蔽，以自明其明德，复其天地万物一体之本然而已耳。”[②]既然人不能不为私欲习气所缠蔽，那也就凸显了道德践履工夫的必要性。

那去恶之工夫应从何处入手呢？阳明认为，心之本体即是至善，无善恶对待可言，亦无恶可去，故不可从心体上用功。其云：“心之本体，那有不善？如今要正心，本体上何处用得功？”[③]其次，事物只是本然性的存在，并无善恶可言，故不可于事物处去恶，否则，“终日驰求于外，只做得个义袭而取”。[④]再次，躯壳只是气质所依之处，固然会妨碍道德心的呈现，但本身并无所谓善恶，故亦不可从此处下手。但是，“恶”之产生却不能离此三者，故去恶之工夫亦关联着心、身与物：以恢复心体的明觉感应而言，则有“致知”之工夫；以去除私欲执着的遮蔽而言，则有“诚意”之工夫；以体认天理于事物处而言，则有“格物”之工夫。故致知、诚意、格物三者，相辅相成，不可或缺。阳明有云：

> 是故不务于诚意而徒以格物者，谓之支；不事于格物而徒以诚意者，谓之虚；不本于致知而徒以格物、诚意者，谓之妄。支与虚与妄，其于至善也远矣。[⑤]

首先，格物时若不能务于“诚意”，则会陷入支离的病痛。这是因为，事物如此纷纭繁复，若不能收摄于意，则工夫将无从下手，这就是“支”。其次，诚意时若不能务于“格物”，则会堕入虚寂的窠臼。“意

①〔明〕王阳明：《答季明德》，《王阳明全集（新编本）》（第1册），吴光等编校，第227页。

②〔明〕王阳明：《大学问》，《王阳明全集（新编本）》（第3册），吴光等编校，第1015页。

③〔明〕王阳明：《传习录下》，《王阳明全集（新编本）》（第1册），吴光等编校，第131页。

④〔明〕王阳明：《传习录上》，《王阳明全集（新编本）》（第1册），吴光等编校，第32页。

⑤〔明〕王阳明：《大学古本序》，《王阳明全集（新编本）》（第1册），吴光等编校，第259页。

未有悬空的，必着事物，故欲诚意则随意所在某事而格之，去其人欲而归于天理。”[①]也就是说，只有在“物”之所“格”之处，方有“意”之所可“诚”。就此而言，阳明之学绝非空谈心性而堕于虚无寂灭，相反，需是在日用行常间操持涵养。最后，格物、诚意若不能以致知作为根本，则易流入狂妄的境地。无论是“格物”还是“诚意”的工夫，均需在一念回光之际挺立良知，以辨明意念之善恶，方能归之于无妄。究竟而言，去恶工夫首先是诚实地面对当前一念（诚意），挺立良知以觉照其善恶性质（致知），从而在应事接物中破除私意执着（格物），以求最终恢复心体的感应之机（正心）。

然而，“意”毕竟为心、知、物联结的关键，[②]“格物”乃是格“意”之所在之物，“致知”乃是致“意”之本体之知，故去恶工夫的入手处仍在于诚意，所谓：“工夫到诚意，始有着落处。”[③]若加以仔细分疏，则“诚意”有三重工夫。

第一重诚意工夫，是时时戒慎恐惧，以破除意中之恶。常人之心为私意习气所缠蔽，犹如斑垢驳蚀之镜，初学者需要时时“着实用意”，即在自信良知的基础上，充分运用意志的力量，念念存天理，念念灭人欲，痛下一番磨刮工夫，将私欲一概扫荡涤除：“无事时，将好色、好货、好名等私欲逐一追究搜寻出来，定要拔去病根，永不复起，方始为快。”[④]这是因为，声色货利之心潜藏于习气之中，纤毫留滞则易滋生恶行，所谓：“有一毫在，则众恶相引而来”。[⑤]显然，阳明要求学人时时用功，而非陷入了凌空蹈虚。

第二重诚意工夫，是为破除意中虚妄，以恢复真情实感。意念因有

①〔明〕王阳明：《传习录下》，《王阳明全集（新编本）》（第1册），吴光等编校，第100页。

②王阳明有“身之主宰便是心，心之所发便是意，意之本体便是知，意之所在便是物”的说法，后三句皆关联着“意”而展开。

③〔明〕王阳明：《传习录下》，《王阳明全集（新编本）》（第1册），吴光等编校，第131页。

④〔明〕王阳明：《传习录上》，《王阳明全集（新编本）》（第1册），吴光等编校，第17页。

⑤〔明〕王阳明：《传习录上》，《王阳明全集（新编本）》（第1册），吴光等编校，第21页。

私欲习气的缠蔽，故堕入伪妄之中，着实用意的根本，则在于真诚面对当下一念。阳明有云："此处不论善念恶念，更无虚假，一是百是，一错百错，正是王霸、义利、诚伪、善恶界头。于此一立立定，便是端本澄源，便是立诚。"[①]也就是说，发一念而为善时，应"好之真如好好色"；发一念而为恶时，应"恶之真如恶恶臭"。而真诚地面对当下一念，即是不自欺于良知。为什么不自欺即能为善去恶呢？这是因为，良知本体即是真诚恻怛，若能知善知恶，则能好善恶恶，"尔只不要欺他，实实落落依着他做去，善便存，恶便去。"[②]一念生起时，既能如实地"知善知恶"，又能如实地"好善恶恶"，前者为道德直觉，后者为道德意志，因两者皆源于心体，故具有内在的统一性。对此，劳思光有着这样的说明："无'善恶'之察别，即无迎拒活动，有'善恶'之察别，亦必有迎拒活动。"[③]果能如此，则视听言动皆是良知的发用流行，皆是真情的自然流露，意念的伪妄之恶亦能得以涤除。

第三重诚意工夫，则是止息意中执着，以回归本然真我。前已说明，"恶"之根本在于私意执着。如果一向着意于好善恶恶，便还是有所执着挂碍，终将累及心体的自然流行，这一点亦为阳明所自觉，其云："然不知心之本体原无一物，一向着意去好善恶恶，便又多了这分意思，便不是廓然大公。"[④]若着实用意于好善恶恶，则于善恶尚有所执着挂碍，落入二元相待之中，也就无法契入绝对心体。故阳明强调，存善念去恶念固然重要，却不能拘泥于善恶。显然，阳明所说的工夫存在着两个维度：一方面，着实用意于好善恶恶，以确保去恶而就善；另一方面，无所挂碍于好善恶恶，方能超越对待而回归万物一体。因此，阳明认为《尚书》"无有作好，无有作恶"之说，并非指全无好恶，而是指无执于好恶："只是好

①〔明〕王阳明：《传习录上》，《王阳明全集（新编本）》（第1册），吴光等编校，第38页。

②〔明〕王阳明：《传习录下》，《王阳明全集（新编本）》（第1册），吴光等编校，第102页。

③劳思光：《新编中国哲学史》（第3卷下），广西师范大学出版社2005年版，第385页。

④〔明〕王阳明：《传习录上》，《王阳明全集（新编本）》（第1册），吴光等编校，第37页。

恶一循于理，不去又着一分意思。如此，即是不曾好恶一般。”[①]当然，无所挂碍并非意味着旷荡放逸，而是时时戒慎恐惧，不为物欲所累，不为善恶所拘。因此，圣人并非无好恶之情，只是情之所发皆能中节，而无私意执着夹杂于其间。

实质上，三重诚意工夫有着严格的次第：先是反观现前一念的善恶性质，继而好善恶恶以涵养真情实感，最后无执于善恶回归一体之仁。故工夫的落脚点在于不落善恶对待，最终恢复与天地万物的神感神应。而人与万物的源初感应，则是心之悱恻不忍：“见孺子之入井，而必有怵惕恻隐之心焉，是其仁之与孺子而为一体也。”[②]当此心发动之时，即与孺子之心相感相通，进而彼此融为一体。当其发用于人伦时，即为孝悌忠信之德。在阳明看来，不但应在君臣、夫妇、朋友之间如此感通，就是在山川鬼神鸟兽草木之间亦应如此，“莫不实有以亲之，以达吾一体之仁，然后吾之明德始无不明，而真能以天地万物为一体矣”。[③]所谓“实有以亲之”，即是见鸟兽之哀鸣觳觫而有不忍心，见草木之摧折而有悯恤心，见瓦石之毁坏而有顾惜心，皆可谓为一体之仁的神感神应。时时葆有此一体之仁，则精神流贯志气通达，无有自他物我之别，工夫熟透即臻大化之境，“七情顺其自然之流行，皆是良知之用”。[④]可见，阳明为善去恶之工夫，绝非追求自我的个体逍遥，而是追求众生的共同解脱，如此，去恶之工夫方告彻底完成。

四、结语

要而言之，阳明关于“恶”的探讨乃是基于“仁者与天地万物为一体”的视域，并在“四句教”中得以次第展开。

---

①〔明〕王阳明：《传习录上》，《王阳明全集（新编本）》（第1册），吴光等编校，第32页。
②〔明〕王阳明：《大学问》，《王阳明全集（新编本）》（第3册），吴光等编校，第1015页。
③〔明〕王阳明：《大学问》，《王阳明全集（新编本）》（第3册），吴光等编校，第1016页。
④〔明〕王阳明：《传习录下》，《王阳明全集（新编本）》（第1册），吴光等编校，第122页。

首先，一体之仁的神感神应，超越善恶的分别对待，可谓“无善无恶心之体”。“恶”作为相待性的存在，并不能归结为超越性的心体，亦即是说，我们不能追问“恶”的本体根源，否则，“恶”就具有了本体的性质。而这将导致两方面的理论困境：一是心体将失去其绝对的性质而沦于善恶相待之中，二是本体之“恶”将无法从根本上得以破除。事实上，王阳明谓心之本体“无善无恶”，一方面保证了心之本体的超越性，另一方面也避免了将经验界善恶绝对化的倾向。

其次，一体之仁的神感神应，为意识所阻滞痿痹，此即“有善有恶意之动”。心体与万物的相感相通，其间并无自他物我之分别，然意念依于躯壳而发动时，必落入能所的二元相待：意念活动的发动者成为“自我”，其所指向的对象则成为“他者”，并随着固定化、符号化、对象化等活动，万物一体的源初情态被打破，个体身心亦为一念所陷溺。阳明将“恶”的产生归结为意念的发动，具有双重的理论价值：一方面，表明“恶”具有因缘和合的性质，故只能是相待性的存在；另一方面，意念发动处有着善恶的分判，能够避免取消善恶的伦理虚无主义。

再次，意念的发动处有善有恶，然意念并不能自知善恶，而有待于良知之觉照，此即“知善知恶是良知”。然良知之“知”，非是意识心的分别认知，而是心体安与不安的明觉感应。这即是说，一体之仁是否有所阻滞痿痹，当下能为良知所自然觉照。因此，良知对于善恶的分判，乃是出于先天的道德直觉，而非出于后天的道德认知，这可避免将经验界善恶绝对化的倾向。同时，良知既然能自知善恶分判所在，那也就说明其能为自身立法——为自身提供先验的道德法则，而这正是道德自律的理论前提。同时，阳明强调，良知为人人所先天具有，故人人皆能成为道德的主体。

最后，心之本体虽是无善无恶，然不能不为私欲执着所遮蔽，需是行事上磨炼之工夫，方能显明本有之心体，此即“为善去恶是格物”。一体之仁的神感神应，不但能超越感性偏好的限制，而且能超越自然因果的束缚，为真正之“自作主宰”者——自由意志，人依之而能于一念陷溺处超拔。又，天地万物既然本为一体，也就说明自我与他者乃是共在于世，应相互承担起伦理的责任。故格物工夫的重点，在于止息意念的妄动，超越自他的相待，恢复一体之仁的无限感通。

概言之，阳明关于“恶”之言说，涉及道德本体之确立、伦理责任的承担、自由意志之可能、道德行为之价值等形上学问题。如此而论，“四句教”乃可以说是对“恶”之问题的系统阐明，阳明依之而构建起了融本体与工夫为一贯的修证体系。

当然，我们必须承认，儒学对于人性始终抱着乐观的态度，即使是王阳明这些对恶之问题有着深刻省察的哲学家亦是如此。这是因为，儒者始终坚信至善乃是心体的本来性质，是人得以超越感性生命的根本保证。相较于心体之至善而言，恶不过是由心、身、物因缘和合所生，为经验世界中相待性的存在。我们也应注意到，王阳明虽然承认了作为本我真己的良知的永恒性，但却未能对于个体自我的先天遮蔽作出更多的说明。正如耿宁先生所指出的那样：“他并没有说，生而有之的‘渣滓’、天生的污浊究竟是从何而来的。这与中国哲学与佛教中的一种广泛流行的态度相符合：不解释弊端的来源，而是确定它的存有并给出铲除它的手段。”①因此，我们可以得出这样的结论：儒学包括阳明并未明言人之生前与死后的世界，当然也就无法对与生俱来的“恶”做出说明。就此而言，韦政通、倪德卫等人的质疑并非全无道理。

（原载《哲学研究》2019年第7期）

① [瑞士]耿宁：《人生第一等事——王阳明及其后学论“致良知”》，倪梁康译，商务印书馆2014年版，第334页。

阳明学的政治取向、困境和分析

□ 彭国翔[①]

摘要： 中晚明的阳明学具有很多不同的面向，本文从政治取向这一角度，将中晚明的阳明学作为一个整体加以观察，深入分析“得君行道”与“觉民行道”这两种不同政治取向的各自涵义及其关系，进而对于阳明学所蕴含的“民众政治主体”观念以及儒家传统的政治理想，从一个现代的角度予以分析和评价。具体讨论以下几个问题：第一，如何理解阳明学者在“得君行道”之外所另行开辟的“觉民行道”这一路线？第二，如何理解“觉民行道”和“得君行道”在阳明学中作为两种不同政治取向之间的关系？第三，如何理解阳明学中所隐含的“民众政治主体”这一观念及其所面临的困难？最后，如何才能建立儒家的政治主体并实现儒家的政治社会理想？

关键词： 阳明学 政治取向 得君行道 觉民行道 君主制与民主制

一、引言

本文将选择“政治取向”这个特定的视角，对中晚明的阳明学作为一个整体提出一些观察和判断。虽然我的讨论不限于王龙溪（1498—1583），而是涉及整个中晚明阳明学的许多人物，但是，从“政治取向”来观察中晚明的阳明学，王龙溪仍然是一个非常关键的人物。他的案例尤其能够突显阳明学乃至整个儒学传统中政治理想与实践所面临的复杂境况。当然，我之所以特别想从政治取向的角度来谈一下中晚明的阳明学，也是因为在

①彭国翔，浙江大学人文学院求是特聘教授、博士生导师，国际马一浮人文研究中心主任。本文原为2019年3月8日应日本二松学舍大学之邀所做主题演讲的文稿，现略有修订。

我的旧作《良知学的展开——王龙溪与中晚明的阳明学》中[①]，限于论述的取径和架构，无法对这一方面的内容进行专门的探讨。在这个意义上，我在本文所要探究的内容，也希望是对自己既有研究的一个补充。

另外，阳明学传入日本后，得到了充分和丰富的发展。所以，所谓“阳明学”这一概念，其实应该从整个东亚的视域来理解，不能仅仅局限于中国的阳明学。例如，我20世纪90年代在北京大学发现的万历四年泾县查氏刻本《龙溪会语》[②]，当初一度传入日本，并曾为现代日本学者在研究时引用，这一点即表明日本不仅有阳明学的传统，也有研究阳明学的传统。事实上，除了日本之外，在韩国也有阳明学的传统。韩国的阳明学虽然一直处在朱子学的压制之下，不像日本那样可以与朱子学并驾齐驱，但晚近也有进一步的发展。例如，我自己也曾应邀参加过关于韩国阳明学的会议，发表过比较王龙溪与韩国阳明学者郑霞谷的论文[③]。但是，我对日本和韩国的阳明学所知毕竟有限，本文所论的阳明学，只能仍然以中国中晚明的阳明学为限。关于日本和韩国的阳明学传统，希望今后有机会向专治日韩阳明学的朋友请教。这也是我要首先加以说明的。

关于中晚明阳明学的政治取向及其困境和评价，我的讨论包括以下几个问题：第一，如何理解阳明学者在“得君行道”之外所另行开辟的“觉民行道”这一路线？第二，如何理解“觉民行道”和“得君行道”在阳明学中作为两种不同政治取向之间的关系？第三，如何理解阳明学中所隐含的政治主体观念及其困难？最后，如何才能建立儒家的政治主体并实现其政治社会理想？

---

①参见彭国翔：《良知学的展开——王龙溪与中晚明的阳明学》，台湾学生书局2003年版；《良知学的展开：王龙溪与中晚明的阳明学》，生活·读书·新知三联书店2005年版、生活·读书·新知三联书店2015年增订版。

②关于该刻本的研究，参见彭国翔：《明刊〈龙溪会语〉及王龙溪文集佚文——王龙溪文集明刊本略考》，《良知学的展开：王龙溪与中晚明的阳明学》增订版，第585—637页。

③彭国翔：《本体与工夫：郑霞谷与王龙溪合论》，袁行霈主编：《国学研究》（第21卷），北京大学出版社2008年版。也收入彭国翔：《儒家传统的诠释与思辨：从先秦儒学、宋明理学到现代新儒学》，武汉大学出版社2012年版。

二、如何理解“觉民行道”

在余英时先生讨论晚明士商互动与明清思想基调转换的文字中，对中晚明以阳明学为代表的儒学提出了一个颇有启发的观察。他认为，和宋代儒家士大夫的政治取向相较，中晚明阳明学者所代表的儒学，其政治取向在明代已经从以往的“得君行道”转变为“觉民行道”[①]。换言之，余先生认为，在明代的政治高压之下，从王阳明开始，以阳明学为代表的儒学，其政治诉求已经从“庙堂”转向“民间”。这一论述，后来在其《宋明理学与政治文化》一书中再次得到了表述。[②]

余先生的这一论断具有充分的史料依据，我认为无疑是一个正确的观察。不过，如果说“得君行道”是希望获得君主充分的信任，就像历史上的王安石一样，由君主的授权或支持而推行儒家的政治理想，那么，又应当如何理解阳明学者在“得君行道”之外所另外开辟的作为一种政治取向的“觉民行道”呢？这一问题，迄今为止似乎还缺乏应有的思考。

分析来说，“觉”如果是启蒙，即意味着使“民”获得一种意识上的自觉。那么，这种自觉是什么样的意识？是使得“民”自觉获得一种政治主体的自我意识，还是说这种自觉只是伦理和道德意义上的自觉？此外，“觉民行道”中“觉民”的主体固然是阳明学者所代表的儒家士大夫，但“行道”的主体是谁呢？仍然是使“民”由“不觉”而“觉”的那些信奉阳明学的儒家士大夫呢，还是除此之外也包括“民”甚至主要以“民”为行道的主体呢？此外，“觉民行道”所要推行的“道”，与“得君行道”中的“道”，是不是同一个“道”呢？这些问题，都属于如何理解“觉民行道”的范畴。下面，就让我们一一加以探讨。

阳明学者“觉民行道”最为充分的体现，恐怕莫过于各种各样的社会

①参见余先生的两篇论文：《现代儒学的回顾与展望——从明清思想基调的转换看儒学的现代发展》，《士商互动与儒学转向——明清社会史与思想之表现》。两文俱收入其《现代儒学的回顾与展望》，生活·读书·新知三联书店2004年版。

②余英时：《宋明理学与政治文化》，（台湾）允晨出版公司2004年版。

讲学或者说“讲会”活动了。“讲会”活动的一部分内容，固然有些是阳明学者之间的理论探讨，例如罗念庵（1504—1564）的《冬游记》所反映的内容。但是，更多内容却是面向社会大众的宣教。而从各种讲会宣教的内容来看，阳明学者希望社会大众所获得的那种自觉，主要仍然是一种伦理和道德意义上的意识。换言之，阳明学者“觉民”的主要内容，还不是要使广大民众自觉产生一种政治主体的意识，而仍是和传统的儒家士大夫一样，希望民众在伦理和道德的意义上获得充分的自觉，以便在社会的层面形成一种“为善去恶”的风气。这一点，结合当时不少阳明学者积极参与，在社会上普遍流行的“功过格”运动来看，①也可以得到说明。

不过，由于儒家传统在伦理道德和政治领域之间并未有明确的自觉区分，在这种“觉民”的过程中，无论是社会大众还是以阳明学者为代表的儒家知识人，尤其是后者，几乎不可避免地会导致一种政治主体意识的觉醒。同样被黄宗羲视为阳明后学的管志道（1536—1608），曾经批评王心斋（1483—1541）思想的流传所导致的儒学民间化会对“君道”构成威胁，所谓“王氏兴则道统自庶人出，无奈以师道蔽臣道，而启天下卑君之心乎？”②这固然反映了管志道本人推崇“君道”的一面，无形中却也恰恰说明，其他阳明学者“觉民行道”的实践可能造成广大民众政治主体身份的自觉。

“得君行道”中“得君”的主体当然是儒家知识人，至于“行道”的主体，固然看似仍然是儒家知识人，但是，“君”显然也是“行道”主体中不可或缺的一员，甚至是至关重要的一员。当我们把“行道”的主体理所当然地理解为儒家知识人时，其实是从儒家知识人的角度来看的。所谓

①关于晚明社会的功过格运动，参见Cynthia Brokaw, The Ledgers of Merit and Demerit: Social Change and Moral Order in Late Imperial China, Princeton University Press, 1991。该书有中译本［美］包筠雅：《功过格：明清社会的道德秩序》，杜正贞、赵林译，浙江人民出版社1999年版。

②管志道：《师门求正牍》卷中，第23页。转引自荒木见悟：《明末宗教思想研究：管东溟の生涯とその思想》，东京创文社1979年版，第137页。

“以天下为己任”，正是儒家知识人自我意识的反映。但是，从“君”的角度来看，不同的君主显然会有不同的理解。只有像宋代大部分的君主那样，儒家士大夫与君主“共治天下”的主体意识才会形成并且在一定程度上得以实现。这一点，在余英时先生的《朱熹的历史世界》①一书中有很好的探讨。但是，对于像明太祖以及后来清代雍正那样的君主来说，“行道”的主体只能是君主自己，儒家士大夫一旦产生“行道”主体的自觉，就只能是对君权的一种威胁和僭越了。那么，与此相较，“觉民行道”中的主体又应该是谁呢？

当然，和“得君”一样，“觉民”的主体也是儒家知识人。但是，“行道”的主体又该如何理解呢？显然，在阳明学“觉民行道”的语境中，“觉民行道”中“行道”的主体似乎与“君”无关，而只涉及以阳明学者为代表的儒家知识人与社会大众，也就是“士”与“民”。换言之，“觉民行道”中“行道”的主体是谁？需要在“士”和“民”之间进行分辨和考虑。在我看来，“觉民行道”中“行道”的主体应该首先包括儒家知识人。其实，在一定意义上，“觉民”本身即可视为一个“行道”的过程，因为“教化”民众从来都是儒家知识人自觉承担的义务。这一点，是从孔子“吾非斯人之徒与而谁与”的话开始，已经在儒家传统中确定了的一个基调。如此说来，“觉民”和“行道”作为一体两面的过程，其主体自然正是儒家知识人。不过，现在我们必须思考“民”的问题。“行道”的主体少不了儒家知识人，但是，一旦为儒家知识人所“觉”，“民”是否也能成为“行道”的主体呢？

在我看来，儒家知识人之外，“民”同样足以成为“行道”的主体，至少从阳明学的立场来看，是确定无疑的。“人人心中有仲尼”和“满街都是圣人”这种阳明学尤为强调的观念，决定了“民”必然要成为“行道”的主体。在这一点上，儒家知识人和社会大众只是先知先觉与后知后

---

①余英时：《朱熹的历史世界——宋代士大夫政治文化的研究》，生活·读书·新知三联书店2011年版。

觉的关系，从良知、本心的角度来看，儒家知识人和社会大众并无不同。因此，一旦获得觉悟，社会大众同样可以承担“行道”的使命。事实上，阳明后学尤其王心斋的泰州学派所开启的儒学民间化的运动，以及在这一民间化过程中涌现的诸如颜山农（1504—1596）、何心隐（1517—1579）、韩贞（1509—1585）、朱恕（1501—1583）以及大量史料未有详细记载的作为阳明后学的社会大众，都正是“行道”主体的体现。前面提到管志道对王心斋开启的儒学民间化的批评清楚地表明，在管志道这样的人士看来，阳明学民间化使得民众普遍获得自觉的后果，就是政治主体意识的觉醒。而这无疑会对君主制之下君主的权威构成挑战——“启天下卑君之心”。当然，如果从儒家传统自先秦以来一贯就有的“人皆可以为尧舜”的观念里看，“民”可以成为“行道”的主体，原本就是不成问题的。

然而，像管志道这样的阳明学者竟然担心儒学的民间化会“启天下卑君之心”，同时也表明了他“尊君”的立场。这一点，也恰恰说明“得君行道”的取向并未在中晚明的阳明学中随着“觉民行道”的兴起而销声匿迹。那么，如何看待“得君行道”和“觉民行道”这两条不同路线在阳明学中的关系，就是我们在接下来的一节中所要专门考察的问题了。

当然，在进入下一节之前，还有一个与如何理解“觉民行道”直接相关的问题需要澄清，即“觉民行道”中的“道”与“得君行道”中的“道”是否是一个“道”？在我看来，“得君行道”中的“道”，应该更侧重于儒家的政治理想，“觉民行道”中的“道”，则更多与儒家伦理道德的准则相关。不过，这只是站在今天的角度分析而言。如果我们充分顾及政治领域与伦理道德领域之间的区分原本在包括阳明学在内的儒家传统中并不明确这一历史事实，那么，我们也必须充分意识到，“得君行道”中的“道”并非只有政治的内容，而是同样也包含伦理道德的成分。同样，“觉民行道”中的“道”也并非只有伦理道德的内容，儒家的政治理想同样包含其中。例如，《礼记•礼运》“大同”篇所描述的蓝图，就很难在政治与伦理道德两分的架构中去进行非此即彼的判断。因此，在这个意义上，我们也可以说，“得君行道”和“觉民行道”这两种不同路线中的“道”，都可以视为对儒家政治理想的指示，只不过，这种政治理想同时也是一种包含伦理与道德内涵的社会蓝图。

总而言之，“觉民行道”与“得君行道”的不同在于：儒家知识人政治诉求的对象由“君”转换为“民”，与此相应，“行道”的主体便不再是儒家知识人和君主的结合体，而是无形中转换成了儒家知识人和广大民众的结合体。这一点，或许是“觉民行道”这一政治取向最大的意义所在。

三、如何理解“觉民行道”和“得君行道”的关系

我在《王龙溪的〈中鉴录〉及其思想史意义》[①]这篇论文中指出，对余英时先生从“得君行道”到“觉民行道”的这一论断，我们应该善会。在我看来，从“得君行道”到“觉民行道”应该理解为一种重点的转换，而不是二者之间非此即彼的截然取舍。不过，当时并不是专门讨论阳明学的政治取向，虽然论点已出，但并未完全展开。这里，我将专门对此予以进一步的讨论。

在《王龙溪的〈中鉴录〉及其思想史意义》这篇论文以及后来专门考察《中鉴录》[②]这部书的论文中，我曾指出，王龙溪在万历登基之际编纂《中鉴录》，不仅汇集了中国有史以来到他那个时代众多太监的传记资料，并且在分门别类的基础上予以评判，其意图在于通过太监而影响皇帝，这正是“得君行道”这一观念和实践的鲜明体现。该事件的一个重要思想史意义，即在于向我们显示：即使在像王龙溪这样几乎毕生以社会讲

①彭国翔：《王龙溪的〈中鉴录〉及其思想史意义》，《汉学研究》2001年第2期。收入彭国翔：《近世儒学史的辨正与钩沉》，（台湾）允晨出版公司2013年版、中华书局2015年版。

②彭国翔：《日本内阁文库藏善本明刊〈中鉴录〉及其价值和意义》，北京大学《儒藏》编纂与研究中心编：《儒家典籍与思想研究》（第6辑），北京大学出版社2014年版。收入彭国翔：《近世儒学史的辨正与钩沉》。

学为志业的儒家知识人那里，“得君行道”的这一政治取向无论是作为理念还是实践，都未尝消失；一旦时机具备，便立刻会表现出来。

在中晚明的阳明学中，具有“得君行道”这种政治取向的儒家知识人，并不在少数，他们甚至是最优秀的人物。例如，罗近溪（1515—1588）和王龙溪一样，也是晚明致力于社会讲学的一位代表性人物。并且，和王龙溪相较，如果说龙溪讲学的对象仍以儒家知识人或至少是生员为主要听众，那么，罗近溪讲学的对象则包括更多的社会大众。然而，正是罗近溪这样一位人物，在其讲学中格外宣扬明太祖的《圣谕六言》，甚至著有《太祖圣谕演训》。在他目前留存的文字记载中，我们可以看到，无论是面向社会大众的讲学，还是在私下对自己儿孙的教育甚至遗言，对罗近溪来说，明太祖简直就是一位继承了尧舜之道的圣君。人们只要奉行《圣谕六言》，似乎就可以超凡入圣，成为儒家的君子。[①]在这样的话语中，我们也不能不感到，在罗近溪看来，儒家的政治理想似乎在明太祖这样的君主那里已经几乎获得了实现。另一个例子是周海门（1547—1629），他在《天真讲学图序赠紫亭甘公》这篇文字中，再清楚不过地流露出：“得君行道”对儒家知识人是多么的重要。由于甘紫亭具有和王阳明十分类似的经历，当甘紫亭受到皇帝的召见，面临进京被委以重任的机会时，周海门感到十分的鼓舞。同时，对王阳明未曾有过类似的机遇，周海门也流露出了十分的惋惜之情。所谓“阳明寄居闲外，未获一日立朝。相业未彰，人用为恨”，这里用“相业未彰，人用为恨”的话，便充分反映了周海门的这种心态。在他看来，王阳明未能得到皇帝的任用，在中央政府担当类似“宰相”这样的职务，是一件十分遗憾的事。显然，“得君行道”这一政

---

①程开祐在《镌盱坛直诠序》中称罗近溪“所纪会语、会录无虑数十百种，每以太祖高皇帝圣谕六言为诸人士敷宣阐绎。”见罗汝芳：《盱坛直诠》，（台湾）广文书局印行，1967年再版，第1页。罗近溪临终前给诸孙的遗言中说“圣谕六言直接尧舜之统，发明孔孟之蕴，汝辈能合之《论》《孟》，以奉行于时时，则是熙熙同游尧舜世矣。”见罗汝芳：《近溪子集》，《四库全书存目丛书》集部（第130册），（台湾）庄严文化事业有限公司1997年版，第228页上栏。罗近溪的高足杨启元也认为“千百年道统，集于高皇”。见杨起元：《与周海门》，《续刻杨复所先生家藏文集》卷七，《四库全书存目丛书》（第167册），第327页。

治取向，在周海门的观念中依然牢不可破。是否能够“得君”，在他看来仍然是儒家知识人能否“行道”的一个至关重要的条件和保障。事实上，像王龙溪、罗近溪和周海门等这些第一流的阳明学者仍未放弃“得君行道”的理想，其政治取向中仍然将“得君行道”置于非常重要的位置，是完全可以理解的。何以如此？后文我会特别予以分析。

既然像王龙溪、罗近溪和周海门等人都并未放弃“得君行道”的理念，那么，对于像王心斋这样的人所倡导的儒学民间化趋势，尤其是其中隐含的人人都可以成为政治主体这种观念，像管志道这样推崇“君道”的人物立刻敏感地嗅出了其中挑战君权的气息，认为这种自我意识足以“启天下卑君之心”，就是完全不难理解的了。事实上，像耿定向（1524—1597）和李贽（1527—1602）之间的冲突、正统儒家士大夫与何心隐之间的冲突，以往大都是从社会伦理与个人道德修养的角度加以理解。但是，除此之外，政治取向的差异，特别是在对政治主体应当由何种人来承担这一问题的不同理解，恐怕也是一个重要的因素。显然，对于像耿定向这样的正统儒家士大夫以及像管志道这样崇尚“君道”的儒家知识人来说，社会民众似乎不太应当具有政治主体的身份，“行道”的主体应该是君主与儒家知识人的结合体，而不是儒家知识人和社会大众的结合体。

如此一来，从政治取向的角度来观察，中晚明的阳明学中就出现了一个非常有趣的现象。一方面，从王阳明开始，阳明学者在“得君行道”之外，另外开辟出了一条“觉民行道”的路线。对于王阳明个人来说，这或许是出于他政治生涯的无奈，但我相信，即便是发生学上的无奈，这种取向后来也成了王阳明的一种自觉。换句话说，即便是仕途上始终无法“得君行道”的经验使得阳明最终绝望，从而被迫另辟“觉民行道”的蹊径，“觉民行道”也逐渐成为阳明的一种高度自觉，不再是一种不得不如此和退而求其次地选择了。也只有如此，在阳明之后，大规模社会讲学活动的发生和发展，才是可以理解的。像王心斋那样不仅自己一再拒绝仕途，也不许自己的子孙后代进入仕途，正是这样一种高度自觉的表现。

但是，另一方面，在“觉民行道”这一路线成为中晚明阳明学与众不同的一个重要取向的同时，至少对王龙溪、罗近溪和周海门等这样的阳明学者来说，“得君行道”也依然并未被彻底放弃。就像蛰伏的火山再次喷发一样，在特定的时机之下，“得君行道”也依然成为他们政治取向的直接反映。并且，所谓有趣而值得思考的问题是：并不是说一部分阳明学者信奉“觉民行道”，另外一部分阳明学者不能忘情于“得君行道”，而是这两种不同的政治取向同时为那些阳明学者所兼具。我相信，在这两种取向之间非此即彼的极端单一的个案或许不是没有。但是，两种取向兼具一身的情况，在阳明学者的群体中，一定占据着绝对的多数。就此而言，王龙溪仍然是一个分析和理解的最佳案例。

王龙溪没有王阳明那样丰富的仕宦经验，他的官位远不如王阳明之高，更没有取得像王阳明那样的赫赫事功。但是，有一点相同的是，他也经历了仕途的挫折，甚至比王阳明更为严重。王龙溪是被罢官的。他为什么被罢官？整个事件过程如何？迄今尚不十分清楚。这个问题姑且不论，有一点是很清楚的。那就是：正是在罢官之后，王龙溪才将几乎全副身心投入到了足迹遍布大江南北的社会讲学活动之中，所谓“八十犹不废出游”。这样看来，王龙溪更应该是彻底放弃了“得君行道”的念头才对。但是，围绕《中鉴录》所发生的一切，再清楚不过地表明，王龙溪也终究没有放弃“得君行道”的取向。

当然，对于王龙溪来说，“得君行道”并不意味着儒家知识人自己获得君主的恩遇而被委以重任，从而像北宋的王安石那样一展宏图，推行心目中的儒家理想；而是通过影响君主的观念和实践，塑造一位真正信奉儒家思想的明君，从而使得儒家的理想通过这位贤明的君主获得最终的实现。如果说宋代儒家知识人的“得君行道”仍然是以君主和儒家知识人共同作为政治主体来“行道”，那么，在王龙溪的“得君行道”中，政治主体实际上已经不再是儒家知识人和君主的结合，而是由君主来独自承当了。在这种情况下，儒家知识人只能退居幕后，通过先影响太监再进而影响君主这一类非常间接的方式来发挥作用。

可是，即便在从政的经历中遭受重创，即便以几乎毕生的社会讲学活动而被载入史册，王龙溪为什么在致力于“觉民行道”的同时，却始终不愿或不能放弃“得君行道”的政治取向呢？前已指出，在一个君主制的机制之下，君主是一切权力的最终来源。没有君权的保证，任何“道”的推行，都是十分困难的。这里要进一步指出，王龙溪的案例以及罗近溪、周海门等阳明学者兼具“觉民行道”和“得君行道”这两种不同政治取向所反映的那种纠结，更深一层来看，其实揭露了这样一个无从闪避而必须认真思考的问题，那就是：在君主制的整体结构之中和君权的绝对笼罩之下，是否能够由儒家知识人和社会大众的结合体来承担并发挥政治主体的角色？可以说，中晚明阳明学者在政治取向问题上所表现出的纠结，其意义正在于揭示了政治主体应该由谁来承担这样一个问题以及该问题在中晚明所面临的困境。

四、阳明学蕴含的“民众政治主体”观念及其困境

阳明学所开辟的“觉民行道”这一路线，关键就在于无形中使政治主体的构成发生了变化，由儒家知识人和君主的结合体转换成为儒家知识人和社会大众的结合体。这种转换的后果，还不只是像管志道所说的“启天下卑君之心”，其逻辑的终点，恐怕不能不指向君主制和君权的合法性这一问题。那么，为什么阳明学“觉民行道”的路线会导致政治主体的构成发生如此的变化呢？这一点，与阳明学最为核心的观念有关。

如所周知，王阳明说过这样的话：“夫学贵得之心，求之于心而非也，虽其言出于孔子，不敢以为是也。”（《答罗整庵少宰书》）这里作为诉求对象的“心”，是心学传统中的“本心”，也就是阳明学最为核心

的“良知”。显然，这句话所表达的意思就是，在王阳明看来，即便是作为大成至圣先师的儒家圣人孔子所说的话，如果经不起本心的检验，过不了良知这一关，也不能被认为是正确的准则。同时，这句话也表明，对于王阳明来说，一切是非判断的终极标准只有人人自有的本心和良知，而不是任何外在的权威。既然孔子的言说都不能作为是非善恶的最后判准，那么，君主的“金口玉言”所说又当如何呢？显然，根据王阳明的这句话，君主也不能成为是非善恶的判断准则。并且，对于阳明这句话的理解，我们并不能仅仅局限于伦理道德的领域，而应当将政治社会的方面同样包括在内。如果从一个政治社会的视角来看的话，阳明的这一主张无疑会导向一种对于外在政治权威的挑战。而外在的政治权威，在当时而言自然是君主政体之下的君权。

当然，这种看法并不是王阳明的独创，而可以说是整个儒家传统一贯的原则，所谓“从道不从君”。王阳明这句话，只不过是将这一儒家传统的普遍原则更为鲜明地突显了出来。中国历史上固然不乏“曲学阿世”的公孙弘（前200—前121）之流，但“以德抗位”的儒家知识人也是不胜枚举。明太祖时的李仕鲁（？—1381）为了维护孟子所代表的这一“从道不从君”的儒学原则和信守，不惜付出生命，正是其中一例。余英时先生在其《朱熹的历史世界》中极为精彩细致地向我们展示的宋代儒家士大夫与君主“共治天下”的那种高度自觉，正是儒家知识人政治主体意识的反映。而到了阳明学自觉开辟出“觉民行道”的又一路线，则进一步将政治主体的范围从儒家知识人扩展到了整个社会大众。这一变化，也就是我前面指出的，政治主体的构成由儒家知识人和君主的结合体转换成为儒家知识人和社会大众的结合体。换言之，从阳明学的这一主张出发，政治主体非但不能为君主所独揽，甚至也不能仅由儒家知识人来承当，包括社会大众在内的每一个体，都可以而且应当作为一个政治主体来发挥作用。这一点，在我看来，可以说是从政治取向来观察阳明学所能看到的一个最为突出的特点。在这个意义上，阳明学视域下的政治主体，可以称之为“民众政治主体”。

阳明学的这种“民众政治主体”的观念，可以在王心斋的案例中获得很好的说明。王心斋的文献中曾记载了他有一回梦见“天堕压身，万人奔号求救”，而他自己“举臂起之”，不仅将已堕之天举起，更重整“失次”的日月星辰，使其恢复秩序。对于这一故事的解读，以往的思想史家往往视之为一种“自大”甚至“自恋”的反映。如侯外庐等认为，“这是一种宗教性悟道神话，完全以教主身分自居”[①]。不过，心斋文献中如此郑重其事地记录了这一梦境，并不能仅仅从这一角度去理解。在我看来，这恰恰可以视为心斋主体意识觉醒的鲜明反映。并且，这种主体并不仅仅是伦理道德教化意义上的主体，同时也是政治社会意义上的主体。如果王心斋自己及其所推动的阳明学民间化所唤醒的不仅仅是一般意义上的政治主体，而且更是一种民众政治主体，那么，管志道所谓的“启天下卑君之心”，就不难理解而正是一种准确的观察了。

不过，对于阳明学的这种“民众政治主体”，有两点需要说明：首先，这种主体意识与伦理道德意义上的主体意识，往往并未获得清楚的区分。不但社会大众对政治社会意义上的主体与伦理道德意义上的主体常常不能够有所区分，即便是以阳明学者为代表的儒家知识人，也未见得能有这种自觉的区别意识。因此，伦理道德的教化和政治社会的实践，常常是彼此交织在一起的；其次，即便阳明学“觉民行道”的思想与实践必然导向一种“民众政治主体”意识的觉醒，在实际的层面，由于这种主体常常和伦理道德意义上的主体混合在一起，作为“政治主体”的那种意识在社会大众之中恐怕尚未达到非常自觉的程度。对儒家知识人来说，即便这种政治主体的意识可以具备相当的自觉，但是，在高度集权的君主制这一现实政治之下，如何理解自己“政治主体”的身份以及如何发挥自己“政治

---

①侯外庐主编：《中国思想通史》（第4卷下册），人民出版社1960年版，第961页。

主体”的角色，都无法不陷入纠结与困境。

吕坤（1536—1618）关于“理”“势”的言论，常为思想史家所引用。其实，对于晚明儒家知识人作为政治主体在高度集权的君主制下所面临的纠结和困境，吕坤的表述正可作为一个分析和理解的极佳案例。仔细阅读会发现，虽然吕坤认为“理”比“势”更为尊贵，所谓“理又尊之尊也”，“庙堂之上，言理，则天子不得以势相夺；即相夺焉，而理则常伸于天下万世”（《呻吟语》卷一）。但是，他在这番话之前，首先予以肯定的，却仍然是“天地间惟理与势为最尊”。之所以如此，正是因为君主制和君权所代表的“势”，终究是一个无从闪避的现实政治结构。并且，“理”为“势”所夺，不仅是中国历史上一再上演的实际，更在晚明空前极权的君主制中得到了极大的突显。所以，对吕坤来说，“天子不得以势相夺”只是一种“应然”的虚说，而“相夺”才是历史长河中不断出现的实指。至于“而理则常伸于天下万世”，则只能说是吕坤作为一名儒家知识人对其信念的自我表达吧。

对于中国传统政治，牟宗三（1909—1995）先生曾经提出过“君、士、民”的观察架构，①我认为是非常准确和具有启发意义的。如果从“君、士、民”的关系来看政治主体的问题，我们可以看到，在“得君行道”的政治取向下，政治主体由“君”和“士”共同承担；在“觉民行道”的政治取向之下，政治主体则无形中转趋于“士”和“民”的结合。不过，中国政治的现实演化告诉我们，由唐宋而明清，是一个君主集权不断强化的过程。在“士”与“君”的“共治天下”已经日益转为“君”的“乾纲独断”这种情况下，“士”与“民”共同作为政治主体而将“君”排除在外，或者说让“君”成为和“士”与“民”一道的政治主体的因素之一，非但不能在现实政治中得到落实，而且这种意识本身即与“君权”构成直接的冲突。就连推尊“君道”的儒家知识人都会觉得这种政治主体意识会

①牟宗三：《道德的理想主义》，《牟宗三先生全集》（第9册），（台湾）联经出版事业股份有限公司2003年版。

“启天下卑君之心”，君主自身会作何感想，就是可想而知的了。

事实上，王龙溪、罗近溪等人一方面身体力行“觉民行道”的路线，另一方面又无法放弃“得君行道”的努力，甚至以太祖六谕作为宣教的典范，都反映了这样一种纠结和困境：在君权绝对笼罩的现实政治结构之下，为了尽可能使儒家的政治社会理想得到些许的落实，这些阳明学者不得不在“君”和“民”之间不断往复。这一现象，正是儒家知识人作为“士”的政治主体身份无从真正安立的表现。既然儒家知识人作为“士”的政治主体都难以真正确立，“民众政治主体”无法从“觉民行道”的思想和实践中真正得以实现出来，只能作为阳明学的一个“逻辑蕴含”而“隐而未发”，恐怕就更不得不是一种历史的宿命了。

五、儒家政治主体为何无法建立以及如何才能实现

那么，无论是“得君行道”所预设的儒家知识人与君主共治天下的政治主体，还是阳明学“觉民行道”所可能发展出的“民众政治主体”，为什么在中国历史上都终究无法真正建立和实现呢？

这其中的症结就在于君主制这一政治制度。事实上，正如余英时先生在《宋明理学与政治文化》中指出的：阳明学“觉民行道”这一路线的产生，极为重要的一个原因正是“得君行道”这一路线日益难以实现。随着宰相制度的废除以及君主专制在明代的日益强化，“得君行道”对儒家知识人来说已经完全成为一种可遇不可求的东西。然而，正如以上分析所显示的，在专制君权的绝对笼罩之下，“觉民行道”充其量只能在伦理道德的领域内推行。由于这一路线所蕴含的“民众政治主体”直接对君权构成威胁，在专制的君主制之下，较之“得君行道”，“觉民行道”作为一种政治取向可以说更难获得发展。就历史的实际来看，在极权君主制下，儒家知识人作为政治主体发挥作用已经举步维艰，屡遭整肃，明末东林党人的境遇就是一例。至于社会大众的政治主体意识觉醒而在社会上稍有举

动，就更加会被君主视为政治不安定的因素而必须铲除。可以说，“得君行道”和“觉民行道”之所以最终都无法行得通，关键就是君主制既不容许儒家知识人与其“共治天下”，只允许其作为“治世”的工具，更不允许广大民众作为政治主体而试图自己“当家做主”，或至少是不再盲目地作顺民、当奴才。一句话，正是君主制的独裁本性，致使“士”与“民”都不会被允许成为真正的政治主体。

无论是“得君行道”还是“觉民行道”，都以实现儒家的政治社会理想为共同目标。然而，君主制不仅是儒家的政治主体无法建立和实现的根源，同时也与儒家的政治社会理想在本质上存在着“家天下”和“公天下”的根本对立。有一种世俗的看法，即认为儒家的政治社会理想为中国历史上的君主专制提供了思想观念上的支持，其实恰恰相反。中国历史上第一个布衣皇帝刘邦在以武力夺取了政权之后向他父亲所说的话，将其“家天下”的心态表露无遗。而如果说君主制的本质就在于“家天下”，那么，儒家的政治理想却是《礼记·礼运》“大同”篇所反映的“公天下”。这种“公天下”的政治社会理想，用孟子的名言来说，就是“民为贵，社稷次之，君为轻”。朱元璋下令罢除孟子在孔庙的陪享，命刘三吾（1313—1400）编定《孟子节文》，特意删除了孟子这段话，正是“家天下”与“公天下”冲突的突出表现。在君主制确立之后的中国历史上，历代真正的儒家知识人无论是通过灾异的告谴，如董仲舒（前179—前104）；还是通过正心诚意的道德劝诫，如大批理学人物，都是要想方设法限制君主的权力。而历代大儒在实际政治中几乎无一例外地被边缘化甚至被扣上“伪学”的帽子，都表明了“公天下”的理念被“家天下”的君主制一再击碎的现实。至于孔子一生在政治上的失意，正可以视为儒家政治社会理想现实际遇的一个缩影。不久之前过世的狄培理（W. T. de Bary）教授，在其《儒学的困境》（*The Trouble with Confucianism*）中曾经指出：“这些儒家经常不得不单枪匹马面对大权在握的统治者，独自应对帝国官僚体系的复杂、僵化或派系内讧。他们越是有良知，就越容易成为烈士，或者更多的时候成为政治空想家。”①

总之，只要“家天下”的君主制不消除，儒家“公天下”的政治社会理想永无实现的可能，儒家知识人和社会大众的政治主体身份，自然也终究无法建立。那么，接下来的问题是：儒家的政治主体如何才能建立呢？儒家的政治理想又如何才能实现呢？在我看来，只有在一个民主政治的架构之下，儒家的政治主体才能真正建立，“公天下”的政治与社会理想也才能实现。

如前所述，历史上中国的儒家知识人一直试图限制君权，但苦无良策，并未对君主制本身提出质疑。但是，这种情况在晚清发生了变化。我们知道，近代中国最先接触到西方代议制度的一批儒家知识人：如王韬（1828—1897）、薛福成（1838—1894）、郑观应（1842—1922）等，不约而同地对其表示欣赏，认为这种制度有助于儒家政治社会理想的实现。被称为保守主义者的钱穆（1895—1990）先生，访问美国之后曾经在给余英时先生的信中称赞美国的政治制度。所有这一类的例子，都表明了民主政治构成儒家政治社会理想的内在要求，儒家知识人接受民主政治可以说是顺理成章的。

当然，民主政治并不能保证阳明学所蕴含的那种“民众政治主体”立刻能够建立，也不能保证儒家“公天下”的政治与社会理想能够立刻实现。但是，这里的关键在于，虽然民主政治并不能使得像中国这样具有数千年君主制传统的国家的各种问题立刻迎刃而解，甚至在民主政治建立之初，还会一度出现更大的乱局，各个方面的问题甚至会一度恶化而不是改善。但是，可以肯定的是，不建立真正的民主政治，对一个具有漫长君主集权传统的国家以及根深蒂固“子民”而非“公民”意识的民族来说，很

①W. T. de Bary, The Trouble with Confucianism . Harvard University Press, 1996, p.99.中译本参见［美］狄百瑞：《儒家的困境》，黄水婴译，北京大学出版社2009年版，第117页。

多问题就永远无法解决，“民众政治主体”和“公天下”的建立与实现，就将永远是遥遥无期的。辛亥革命迄今中国百年以来的发展历史，似乎已经论证了这一点。

最后我想说的是，民主政治包括形式和内容两个方面。作为具体的形式架构，民主政治可以而且理当结合各个民族和国家的历史传统，发展出各自不同的模式。但作为一种理念和精神，民主政治又必然是以人民自己当家做主以及权力的分割与制衡为其内容，不必是西方的专属。[①]对于世界上民主政治的各种具体模式来说，这一内容是“人同此心”“心同此理”的。我相信，在一个民主的政治架构之下，无论是儒家的君子人格，还是儒家“民众政治主体”在阳明学中的蕴含，以及“以民为本”“天下为公”的政治社会理想，都会更容易实现。

（原载《深圳社会科学》2019年第3期）

①例如，阿玛蒂亚•森（Amartya Sen）即曾发掘印度传统中民主的思想与实践，并从“公议”（public reasoning）的角度来界定民主之为民主。参见其“The Argumentative Indian: Writings on Indian History, Culture and Identity”, Picador, 2006.

宋明理学视域中的朱子学与阳明学

□ 吴 震[1]

摘要：朱子学与阳明学可以有广狭两义的理解：狭义指朱子或阳明个人的哲学思想，广义则包含朱子或阳明之后学以及后世的朱子学者或阳明学者有关朱子学和阳明学的思想诠释、理论发展。由此以观，朱子学和阳明学就不是封闭的静止的理论系统，而是可以不断发展和开拓的动态的思想体系。这就需要我们转换审视的角度，既要将朱子学和阳明学置于广义宋明理学视域中，同时亦须将宋明理学视作一场整体的思想运动，才能对朱子学和阳明学获得整体性的思想了解和历史把握，以重现作为广义宋明理学视域中的朱子学和阳明学的理论意义及其思想价值。

关键词：宋明理学 广义朱子学 广义阳明学 广义宋明理学

宋明理学是中国哲学发展史上的一个重要阶段，足以代表其理论典范的则是朱子学与阳明学。历史上，有关宋明理学大致有“理学”“道学”或“新儒学”三种称呼，对此，固有必要作概念的澄清，然而“语言”表达一旦约定俗成，便已获得了其本身含义的相对稳定性，故亦不必过多纠缠，而应重在对思想内涵的把握。在我们看来，有必要树立一个广义宋明理学的学术史概念，将理学、心学乃至气学等宋明时代各主流思想作一番贯通全局的整体性了解。

我们所关注的是先秦传统儒学在宋代的全面复兴，导致儒学的理学化及哲学化的转向，究竟意味着什么？回答这一问题的关键在于我们如何将朱子学和阳明学置于广义宋明理学视域中作出重新理解。无疑地，作为广

---

①吴震，复旦大学哲学学院教授。本文系国家社会科学基金重大项目“多卷本《宋明理学史新编》”（项目批准号：17ZDA013）阶段性成果。

义理学形态的朱子学与阳明学在理论旨趣等方面既有共同的理论追求又有观点主张的差异表现，作为儒学第二期发展的典型理论形态，我们应当如何审视其理论关切，并从理学的传统中获取新的思想资源，这是我们今天从事宋明理学研究的一大课题。

一、广义的视域

11世纪宋代儒学复兴运动之际，“道学”作为特有名词已然出现。（见姜广辉）二程（程颢、程颐）对于“道学”则有一种强烈的自觉，《二程集》中“道学”一词出现达十次以上，程颐的两句话堪称典型，一则曰：“自予兄弟倡明道学，世方惊疑。”①表明二程初倡“道学”之际，遇到了相当的社会阻力。一则曰：“臣窃内思，儒者得以道学辅人主，盖非常之遇。”②这是程颐于元祐元年（1086）出任崇政殿说书之际，在《上太皇太后书》奏折中的一句话，表明在程颐的意识中，“道学”是他的学问追求。在奏折末尾，程颐更是表达了对自己重新发现“道学”的理论自觉：

> 窃以圣人之学，不传久矣。臣幸得之于遗经，不自度量，以身任道。天下骇笑者虽多，而近年信从者亦众。③

足见道学概念在程颐思想中的分量极重，而且他意识到可以利用经筵侍讲的绝好机会，将道学向年幼的哲宗皇帝进行灌输。这从一个侧面印证了南宋末周密的记载是大致符合史实的：“道学之名，起于元祐（1086—1093），盛于淳熙（1174—1189）。”④

其实，到了南宋时代，除“道学”外，“理学”一词也开始流行，

①〔宋〕程颢、程颐：《河南程氏文集》卷十一，《二程集》，王孝鱼点校，中华书局1981年版，第643页。

②〔宋〕程颢、程颐：《河南程氏文集》卷六，《二程集》，王孝鱼点校，第542页。

③〔宋〕程颢、程颐：《河南程氏文集》卷六，《二程集》，王孝鱼点校，第546页。

④〔宋〕周密：《癸辛杂识续集下》，上海古籍出版社编：《宋元笔记小说大观》（第6册），上海古籍出版社2001年版，第5805页 。

其主要指儒家的义理之学，以区别于汉唐以来的训诂之学，如陆九渊、张栻、朱熹等人有关“理学”的用法都不外乎此意。宋末黄震（1213—1280）更为明确地指出：“自本朝讲明理学，脱去训诂。”“本朝之治，远追唐虞，以理学为之根柢也。义理之学，独盛本朝，以程先生为之宗师也。”[①]这是说理学的思想实质在于义理而有别于训诂，上可溯源至唐虞时代的三代社会，下可探寻于北宋二程，而二程才是开创理学的“宗师”。

元代所修《宋史·道学传》的“道学”概念则是专指濂洛关闽之学，特指程朱一系的思想学说，变成了一个狭义的学派概念。清修《明史》则不列“道学传”，而将道学人物全部纳入“儒林传”之中。所以近代以来，学术界有关“道学”一词能否涵盖宋明儒学思想的问题争议不断[②]，此处不赘。

关于“新儒学”（Neo-Confucianism），原是在西方学界普遍流行的一个译名，用以泛指宋明理学（道学）的思想学说。关于其缘起，有研究表明，其实早在17世纪传教士来华之后，目睹宋明儒所倡之新思想，因仿当时新柏拉图主义（Neo-Platonism）之名，而刻意造了一个新词：Neo-Confucianism。[③]尽管它在当时中国并未留下任何影响，其含义所指无非是广义宋明理学，既含道学亦含心学等宋明儒学新思潮，不过，陈寅恪却在1934年为冯友兰《中国哲学史》（下册）所作的《审查报告》中屡用“新儒学”及“新儒家”之概念，用以泛指广义宋明理学，但他并没有交代这一概念的缘起问题，或许在二三十年代，“宋明道学家即近所谓新儒家之学”[④]的说法已成当时学界常识亦未可知。按陈寅恪对新儒学的判断：“中国自秦以后，迄于今日，其思想之演变历程，至繁至久。要之，只为一大

---

①〔宋〕黄震：《黄震全集》，张伟、何忠礼主编，浙江大学出版社2013年版，第5、2420页。

②冯友兰：《略论道学的特点、名称和性质》，中国哲学社会史学会、浙江省社会科学研究所编：《论宋明理学》，浙江人民出版社1983年版；冯友兰：《中国哲学史新编》（第5册），人民出版社1987年版。

③陈荣捷：《宋明理学之概念与历史》，（台湾）“中央研究院”中国文哲研究所筹备处1996年版，第286页。

④冯友兰：《中国哲学史》（下册），中华书局1961年版，第800页。

事因缘，即新儒学之产生及其传衍而已。”[①]这是将宋代新儒学的产生称作中国二千年来思想史上的“一大事因缘”，其评价之高，颇值回味。

本来，关于宋明理学可以有不同角度的理解，就其时代言，横跨公元11世纪至17世纪的600年；就其内涵言，涉及理学理论的概念系统及其所蕴含的哲学问题；就其思想的历史地位言，堪称中国儒学思想发展的第二期重要阶段（关于儒学发展的“三期说”“四期说”，本文搁置不论）；就其理论的代表形态言，则非12世纪朱熹开创的朱子学及16世纪王阳明开创的阳明学莫属，因为，朱子学与阳明学具有贯通宋明理学的历史地位，宋明理学的哲学问题大多可以从朱子学与阳明学的理论系统中找到其原初形态及其扩散演变之轨迹。因此，透过朱子学和阳明学这两扇窗户，可以使我们得以一窥宋明理学的整体思想动向。

所谓广义宋明理学，是将宋明理学视作一场整体性的思想运动，尽管其理论建构包含不同阶段的历时性发展，对此，我们需要从理论与历史这两个层面来进行思考和把握。首先，这将涉及如何理解朱子学和阳明学的义理系统问题；其次，将涉及如何把握朱子学和阳明学的历史地位问题。就学术史的特定意义而言，朱子学表示朱熹的哲学思想，阳明学表示王阳明的哲学思想，可是，若以为仅以朱王两人的思想言说便能把握理学的整体性特征，则必导致学术视野的自我局限，而难以对宋明理学的整体性意义有一个纵览全局的真正把握。

因此，我们有必要对朱子学和阳明学从更宽阔的视野作一番重新“定义”，尽管这项定义是描述性的，而并不是从学科意义上对朱子学和阳明学的内涵和外延所作的明确界定。在我们看来，可以从不同角度来审视：从类型学的角度看，朱子学代表了理学形态，阳明学代表了心学形态；从学术史的角度看，那么事实上，无论是朱子理学还是阳明心学，应当都是宋明道学思潮的总体性产物；若从纵览全局的视野看，朱子学和阳明学无

①陈寅恪：《金明馆丛稿》（二编），陈美延编：《陈寅恪集》，生活·读书·新知三联书店2001年版，第282页。

疑是宋明新儒学的两大理论高峰，在理论性质上，属于中国儒学传统中“重理主义”与“重心主义”的两种理论形态。

重要的是，我们可以从广义上来重新理解朱子学和阳明学这两种理论形态。因为任何一种理论的形成，固然是思想家个人的理论创造之结果，然而所谓理论创造又绝非抽离于历史文化发展过程的孤独现象，例如朱子学不仅是朱子个人的思辨结果，更是理学思潮的理论结晶，也是宋代新儒学的理论集大成之结果。因为北宋的周（敦颐）、张（载）、二程（程颢、程颐）的思想构成了朱子学的重要资源，这就表明朱子学乃是广义上的道学理论建构，若将两宋道学加以互不关联的切割，恐怕朱子学便成了一种悬空架构。

另一方面，从历史文化的发展角度看，任何一种有生命力的哲学理论都具有不断诠释与发展的可能性，因而具有动态的开放性特征，故朱子门人及其后学对朱子思想的不断诠释乃至理论推衍，理应作为广义上的朱子学而得到应有的重视。也正由此，所以说朱子学作为一种哲学思想遗产，它不仅是朱子个人的思想，更是经近世诸儒或后世学者对朱子学的思想再生产，从而不断丰富发展的理论学说。广而言之，13世纪传入朝鲜和日本之后的朱子学经过不断诠释得以形成的朝鲜朱子学和日本朱子学也应属于广义朱子学的范围，尽管它们在理论形态等诸多方面与中国朱子学相比已发生了各种本土化的转向。同样的道理，阳明学也有广狭两义之分，这里就不赘述了。

基于上述立场进行思考，一方面，可以促进我们对于朱子学和阳明学的理论本身的全方位了解；与此同时，也可借助广义的朱子学和阳明学，推动我们对于宋明理学的重新认识，也就是说，以广义的朱子学和阳明学作为观察宋明理学整体运动的两大审视坐标，进而将宋明理学史上的各种理论环节贯穿起来，必将有助于开拓宋明理学研究的新视野。

二、理气的建构

关于宋明理学，我们可以把朱子学作为一个起点来进入思考。朱子学理论的基本关怀大致有三：一是存在论，以“所以然之故”的“理”作为世界存在的基本方式，因而“理”带有秩序性的含义，反映了世界秩序，与此同时，“气”是构成一切存在的基本要素，因而“气”又与“理”构成不离不杂的理气二元之关系；二是伦理学，以“所当然之则”的“理”作为人伦社会的基本方式，因而“理”带有规范性的含义，反映了伦理秩序；三是心性论，朱子学认为“心”具有统摄性情的功能义和主宰义，但“心”并不是存在论意义上的本体概念，唯有“性”才是与“理”一般的本体存在，故有“性即理”的命题提出而决不能认同“心即理”；同时，由于“气”的介在性作用，因而构成了人性论意义上的气质之性与本然之性的二元格局。

合而言之，“理”作为理学的首出之概念，其基本含义即指“秩序”，泛指一切存在的秩序，包括宇宙、社会乃至主体存在的心性都有“本然如是”的存在方式。从语源学的角度看，“秩序”一词源自《尚书》“天秩天序”，本义是指上天一般的存在秩序，引申为秩序的必然性而非人为性，换言之，任何一种存在秩序都是客观事实，而非人为设计的结果。理学家的“天理”观便具有客观实在的特性，在这个意义上，秩序意味着天理的自然性及实在性，故二程有“天理自然”“天下无实于理”以及“惟理为实”[1]等观点，而朱子更明确提出了“天下之物，皆实理之所为”[2]以及“实理”“实有此理”“实有”[3]等理学实体观。这些“实理”“实有”“实体”等概念的出现，意味着向来表示阴阳气化的自然天道宇宙观向“形而上学”（作为理学用语）意义上的本体宇宙观的理论转

①〔宋〕程颢、程颐：《河南程氏粹言》卷一，《二程集》，王孝鱼点校，第1169页。

②〔宋〕朱熹：《中庸章句》，《四书章句集注》，中华书局1983年版，第34页。

③〔宋〕黎靖德编：《朱子语类》，王星贤点校，中华书局1986年版，第2365、104页。

进，在儒家观念史上可谓是一大标志性事件。

然而，涉及伦理主体的“心”如何与客观实在的“理”打通融合，却是朱子学与阳明学共同思索的理论目标，也由此而产生了理学与心学的理论紧张。问题的复杂性在于，在心与理之间，又有“气”的因素介入其中，而“气”是一种差异性的存在，具有限制性作用，所以“气”的问题又成为理学（亦含心学）不得不共同面对的一大理论焦点。

从广义的角度出发，我们会发现被以往学界的研究所遮蔽的现象：朱子理学及阳明心学在“心即理”这一关涉哲学基本立场的问题上虽然存在尖锐的观念对立，然而在其理论内部却也共享着诸多“新儒学”的思想资源，就在朱子理学的内部构造中，并不缺乏诸多有关“心学”问题的关注和探讨，同样即便在阳明心学的理论系统中，也不缺乏对“天理”及“性即理”命题的认同，而在如何实现成就自我德性的同时，亦要求尽量扩充自己的德性以及于整个社会，在这一德性实践的工夫论领域中，朱子理学或阳明心学都同样秉持“存天理、去人欲”的基本观念。因为按照新儒学的基本设想，对于任何一种基于人心欲望而发生的有可能偏离正轨的情欲追求，都必须置于本心或天理之下来加以疏导和规范，而绝不能放任一己之私的欲望得以无限膨胀。

另一方面，构成理学一大理论基石的是本体宇宙论。无论是理学还是心学，理作为生物之本的形上之理，气作为生物之具的形下之气，绝不是彼此割裂的两个世界，而是具有关联性、连续性的“一个世界”，这个“世界”不仅表现为天道与人道的接续不断，而且表现为“性与天道”的内在联系，即人性内在地蕴含天道的意义。从宇宙论的角度看，朱子认为，理若无气作为其自身的挂搭处，则理便无法流行发用，只是理气在结构上的这种“不离”之特性，并不意味着否定理气在本源意义上的“不杂”之关系，因为理气毕竟分属形上形下。若从价值论的角度看，理作为一切存在的依据，其价值和意义必借助于实在性的气而得以呈现，由此，理才不至于沦为观念抽象。理不仅是所以当然之则，更是绝好至善的表德，而“性即理”这一程朱理学的至上命题，正是在此意义上得以成立的。

就阳明学而言，作为终极实在的良知一方面构成了人心的实质内涵，同时又须通过实在世界（气）的流行发用得以呈现自身的意义，故良知在“一气流通”的过程中得以展现其“生生不息”的生命力。只是从本体论视域看，良知本体固不必有赖于气而存在，良知与气或心与气并不构成宇宙论意义上的“理气”关系，故阳明学的理论旨趣并不在于重建理气宇宙论。[①]但在阳明学的观念中，良知本体作为一种实体存在，同时又在日月星辰、山川草木中发用流行，这就与近代以来西方哲学传统必将本体与现象、超越与内在、思维与存在严格两分的思维格局显然不同。

从比较的视域看，中国哲学的一个重要智慧是，天人合一、体用不离。在体用问题上，宋明儒者秉持有体必有其用的观念，主张体用不分、相即不离，这也正是程颐强调“体用一源，显微无间”的奥秘所在，也是朱子学所表明的“形而下即形而上者”“理一”与“分殊”交相辉映的智慧反映。朱子明确指出：形而下即形而上者，《易传》谓“至微者理”，即所谓形而上者也；“至著者象”，即所谓形而下者也。“体用一源，显微无间”，则虽形而上形而下，亦只是此个义理也。[②]

另一方面，“体用一源”并不意味着否认体用分属形上形下的存在事实，故朱子又说：“至于形而上下却有分别，须分得此是体，彼是用，方说得一源；分得此是象，彼是理，方说得无间。若只是一物，却不须更说一源、无间也。”[③]而朱子对“体用”概念的贞定是明确的：“大本者，天命之性，天下之理皆由此出，道之体也。达道者，循性之谓，天下古今之

①吴震：《论王阳明“一体之仁”的仁学思想》，《哲学研究》2017年第1期。

②〔宋〕朱熹：《晦庵先生朱文公文集》卷五十四，朱杰人、严佐之、刘永翔主编：《朱子全书》（第22册），上海古籍出版社2002年版，第2227页。

③〔宋〕朱熹：《晦庵先生朱文公文集》卷五十四，朱杰人、严佐之、刘永翔主编：《朱子全书》（第22册），第2227页。

所共由，道之用也。”[①]可见，朱子学的体用观涉及天道与性命两个方面，属于理学本体论的建构。

归根结底，在气所构成的现实世界或伦理世界中，天道性命得以生生不息、流行发用，这是因为天道性命既是本体存在，同时又必然在现象世界中展现自身的缘故。也正由此，故谓体无定体、即用而显，表现在德性的行为方式上，便有了“即用求体”的为学主张。如阳明曾说：“心无体，以天地万物感应之是非为体。”[②]所以“君子之于学也，因用以求其体”。[③]要之，“理一分殊”“体用一源”“即用求体”等理学话语，应当是广义朱子学和阳明学所共享的基本观念。

总之，从广义宋明理学的视域出发，可以发现理学或心学的理论内部并不缺乏有关“气”这一实在性问题的探索，“气”并不是所谓“气学”家的专利。只是气学理论有自身的特色，即不能接受本体论意义上的“理气不杂”的观点，转而认定结构论上的“理即气之理”的观点，否定在气之上或气之外存在另一种实体性的天理，从而将气看作是一切存在的本源，甚至是德性存在的唯一“实体”，如“阴阳五行，道之实体也；血气心知，性之实体也”[④]之类。这种气学思想自宋明发展到明清时期，形成了重要的思想流派，对天理实体化观念展开了集中的批判，出现了一股“去实体化”思潮。[⑤]故从狭义的观点看，将宋明思想规定为理学、心学与气学三足鼎立的格局，不失为一种言之有据的学术史区分方法，[⑥]只是本文并不取此立场，暂置勿论。

①〔宋〕朱熹：《中庸章句》，《四书章句集注》，第18页。

②吴震解读：《传习录》，袁行霈主编：《中华传统文化百部经典》，国家图书馆出版社2018年版，第444页。

③〔明〕王守仁：《答汪石潭内翰》，《王阳明全集》卷四，吴光等编校，上海古籍出版社1992年版，第147页。

④〔清〕戴震：《孟子字义疏证》，何文光整理，中华书局1961年版，第21页。

⑤陈来：《元明理学的“去实体化”转向及其理论后果——重回“哲学史”诠释的一个例子》，《诠释与重建：王船山的哲学精神》，北京大学出版社2004年版，第394—421页。

⑥〔日〕山井涌：《明清思想史の研究》，东京大学出版会1980年版。

三、道德与知识

但是，从分析的观点看，德性须在形质上得以呈现自身的命题，转化为德性须有赖于形质而存在的命题，这与其说是一种理论上的转进，还不如说是一种理论上的错置，因为从前者并不能合理地推出后者。即便如戴震所说的“德性资于学问”[①]这句命题，也并没有真正解决这样一个问题：一种有关实然世界的客观知识何以可能转化出应然世界的价值知识？一个人的德性培养固然可以通过后天的知识学习得以扩充，但是一个缺乏德性的人在知识学习过程中，也许其结果适得其反，滋生出某种非德性的人格和习性。因为按照广义的理学观点，他们达成的一项共识是：德性之知不依赖于闻见之知而有。

也就是说，经验知识并不能倒过来成为德性存在的基础。所以，成德之学的关键在于“明德”的指引，唯有如此，才会使知识活动的“学”成为真正意义上的“为己之学”（孔子）、“自得之学”（孟子）、“切己之学”（程朱）、“身心之学”（阳明），否则，便成了一种所谓的“口耳之学”。按阳明判断，世界上只存在两种学问；一种是“讲之以身心者”，一种是“讲之以口耳者”。[②]而“身心之学”对阳明而言才是儒学的实践之学。既然是实践之学，其背后必有天理良知作为其依据始有可能。“德性资于学问”虽有见于知识对于德性的养成具有充分条件，但却不能证成后者构成前者的必要条件，戴震欲以此命题来推翻一切实践之学的形上依据——本然之性或本来良知，却不知“闻见之知”作为一种经验知识而有其自身的局限性，并不足以颠覆理学的形上学建构。

须指出的是，德性与知识的问题往往被转换成考据与义理的问题，这是戴震哲学的一个隐秘思路。然而，两者属于不同领域的问题，不可互相替代。前者属于如何成就自己德性的伦理学领域，追问的是“成己之学”

①〔清〕戴震：《孟子字义疏证》，何文光整理，第15页。

②吴震解读：《传习录》，袁行霈主编：《中华传统文化百部经典》，第309页。

的最终依据究竟何在的问题，其中涉及德性能否成为构建伦理学的基础等问题；后者属于如何确切地把握知识的方法论问题，追问的是知识获得须通过经典考据还是须通过对文本义理的了解才有可能的问题，就此而言，戴震力主训诂明则义理明的为学立场本无可厚非，如同哲学建构往往需要哲学史的知识一般。问题在于戴震所谓的“义理”既不同于宋明儒所说的“性与天道”，则由考据以明义理的说法便与道德和知识的问题发生脱节。

从历史上看，在宋代朱子与象山的时代，尊德性与道问学的关系问题确已成为理学内部的一个争论焦点，及至明代阳明学的时代，遂演变成良知与知识之争。在1180年代中期，朱子对于自己平生多用力于道问学有所反省，意识到尊德性与道问学应当互相“去短集长”，他说：

> 大抵子思以来教人之法，惟以尊德性、道问学两事为用力之要。今子静所说专是尊德性事，而熹平日所论却是问学上多了。……今当反身用力去短集长，庶几不堕一边耳。[①]

可见，朱子洞察到当时社会上存在两种为学趋向，而且深知陆象山与自己在此问题上存在差异，而欲弥合双方的缺陷。朱子在《答项平父》第4书中也透漏了相似的看法，他说：

> 近世学者务反求者便以博观为外驰，务博观者又以内省为隘狭，左右佩剑，各主一偏，而道术分裂，不可复合，此学者之大病也。若谓尧舜以来所谓兢兢业业便只是读书程课，窃恐有一向外驰之病也。如此用力，略无虚间意思、省察工夫，血气何由可平，忿欲何由可弭耶？[②]

这里，朱子显然对当时存在的“反求内省”与“博观外驰”的两种为

①〔宋〕朱熹：《晦庵先生朱文公文集》卷五十四，朱杰人、严佐之、刘永翔主编：《朱子全书》（第23册），第2541页。

②〔宋〕朱熹：《晦庵先生朱文公文集》卷五十四，朱杰人、严佐之、刘永翔主编：《朱子全书》（第23册），第2542页。

学趣向均有不满，认为各执一端，必将导致“道术分裂”的后果。他认为尧舜以来教人为学工夫绝不限于“读书程课”而已，更重视平日的涵养省察工夫，足见朱子对尊德性一路的为学主张未必没有同情的了解和深切的洞察。

关于朱子思想的这一微妙变动，很快被陆象山所察觉，但在他看来，朱子此说似是而非，并提出了尖锐的质疑：“既不知尊德性，焉有所谓道问学？”[①]象山坚信德性是一切学问的前提，因为“形而上者”的道德性命之学才是根本学问，而“形而下者”的名物度数之学则不足以体现孔子“吾道一以贯之”的儒学精神，象山与弟子的一场对话就充分表明了这一观点：

> 或谓先生之学，是道德性命，形而上者；晦翁之学，是名物度数，形而下者。学者当兼二先生之学。先生云：“足下如此说晦翁，晦翁未伏。晦翁之学，自谓一贯，但其见道不明，终不足以一贯耳。吾尝与晦翁书云：‘揣量模写之工，依放假借之似，其条画足以自信，其节目足以自安’，此言切中晦翁之膏肓。”[②]

这场对话给人以一个明确信息：在象山的意识中，其与朱子之争乃是“形而上学”与“形而下学”之争，两者涉及基本的哲学立场，故容不得丝毫的退让。

400年后，当王阳明注意到朱陆之间有关尊德性与道问学的争论时，他可以比较冷静地作出判断，并且从朱子的字里行间，洞察到朱子虽欲调和两种为学方法，但其前提立场显然有误，仍然是“分尊德性、道问学作两件”了，同时，阳明也不愿重新激发朱陆之争，因而主张德性与问学应同时并重，尊德性不能“只空空去尊，更不去问学”，道问学也不能“只是空空去问学，更与德性无关涉”。[③]表面看，阳明似在调和朱陆，然而在

①〔宋〕陆九渊：《语录上》，《陆九渊集》卷三十四，钟哲点校，中华书局1980年版，第400页。

②〔宋〕陆九渊：《语录上》，《陆九渊集》卷三十四，钟哲点校，第419—420页。

③吴震解读：《传习录》，袁行霈主编：《中华传统文化百部经典》，第504页。

道德与知识何者为重为本的根本问题上，阳明显然有其自身的哲学立场，对于一味追求外在客观知识而忘却“本心”的为学取向不以为然，认为这在为学方向上犯了“舍心逐物”的根本错误。至于他提出“道问学即尊德性之功”[①]的观点，也应放在心学脉络中才能获得善解。在我们看来，这个说法无疑凸显了德性才是问学之本的心学立场，如同阳明一再强调的“约礼”是“博学”之本、“诚意”是“格物”之本一样。

晚年阳明在提出致良知学说之后，更是坚定了“知”乃良心之知、德性之知而非通常意义上的“见闻知识”这一心学立场，进而对朱子学发出了“纵格得草木来，如何反来诚得自家意”[②]的根本质疑。显然，这是针对朱子学偏重于“即物穷理”的外向知识活动而言的，凸显了致良知而非格物在儒学工夫论中的核心地位，表现出阳明学在完善自我的成德之学的实践问题上，与朱子学的格物论格格不入。阳明学之所以与朱子学发生这些思想分歧，当然需追问另一更为根本的问题，即朱子学和阳明学的哲学根本问题究竟何在？若紧扣宋明理学的语境来追问，亦即如何审视和定位心与理的关系问题。

四、义理的拓展

从广义的视域以观理学，理学无疑是中国哲学的一个重要形态，其中内含程朱理学和陆王心学。今人喜说“哲学”，若按宋儒对传统学术的类型学之说，哲学便是“义理之学”，而有别于“词章之学”和“训诂之学”；而就学问之本质看，词章之学不过是“能文者”，训诂之学不过是“谈经者”，前者沦为“文士”而后者适成“讲师”而已，唯义理之学才是“知道者”，乃真“儒学”。[③]故儒学唯以“道”为根本问题，宋代所创新儒学运动之所以被称为“道学”，盖有以也。

①吴震解读：《传习录》，袁行霈主编：《中华传统文化百部经典》，第82页。

②吴震解读：《传习录》，袁行霈主编：《中华传统文化百部经典》，第493页。

③〔宋〕程颢、程颐：《河南程氏遗书》卷六，《二程集》，王孝鱼点校，第95页。

“道”的主要指向有三个维度：自然、社会与人生；关涉宇宙秩序、社会秩序及心性规范的基本问题。在宋明理学家看来，秩序或规范不单纯是制度形式的存在，更在人的精神世界中得以内化，从而获得内在性。而此内在化秩序便与人的主体存在有密切之关联，正是由于天道天理内在于人的心性之中，从而使超越的形上之理发生了内在化转向，并使儒家存心养性事天的工夫实践获得一以贯之的可能。因此，进入心性论域而非单纯宇宙领域的“道”或“理”，对于宋明理学具有重塑儒学理论的建构性意义，尤其对于重建儒家心性论具有关键作用。

然而正是在这一问题上，理学内部引发了重要的歧义，主要表现为心与理的关系问题，两者究竟是直接同一的关系还是未来理想的目标，即在理论上，心与理的同一性何以可能？以及在现实上，心与理为何不能直接同一？此处所谓“直接同一”，意指两者是先天的、本质上的同一，而不是由后天的分析判断所得之结果；且此“同一”是指本体论意义上的存在事实，而不是指工夫论意义上的可能性预设。这种本体论的普遍主义思维显然更多地与孟子有直接的关联。

正如孟子“人皆可以为尧舜”的命题所示，这里的基本预设是人心之所“同然”。所谓“同然”，包含人与人、人与圣人共同拥有“如其本然”或“如其所是”的本质存在，用心学语言来表述，即象山那句名言：“人同此心，心同此理”，亦即阳明所坚守的信念：良知存在“无间于圣愚，天下古今之所同也”。[①]这些心学观点乃是一种本体论论述，特别是对孟子本心学说的本体论诠释，其立论基础无疑是心学的至上命题：“心即理”。而此心学命题不仅是对理学而且是对儒家心学传统的义理开拓。

其实就在理学开创之初，周敦颐便已明确提出“圣可学”（《通书·圣学》）之说，二程受此影响，程颐在其少年之作《颜子所好何学论》（《河南程氏文集》卷八）中，拈出了“圣人可学而至”这句名言。

---

①吴震解读：《传习录》，袁行霈主编：《中华传统文化百部经典》，第324页。

于是，由凡入圣遂成为宋明理学的思想口号乃至人生信念，在整个宋明理学发展史上留下了深远的影响，成为儒家士大夫共同秉持的期许和志向。

但是，成圣在作为工夫实践的目标之前，首先须思考并回答的问题是：成圣的依据究竟何在？换言之，这也就是成圣工夫的本体论依据究竟何在的问题。二程对此就曾作出明确的回答："人自孩提，圣人之质已完。"[①]这显然是将成圣的依据诉诸先天的人性，认为任何人在本质上已充分具备如同"圣人"一般的善良本性，换种说法，二程是将成圣依据诉诸儒家"性善说"这一本质主义人性理论的基础之上。毫无疑问，程朱理学和阳明心学都共享着新儒学这一理念。

不过，阳明学将成圣依据更直接诉诸每个人内心先天内在的"良知"，因为阳明学的良知理论有一个核心的观念是："愚不肖者，虽其蔽昧之极，良知又未尝不存也。苟能致之，即与圣人无异矣。"[②]这就深刻地揭示出我们每个人之所以能成圣之依据就在于内在良知，正是由于良知是一种普遍存在，故在"圣愚"之间就不存在任何本质差异，在某种意义上，良知不仅是善良德性，更是内在于人心中的"圣人"本身，故阳明有"人人胸中有仲尼""满街都是圣人"这一普遍主义论述。唯须指出：这项论述是本体论命题而非工夫论命题。[③]表面看，这一论述似有可能导致人心的自我膨胀，然对阳明而言，这并不单纯地指良知内在化，更是良知作为一种普遍存在的推演结论，揭示出良知心体具有具体普遍性的特征。此即说，良知心体不是观念的抽象而是普遍存在于人心的当下具体呈现，犹如"圣人"即刻当下存在于人心之中一般。

必须指出，阳明晚年强调的良知圣人化这一思想观念，如同良知天理化一样，都充分表明阳明欲将原本作为道德意识的良知作一番神圣化乃至

①〔宋〕程颢、程颐：《河南程氏遗书》卷六，《二程集》，王孝鱼点校，第81页。

②〔明〕王守仁：《书正宪扇》，《王阳明全集》卷八，吴光等编校，第280页。

③吴震解读：《传习录》，袁行霈主编：《中华传统文化百部经典》，第480页。

实体化的理论转向。如其所云："善即良知，言良知则使人尤为易晓。故区区近有'心之良知是谓圣'之说。"[①]究其实质而言，良知的神圣化意味着心体的形上化，旨在强调作为主体存在的良知具有普遍客观性。也正由此，良知不仅是个体性道德意识，同时也是社会性道德的存在依据，更具有"公是非，同好恶"[②]的公共理性力量。毋庸置疑，阳明的这一良知理论与其心学第一命题"心即理"恰构成一套循环诠释的系统，可以互相印证，如同心体即良知、良知即天理一样，构成了一套严密的论证环节，缺一不可。故对阳明而言，他必得出"心是理""心即天"的结论，意谓良知本心就是形上存在，与天理拥有同样崇高的本体地位。

总之，在朱子，他根据自己的理学理路，虽然认定在工夫境界的意义上，有必要最终指向"心与理一"的实现，但却不能在存在论意义上认同心与理具有"当下如是"的直接同一性，更不能承认在人心意识之外，存在另一个本体论意义上的心体，这就与以"心即理"为基本信念的阳明学形成重要对立。这一思想事实表明在广义宋明理学内部存在两种不同的理论旨趣，一方面，朱子学对心的问题始终保持高度的思想警惕，认为心具有认知能力或意识能力，也有主宰身体运作的功能作用，但却不可能具有等同于"理"的本体论地位[③]；另一方面，在阳明学看来，心不仅具有道德感知能力、意识作用，更主要的是，人心就是先天内在的道德本性，是道德情感和动力源泉，并能赋予这个世界、社会与人生以价值和意义。阳明学所谓的"心外无物""心外无事""心外无理"等遮诠式命题，所欲表明的无非就是这样一点：作为一切存在的事、物乃至理，其价值和意义必由心体才能开显。若要追问，世界何以有意义，人生何以有价值，离开了心体便无法言说。

---

①〔明〕王守仁：《答季明德》，《王阳明全集》卷六，吴光等编校，第214页。

②吴震解读：《传习录》，袁行霈主编：《中华传统文化百部经典》，第325页。

③吴震：《朱子思想再读》，生活·读书·新知三联书店2018年版，第102—163页。

历来以为，朱子学与阳明学互相对立，彼此不可融合，然而转换视角，从广义宋明理学视域出发，便会发现两者实有诸多共同的问题关切和思想共识，阳明学“心即理”也并不像历来所认定的那样——构成朱子理学“性即理”的对反命题。因为对阳明而言，这两项命题可以同时成立，心体与性体几乎属于同义词。同样，天理观念亦为阳明学所共享，故有心体即天理、性体即天理、心体即良知、良知即天理等等构成互为印证、环环相扣的理论命题。虽然阳明学在儒家心性论意义上对朱子学完成了批判性发展，然两者之间又有思想连续性，这一点同样不可忽视。例如若以广义宋明理学为视域，我们便会发现，朱子学和阳明学对于儒学人文精神的全面重建、儒学社会化运动的加速发展，并在儒学理论落实为社会实践乃至扩展到政治领域的影响等方面，都起到了重要的推动作用。也正由此，我们可以说，宋明理学是一场整体性的思想运动，不论朱子学还是阳明学，他们有着共同的问题关切，即重建儒学的价值体系以推动儒学的全面复兴。总之，朱子学和阳明学构成了广义宋明理学的实质性内涵。当我们对于狭义朱子学或阳明学已有相当的研究积累之后，更应自觉地拓展到广义朱子学或阳明学的研究。如明清朱子学以及阳明后学的研究有待全面深化，而宋明理学与现代新儒学之间的思想承接应如何评估也值得省思，至于东亚朱子学和阳明学在大陆中国哲学界则更显落寞，这就昭示我们，在当今学界，如何重写宋明理学史，乃是一个富有挑战性的课题。

（原载《哲学研究》2019年第5期）

拾

附录：2019年度阳明学研究文献目录

中国大陆阳明学研究成果目录

一、书籍类

1.文德编著：《图解王阳明心学的智慧》，北京：中国华侨出版社。

2.〔明〕王阳明：《传习录》，姚彦汝译，北京：北京联合出版公司。

3.于立文编：《王阳明全集》，沈阳：辽海出版社。

4.〔明〕王阳明：《传习录》，费勇译，西安：三秦出版社。

5.〔明〕王阳明：《图解传习录》，思履主编，北京：北京联合出版公司。

6.宋庆峰编：《王阳明全集》，沈阳：辽海出版社。

7.〔明〕王阳明：《传习录》，肖卫译注，沈阳：辽海出版社。

8.〔明〕王阳明：《传习录》，王学典编译，南京：江苏凤凰科学技术出版社。

9.肖公子：《王阳明和他的对手们》，天津：天津人民出版社。

10.〔明〕王守仁：《传习录（无障碍阅读珍藏版）》，朱孟彩编，北京：线装书局。

11.牛顿编辑团队著绘：《王阳明》，北京：国际文化出版公司。

12.〔明〕李贽编：《阳明先生道学钞》，李超、郭道平整理，张建业主编：《李贽全集续编》，北京：首都师范大学出版社。

13.〔明〕王阳明：《明隆庆六年初刻版〈传习录〉》，张靖杰译注，南京：江苏凤凰文艺出版社。

14.华杉：《华杉讲透王阳明〈传习录〉》，北京：人民日报出版社。

15.宿奕铭编著：《王阳明全书》，北京：中国华侨出版社。

16.王春永：《精读王阳明》，杭州：浙江人民出版社。

17.宿春礼编著：《王阳明心学的智慧》，长春：吉林文史出版社。

18.李小龙编著：《王阳明经典名句》，贵阳：贵州人民出版社。

19.李永鑫：《王阳明》，北京：国际文化出版公司。

20.郦波：《五百年来王阳明》，上海：上海人民出版社。

21.〔明〕王阳明：《传习录》，叶圣陶点校，北京：北京联合出版公司。

22.王勉三：《知行合一王阳明》，北京：北京时代华文书局。

23.王觉仁：《王阳明心学：典藏修订版》，北京：民主与建设出版社。

24.申维：《知行合一：王阳明传》，北京：北京燕山出版社。

25.秦家懿：《王阳明》，北京：生活·读书·新知三联书店。

26.〔明〕王守仁：《精校重刊明隆庆六年传习录》，崇贤馆整理，北京：北京联合出版公司。

27.李永鑫编著：《王阳明在浙江》，杭州：浙江古籍出版社。

28.陈来：《有无之境：王阳明哲学的精神》，北京：北京大学出版社。

29.蔡亮、陈雪军：《宁波阳明文化》，宁波：宁波出版社。

30.〔明〕王阳明：《王阳明心学日课》，曹培红译解，北京：北京时代华文书局。

31.青原山阳明文化研究传播中心编：《王阳明与吉安：江右王门学术研讨会论文集》，南昌：江西人民出版社。

32.吴从祥：《上下阳明：绍兴思想信仰史》，北京：中国社会科学出版社。

33.天一阁论坛组委会编：《阳明思想与世界文明建设》，北京：中国社会科学出版社。

34.周月亮：《王阳明传》，武汉：长江文艺出版社。

35.陈伟：《王阳明心学与现代体育》，北京：冶金工业出版社。

36.易中天：《朱明王朝》，杭州：浙江文艺出版社。

37.〔明〕王守仁：《王阳明全集》，吴光等编校，上海：上海古籍出版社。

38.高兴宇：《王阳明》，北京：化学工业出版社。

39.吕峥：《天机破：王阳明》，北京：现代出版社。

40.〔明〕王阳明：《传习录：全译全注》，鲍希福点校，北京：文化发展出版社。

41.吕峥：《明朝一哥王阳明：典藏修订版》，北京：民主与建设出版社。

42.〔明〕王阳明：《王阳明心学日历2020》，度阴山解读，南京：江苏凤凰文艺出版社。

43.董平：《传奇王阳明》，北京：商务印书馆。

44.度阴山、天下和书院：《知行合一王阳明（漫画版）》，龚晓欢绘，北京：北京联合出版公司。

45.熊逸：《王阳明：一切心法》，北京：北京联合出版公司。

46.〔明〕王阳明：《王阳明全集》，长春：吉林文史出版社。

47.〔明〕王阳明：《知行合一：王阳明作品精粹》，致良知东方书院编注，北京：北京日报出版社。

48.郦波：《五百年来王阳明》，上海：上海人民出版社。

49.李根：《明朝出了个王阳明》，北京：国际文化出版公司。

50.度阴山：《知行合一王阳明2》，南京：江苏凤凰文艺出版社。

51.翟奎凤、向辉编：《阳明文献汇刊二编》，北京：北京燕山出版社。

52.〔明〕王守仁：《王阳明全集》，合肥：黄山书社。

53.〔明〕王阳明：《王阳明家训译注》，陈椰、林锋选编译注，上海：上海古籍出版社。

54.张小明：《黔中王学研究——以孙应鳌、李渭为中心》，北京：中华书局。

55.张祥龙：《儒家心学及其意识依据》，《儒家哲学史讲演录》第四卷，北京：商务印书馆。

56.方志远：《王阳明：心学的力量》，北京：商务印书馆。

57.董平：《王阳明的生活世界：通往圣人之路》，北京：商务印书馆。

58.蔡亮主编：《我是阳明青年：汉英对照》，杭州：浙江大学出版社。

59.度阴山：《知行合一王阳明4，轻轻松松读懂〈传习录〉》，南京：江苏凤凰文艺出版社。

60.欧阳彦之：《王阳明：向内心光明致敬》，北京：台海出版社。

61.〔明〕王阳明：《王阳明全书》，北京：中国文史出版社。

62.易佳穗：《心安即强大：王阳明》，北京：台海出版社。

63.赵蔷：《神一样的男人王阳明》，长春：吉林出版集团有限责任公司。

64.束景南：《阳明大传：“心”的救赎之路》，上海：复旦大学出版社。

65.〔明〕王阳明：《王阳明：心理的智慧》，北京：煤炭工业出版社。

66.罗智：《王阳明神奇的心学》，杭州：浙江人民出版社。

67.周明河：《千古大儒——王阳明》，北京：中国友谊出版公司。

68.度阴山：《知行合一王阳明3，王阳明家训》，南京：江苏凤凰文艺出版社。

69.［日］冈田武彦：《王阳明与明末儒学》，吴光、钱明、屠承先译，钱明校译，重庆：重庆出版社。

70.雾满拦江：《神奇圣人王阳明》，长沙：湖南文艺出版社。

71.罗智：《王阳明：知行合一的心学智慧》，北京：民主与建设出版社。

72.〔明〕陶望龄：《陶望龄全集》，张昭炜主编，李会富编校，上海：上海古籍出版社。

73.周月亮：《王阳明心学》，北京：北京联合出版公司。

74.〔明〕王守仁：《传习录》，北京：北京燕山出版社。

75.思二勋：《商业归根：阳明心学的商业智慧》，北京：中国经济出版社。

76.［日］高濑武次郎：《知行合一：王阳明详传》，赵海涛、王玉华译，北京：北京时代华文书局。

77.赵晓军：《悟道：向王阳明学习成为一个很厉害的人》，广州：广东旅游出版社。

78.王琳编著：《鬼谷子的局，王阳明的道》，广州：广东旅游出版社。

79.吴格译注：《王阳明诗文选译》，南京：凤凰出版社。

80.董子竹：《王阳明传习录再传习》，武汉：崇文书局。

81.吴闲选编：《阳明心学得失论》，武汉：崇文书局。

82.陈来、张昭炜主编：《阳明学文献与思想》，北京：中国社会科学出版社。

83.马晓虹：《阳明心学与明中后期文学批评》，北京：中国社会科学出版社。

84.张昭炜：《阳明学发展的困境及出路》，北京：中国社会科学出版社。

85.吴新华：《经世致用：王阳明》，北京：中国铁道出版社。

86.〔明〕王阳明：《传习录全鉴：典藏诵读版》，余长保解译，北京：中国纺织出版社。

87.〔明〕王阳明：《传习录全鉴：珍藏版》，迟双明解译，北京：中国纺织出版社。

88.杨志武：《儒兵合一王阳明》，广州：广东教育出版社。

89.曹岫云：《稻盛哲学与阳明心学》，北京：东方出版社。

90.燕山刀客：《王阳明传》，北京：中国友谊出版公司。

91.林沐编：《图解王阳明心学》，北京：中国华侨出版社。

92.〔明〕王守仁：《传习录》，马祝恺主编，罗海燕点校，北京：金城出版社。

93.牛冠恒：《圣学·心学·实学的统一：王阳明〈论语〉学研究》，北京：中国社会科学出版社。

94.皇甫金石：《良知正道王阳明：心学新说》，南昌：江西教育出版社。

95.［日］沟口雄三：《中国思想史——宋代至近代》，龚颖、赵士林等译，北京：生活·读书·新知三联书店。

96.明河在天：《圣者为王：王阳明的超凡之路》，北京：东方出版社。

97.郭齐勇：《儒者的智慧》，北京：北京出版社。

98.［日］沟口雄三：《李卓吾·两种阳明学》，孙军悦、李晓东译，北京：生活·读书·新知三联书店。

99.罗智：《王阳明心学全书》，北京：企业管理出版社。

100.方志远：《千古一人王阳明》，南昌：江西人民出版社。

101.［日］忽滑谷快天：《王阳明与禅学》，李庆保译，长春：时代文艺出版社。

102.［日］沟口雄三：《中国前近代思想的屈折与展开》，龚颖译，北京：生活·读书·新知三联书店。

103.圣铎编著：《知行合一：王阳明心学（升级图解版）》，北京：中国华侨出版社。

104.黄振萍编：《王阳明文献集成》，扬州：广陵书社。

105.张兰亭、杨廷强：《王阳明全传》，北京：华文出版社。

106.朱晓鹏：《儒道融合视域中的阳明心学建构》，北京：商务印书馆。

107.贵阳孔学堂文化传播中心编：《阳明学研究年鉴（2016）》，贵阳：孔学堂书局。

108.郭齐勇主编，武汉大学阳明学研究中心等编：《阳明学研究（第四辑）》，北京：人民出版社。

109.郝永：《王阳明谪龙场文编年评注与研究》，厦门：厦门大学出版社。

110.〔明〕王阳明：《王阳明先生珍稀文献二种》，杭州：西泠印社出版社。

111.周月亮、程林：《王阳明的心学功夫》，北京：机械工业出版社。

112.陈荣捷：《王阳明〈传习录〉详注集评》，重庆：重庆出版社。

113.连玉明主编、北京阳明书院、阳明文化（贵阳）国际文献研究中心编：《王阳明研究文献索引全编》，北京：科学出版社。

114.圣铎编著：《读懂王阳明心学》，成都：四川人民出版社。

115.李文洁等：《王阳明著述提要》，连玉明、陈红彦主编，北京：学苑出版社。

116.刘悦等编纂：《王阳明著述篇目索引》，连玉明、陈红彦主编，北京：学苑出版社。

117.李文洁等编纂：《王阳明著述序跋辑录》，连玉明、陈红彦主编，北京：学苑出版社。

118.〔明〕王守仁：《传习录译注》，王晓昕译注，北京：中华书局。

119.赵清文：《品读王阳明：知行合一的心学智慧》，北京：华夏出版社。

120.唐文立：《一心平天下：王阳明》，北京：现代出版社。

121.王路：《一代大儒王阳明》，西安：西安出版社。

122.谢海金：《经世大儒王阳明》，重庆：重庆出版社。

123.钱穆：《阳明学述要》，北京：九州出版社。

124.刘奇、赵伟、刘振宇编著：《王阳明文选读本》，北京：世界知识出版社。

125.〔明〕王守仁著，〔明〕施邦曜辑评：《阳明先生集要三编：黔南今本》，刘宗碧点校，成都：西南交通大学出版社。

126.娄果主编：《阳明文化的当代价值》，北京：人民出版社。

127.周安民编著：《此心光明》，任树新绘、卢建立译，宁波：宁波出版社。

128.杨嵘一编：《王阳明全书》，北京：中国华侨出版社。

129.〔明〕王守仁：《传习录》，崇贤书院释译，北京：北京联合出版公司。

130.陈立胜：《入圣之机：王阳明致良知功夫论研究》，北京：生活·读书·新知三联书店。

131.张品端主编：《会通朱王：朱熹与王阳明比较研究》，厦门：厦门大学出版社。

132.青山闲人：《铿然舍瑟春风里》，北京：团结出版社。

133.熊十力等：《跟着大师读王阳明》，武汉：华中科技大学出版社。

134.许葆云：《王阳明》，西安：陕西人民出版社。

135.《王阳明绍兴事迹考·名胜编》，杭州：浙江古籍出版社。

136.李海超：《阳明心学与儒家现代性观念的开展》，北京：中国社会科学出版社。

137.马晓虹：《王阳明心学与明中后期文学批评》，北京：中国社会科学出版社。

138.余文武：《王阳明教育思想评述》，太原：山西人民出版社。

139.翟奎凤主编：《阳明学文献大系》，成都：巴蜀书社。

140.邓凯校注：《王阳明年谱校注》，宁波：宁波出版社。

141.政协贵阳市委员会文史和学习委员会、贵州阳明文化普及教育研究中心编著：《王阳明〈客座私祝〉与中国传统家风家训》，贵阳：贵州人民出版社。

二、期刊、报纸、硕博论文类

（一）王阳明思想研究

1.陈寒鸣：《王阳明早期在北京的活动及对其心学思想形成的影响》，《中共宁波市委党校学报》2019年第1期。

2.冒婉莹：《王阳明良知说的心性美学》，《理论月刊》2019年第1期。

3.周丰堇：《事几、心几与阳明学的“体用之几”》，《安徽大学学报（哲学社会科学版）》2019年第1期。

4.陈利权：《阳明思想感悟》，《宁波通讯》2019年第1期。

5.钱明：《王阳明的兵学术及武备策》，《浙江学刊》2019年第1期。

6.李旭：《道中庸而极高明：论王阳明良知学圣人观的双重维度》，《浙江学刊》2019年第1期。

7.张俊业：《黄佐与王阳明相会考辨——兼论黄佐对阳明“心学”之态度》，《文教资料》2019年第1期。

8.王孟图：《从“阳明心学”到“王学左派”：“浪漫”的召唤、转向和终结》，《福建论坛（人文社会科学版）》2019年第1期。

9.王磊：《王阳明“立诚”说的内在逻辑蕴涵》，《中国哲学史》2019年第1期。

10.缪书豪：《阳明心学“境”“行”“果”之探析》，《大众文艺》2019年第3期。

11.何彦彤：《王阳明“忠恕一贯”思想探赜》，《武汉理工大学学报（社会科学版）》2019年第1期。

12.李强：《道谊日相求：王阳明友朋观探析》，《文化学刊》2019年第1期。

13.何宗美、靳超：《阳明心学一维演绎思维及其建构历程》，《吉林师范大学学报（人文社会科学版）》2019年第1期。

14.杨军：《阳明学功夫论》，《关东学刊》2019年第1期。

15.许家星：《王阳明〈大学古本旁释〉之重思》，《学术界》2019年第1期。

16.单纯：《论会通于“心”的知识与伦理——作为东亚精神文明重镇的阳明学》，《岭南师范学院学报》2019年第1期。

17.胡才华：《王阳明“知行合一”与“致良知”学说的关系探讨》，《文化创新比较研究》2019年第5期。

18.董平：《论“知行合一”的四重向度》，《社会科学战线》2019年第2期。

19.彭彦华：《心学与国人的信仰哲学》，《东岳论丛》2019年第2期。

20.常灏宇：《王阳明与儒家的“三立”》，《新西部》2019年第3期。

21.晏双平：《王阳明心学中的心理健康调节思想初探》，《心理月刊》2019年第2期。

22.赵志浩：《“仁”与“孝”的矛盾与超越——王阳明“仁孝”观辨析》，《河北青年管理干部学院学报》2019年第1期。

23.王磊、车辙：《王阳明的良知思想及其教化价值》，《才智》2019年第3期。

24.王广杰：《由“心即理”探入王阳明心学的客观性问题》，《新疆社会科学》2019年第1期。

25.王金柱：《王阳明心学的教育启示》，《中学政治教学参考》2019年第5期。

26.王法德：《王阳明的幸福函数》，《宁波经济（三江论坛）》2019年第2期。

27.施敏发：《论王阳明“知行合一”说的启示意义》，《开封教育学院学报》2019年第2期。

28.徐小跃：《王阳明传习的都是圣人之道》，《新世纪图书馆》2019年第2期。

29.黄昊：《阳明文化中蕴含的生态思想研究》，《贵州社会科学》2019年第2期。

30.焦德明：《王阳明〈示弟立志说〉及其立志思想》，《平顶山学院学报》2019年第1期。

31.马寄：《笃信、践履："致良知"内在支点刍析》，《贵阳学院学报（社会科学版）》2019年第1期。

32.邵友伟：《略论王阳明书院办学的实践与理念》，《贵阳学院学报（社会科学版）》2019年第1期。

33.汪学群：《本体与工夫之辩——兼论王阳明思想的内在逻辑》，《贵阳学院学报（社会科学版）》2019年第1期。

34.［日］中根公雄、胡嘉明：《王阳明之"知行合一"论》，《贵州文史丛刊》2019年第1期。

35.吴光：《知行合一重在行——王阳明"知行合一"论的重点与当代启示》，《王学研究》2019年第1期。

36.景云：《从知行至境界——王阳明〈大学〉观演进探析》，《王学研究》2019年第1期。

37.王胜军：《论王阳明的良知史观》，《王学研究》2019年第1期。

38.刘振维：《良知与道德心》，《王学研究》2019年第1期。

39.姚文永：《浅析宗喀巴发菩提心与王阳明致良知的相似性》，《王学研究》2019年第1期。

40.李铭：《王阳明〈传习录〉的自然法思想寻隐》，《教育文化论坛》2019年第1期。

41.王明云：《浅析王阳明的工商税收思想》，《王学研究》2019年第1期。

42.栾成斌：《思政教育视域下阳明心学思想的借鉴意义》，《王学研究》2019年第1期。

43.郭美星：《阳明先生为什么要倡导"知行合一"学说》，《宁波通讯》2019年第5期。

44.杨亮军、王艳：《明代"举业"与"圣学"之间的紧张关系及其弥合——以王阳明"立诚"思想为中心》，《天府新论》2019年第2期。

45.曾勋：《专访吕峥：阳明心学是要"破心中之贼"》，《廉政瞭望（上半月）》2019年第3期。

46.舒炜、邓苗苗：《“神化”王阳明》，《廉政瞭望（上半月）》2019年第3期。

47.邓苗苗：《“王学”传播的政治网络》，《廉政瞭望（上半月）》2019年第3期。

48.枕星子：《“六边形战士”王阳明》，《廉政瞭望（上半月）》2019年第3期。

49.钟阳春：《王阳明心学在吉安》，《文物天地》2019年第3期。

50.黄一洲：《王阳明“诚意”“致知”的思想内涵——以解释〈大学〉为例》，《学理论》2019年第5期。

51.《许嘉璐在“第三届阳明心学高峰论坛”启动仪式上的发言》，《孔子学院》2019年第3期。

52.贾庆军、陈振杰：《王阳明“大人”思想及四个陷阱》，《宁波大学学报（人文科学版）》2019年第3期。

53.彭国翔：《阳明学的政治取向、困境和分析》，《深圳社会科学》2019年第3期。

54.杨翌琳：《汗水结晶润墨香——以〈阳明学研究年鉴（2016）〉编校为例》，《当代贵州》2019年第18期。

55.陈清春：《王阳明“良能”概念的理论意义》，《中国哲学史》2019年第3期。

56.周海春、韩晓龙：《论王阳明“知行合一”的立言宗旨》，《湖北大学学报（哲学社会科学版）》2019年第3期。

57.华建新：《“万物一体”学说是阳明心学体系的重要组成部分》，《教育文化论坛》2019年第4期。

58.黄文杰、徐晓莹：《王阳明与平民哲学的兴起》，《教育文化论坛》2019年第4期。

59.《王阳明：人生所有问题，都源于你的内心》，《北方牧业》2019年第15期。

60.王笑格：《王阳明“立志观”于青年的价值》，《汉字文化》2019年第14期。

61.陈复：《智慧咨询的理念与实作：阳明心学对心理咨询的启发》，《贵阳学院学报（社会科学版）》2019年第3期。

62.徐春林：《论阳明学的心灵治疗学意义》，《贵阳学院学报（社会科学版）》2019年第3期。

63.严志伟：《德法兼施 教化为本——王阳明社会治理思想及南赣实践》，《赣南师范大学学报》2019年第4期。

64.龚开喻：《“一体”与“主从”：王阳明对体用关系的理解与运用》，《赣南师范大学学报》2019年第4期。

65.蔡亚龙：《驻节四地推教化 知行合一致良知》，《求贤》2019年第8期。

66.赵文宇、曾振宇：《“有感则生生不息”：王阳明良知“生生”探析》，《华侨大学学报（哲学社会科学版）》2019年第4期。

67.薛正昌：《王阳明的军事智慧与“心学”背景》，《宁夏师范学院学报》2019年第8期。

68.孔灏：《竹子的声音》，《钟山风雨》2019年第4期。

69.傅齐纨：《破心中贼》，《宁波通讯》2019年第15期。

70.陈科：《王阳明训子家书》，《决策探索（上）》2019年第8期。

71.单虹泽：《论阳明心学的劳动观——从明代的商品经济到“万物一体”》，《特区实践与理论》2019年第4期。

72.钟承娅：《“三全圣人”王阳明的人生哲学》，《内蒙古电大学刊》2019年第4期。

73.黄明同：《阳明“一体”论的理论意义及其社会价值》，《江南大学学报（人文社会科学版）》2019年第4期。

74.耿静波：《王阳明“致良知”之“致”及生命体验问题研究》，《青海师范大学学报（哲学社会科学版）》2019年第4期。

75.叶梦婷：《王阳明论道与技》，《朱子文化》2019年第3期。

76.黄玉顺：《阳明心学与儒学现代化问题——〈阳明心学与儒家现代性观念的展开〉读后》，《当代儒学》2019年第1期。

77.钟海连、黄诚：《王阳明心学智慧与企业家心态建设》，《中国文化与管理》2019年第1期。

78.皇甫金石：《良知治道简述》，《中国文化与管理》2019年第1期。

79.汪学群：《读张昭炜〈阳明学发展的困境及出路〉》，《人文论丛》2019年第1期。

80.朱晓鹏：《圣人如何可学而成？——以王阳明思想为中心的考察》，《杭州师范大学学报（社会科学版）》2019年第3期。

81.杨亮军、冯澍滢：《论阳明心学的实践品格及其对乡约文化的影响》，《政治思想史》2019年第2期。

82.王中原：《王阳明“用夏变夷”的族群管理思想与策略研究》，《赣南师范大学学报》2019年第4期。

83.潘起造：《知善知恶是阳明心学知行合一的第一要义》，《宁波通讯》2019年第11期。

84.李德锋：《固守与超越：阳明心学道统构建与学案史籍编纂中的“门户”》，《廊坊师范学院学报（社会科学版）》2019年第2期。

85.陈光：《浅析王阳明“知行合一”思想》，《法制与社会》2019年第17期。

86.张凤琴：《王阳明之“良知”在道德践履中何以可能》，《滇西科技师范学院学报》2019年第2期。

87.徐晓虹：《龙场悟道与格式塔顿悟学习论——阳明心学与心理学之辨析二》，《贵阳学院学报（社会科学版）》2019年第3期。

88.李益、王军涛：《阳明心学与明代性灵说研究》，《牡丹江大学学报》2019年第6期。

89.余治平：《“彰善”“纠过”与儒家的“以礼化俗”——王阳明〈南赣乡约〉的美政美俗旨归与乡村治理设计》，《伦理学术》2019年第1期。

90.石霞：《王阳明儿童教育思想管窥——以〈训蒙大意〉〈教约〉为中心》，《国际儒学论丛》2019年第1期。

91.李娴：《王阳明知行思想的认识论之维》，《朱子学研究》2019年第1期。

92.邓凯：《阳明心学中的诚信价值观》，《宁波通讯》2019年第13期。

93.汪沛：《以月印心，良知可鉴：从王阳明咏月诗看其良知之学》，《保定学院学报》2019年第4期。

94.张小琴：《论王阳明对朱熹的三重解构——以海德格尔现象学为视角》，《唐都学刊》2019年第4期。

95.刘子聿：《从〈君子亭记〉看王阳明的君子观》，《文教资料》2019年第20期。

96.李海超、陈继红：《论阳明学的良知自然观》，《伦理学研究》2019年第4期。

97.董华、李平：《王阳明与通天岩》，《赣南师范大学学报》2019年第5期。

98.傅锡洪：《王阳明“四句教”解义及辩证》，《哲学研究》2019年第7期。

99.龚晓康：《“恶”之缘起、明觉与去除——以王阳明“四句教”为中心的考察》，《哲学研究》2019年第7期。

100.马俊：《“无善无恶心之体”义解——王阳明“四句教”首句宗旨新探》，《中国哲学史》2019年第4期。

101.张慕良：《刘宗周对王阳明思想的“误读”——以〈阳明传信录〉按语为例》，《北京师范大学学报（社会科学版）》2019年第4期。

102.彭丹：《“谈圣学者莫不曰”——“颜子没而圣学亡”的思想效应》，《孔子研究》2019年第4期。

103.朱承：《阳明学研究的政治之维》，《贵阳学院学报（社会科学版）》2019年第4期。

104.何善蒙：《阳明心学的研究应多采用社会科学的视角和方法》，《贵阳学院学报（社会科学版）》2019年第4期。

105.罗高强：《神秘主义视域下的阳明学研究》，《贵阳学院学报（社会科学版）》2019年第4期。

106.邓国元、秦佳慧：《“廓然大公”与“无所偏倚”——王阳明“四句教”之“无善无恶”原义探微》，《贵州大学学报（社会科学版）》2019年第4期。

107.曹伟嘉：《阳明四句教格局刍议》，《理论界》2019年第8期。

108.黄明同：《阳明“致良知”论与社会文明》，《贵阳学院学报（社会科学版）》2019年第4期。

109.崔树芝：《从书院到乡约——王阳明乡治思想研究》，《黑龙江社会科学》2019年第5期。

110.安尊华：《从王阳明到梁启超：知行合一新论》，《孔学堂》2019年第3期。

111.《〈王阳明天学初探：以四句教为中心的考察〉简介》，《宁波大学学报（人文科学版）》2019年第5期。

112.陈畅：《良知与恕道——心学伦理的内在张力及其克服》，《道德与文明》2019年第5期。

113.张实龙：《漫谈王阳明的“天理”》，《宁波通讯》2019年第17期。

114.贾庆军：《王阳明初试“心学”牛刀》，《书屋》2019年第9期。

115.廖茹莹：《浅析王阳明“致良知”中的孝道观》，《文学教育（上）》2019年第9期。

116.向辉：《敬道心筌：王阳明教化哲学的“学—教”洞见》，《教育史研究》2019年第3期。

117.王雅克、陈华森：《王阳明〈告谕〉中的社会教化思想研究》，《保定学院学报》2019年第5期。

118.邓国元：《王门“天泉证道”探释——以束景南先生“王门八句教”为中心的考察》，《中国哲学史》2019年第5期。

119.潘琳：《传统经典文化思想条漫剧本改编探索与实践——以阳明心学为例》，《科技资讯》2019年总第27期。

120.袁用武：《学以成圣——论王阳明〈拔本塞源论〉的主旨及目的》，《兰州教育学院学报》2019年第9期。

121.汪学群：《阳明学“四句教”解读与评论之思想史考察》，《船山学刊》2019年第5期。

122.李卓：《精神哲学与陆王心学——以徐梵澄〈陆王学述〉为中心》，《世界宗教研究》2019年第5期。

123.郭佩然：《浅谈〈王阳明家书〉对现世生活的启示》，《现代交际》2019年第18期。

124.诸焕灿：《“一念发动”与“知行合一”》，《宁波通讯》2019年第21期。

125.邱忠善：《阳明良知概念的否定性特征及其理论后果》，《上饶师范学院学报》2019年第5期。

126.孙海燕：《阳明心学的深度犁耕——〈入圣之机：王阳明致良知工夫论研究〉述评》，《哲学分析》2019年第5期。

127.吴震、刘昊：《论阳明学的良知实体化》，《学术月刊》2019年第10期。

128.张学智：《王阳明心学的精神与智慧》，《哲学动态》2019年第11期。

129.段重阳：《“诚意”与“正心”：致良知工夫的两种路径》，《中国哲学史》2019年第6期。

130.陈晓杰：《王阳明良知说的道德动力问题》，《现代哲学》2019年第6期。

131.陈爱平：《如何写好写活历史人物传记——以〈五百年来王阳明〉一书为例》，《深圳信息职业技术学院学报》2019年第6期。

132.郭美华：《道德觉悟与道德行动的源初相融之在——王阳明知行合一论之道德——生存论意蕴》，《贵阳学院学报（社会科学版）》2019年第6期。

133.葛跃辉：《南赣乡约与抚谕绥柔——王阳明乡村基层治理与统战思想论》，《湖北经济学院学报（人文社会科学版）》2019年第12期。

134.龚建平：《“知行合一”与“原心定罪”思想逻辑的现代反思》，《孔学堂》2019年第4期。

135.肖盈盈：《知行合一与个人自律》，《中国教育发展战略学会教育教学创新专业委员会2019全国教育教学创新与发展高端论坛》，《中国会议》2019年8月。

136.陈勇：《阳明心学首发湖南沅陵疏证》，《怀化学院学报》2019年第12期。

137.王国麟：《弘扬传统文化 加强自身修养——王阳明给我们的启示》，《贵阳市委党校学报》2019年第6期。

138.冯静武：《刍议李光地视域中的阳明心学》，《中州学刊》2019年第11期。

139.赵文宇：《“生生”视域中的王阳明良知思想》，《中国社会科学报》2019年2月19日。

140.陈洪：《万古云霄一阳明》，《人民政协报》2019年5月6日。

141.董平：《浅谈阳明心学的几个关键问题》，《绍兴日报》2019年5月18日。

142.青山闲人：《“八心”克制 志如磐石》，《中国组织人事报》2019年6月12日。

143.陈芝：《凯旋之后的王阳明》，《光明日报》2019年11月11日。

144.李占科：《心、意、物：王阳明认识论的展开》，《中国社会科学报》2019年11月5日。

145.夏海：《王阳明心学的人生意义》，《学习时报》2019年11月1日。

146.吴光：《王阳明倾力培养的优良家风》，《北京日报》2019年10月21日。

147.郭美星：《阳明心学中的“知行合一”》，《宁波日报》2019年12月12日。

148.张墨书：《王阳明的至圣之道》，《中国社会科学报》2019年12月31日。

149.许伟：《阳明学的品格》，《光明日报》2019年4月13日。

150.张婷媛：《让阳明心学走进每个人内心——访陕西省阳明学会执行会长王海峰》，《鹤壁日报》2019年2月25日。

151.胡丹：《王阳明临终遗言：“此心光明，亦复何言！”》，《中国青年报》2019年2月22日。

152.张科勇：《第三届中国阳明心学高峰论坛隆重开幕》，《绍兴日报》2019年5月19日。

153.秦蓁：《王阳明上疏劾内阁首辅费宏？——论辑佚未当对人物研究的影响》，《文汇报》2019年7月19日。

154.青山闲人：《知行合一致良知》，《中国组织人事报》2019年7月17日。

155.青山闲人：《良知与天道》，《中国组织人事报》2019年7月10日。

156.赵玲漫：《王阳明政治哲学研究》，云南大学硕士学位论文，2019年。

157.王龙：《王阳明为学思想研究》，上海师范大学硕士学位论文，2019年。

158.王明：《王阳明良知说的“见在”观念研究》，武汉大学硕士学位论文，2019年。

159.吴媛媛：《王阳明理欲思想研究》，山东大学硕士学位论文，2019年。

160.刘大榕：《王阳明“心性实学”及教育实践研究》，云南师范大学硕士学位论文，2019年。

161.曾燚：《“万物一体”视域下王阳明“意”论研究》，山东大学硕士学位论文，2019年。

162.王志刚：《王阳明“念”的哲学研究》，山西大学硕士学位论文，

2019年。

163.提秀华：《王阳明良知论研究》，河北大学硕士学位论文，2019年。

164.李明书：《王阳明“一体之仁”思想研究》，东北师范大学硕士学位论文，2019年。

165.周阳平：《王阳明“乐”之哲学研究》，贵州大学硕士学位论文，2019年。

166.李学伟：《论自性与良知——以〈坛经〉〈传习录〉为核心》，湖南师范大学硕士学位论文，2019年。

167.段江波：《“悟”：一种中国传统道德哲学运思方式》，《华东师范大学学报（哲学社会科学版）》2019年第6期。

168.李标：《打开内心能量的神奇钥匙》，《文汇报》2019年6月10日。

169.刘辉：《“重德修文”传承“知行合一”》，《贵阳日报》2019年6月10日。

170.徐添城：《绍兴：探索阳明心学践行之道》，《浙江日报》2019年5月17日。

（二）阳明学与地域阳明学派

1.邹芳望：《黔学的形成及其转折》，《社科纵横》2019年第2期。

2.王黎芳、刘聪：《阳明学的地域化传播实践——以明代泾县水西讲学为中心》，《贵州大学学报（社会科学版）》2019年第1期。

3.周远德：《大胆创新 精益求精——读〈修文县志〉有感》，《广西地方志》2019年第3期。

4.任健：《王阳明对贵州的多维度影响》，《贵州广播电视大学学报》2019年第2期。

5.周纪焕、周心逸：《王阳明在“南宗圣地”衢州的弟子群及其特征》，《孔学堂》2019年第2期。

6.黄新整、陈路芳：《王阳明心学在西南边疆的治理实践及影响》，《玉林师范学院学报》2019年第4期。

7.赵文会：《思想与制度：论龙场悟道与嘉靖开科对明代贵州教育发展的两次历史性影响》，《铜仁学院学报》2019年第5期。

8.孙钦香：《“南中王门”的学派构成及其思想特征》，《贵阳学院学报（社会科学版）》2019年第5期。

9.郑晨寅：《从“正学堂碑”看明末阳明学在漳州的传播》，《闽南师范大学学报（哲学社会科学版）》2019年第4期。

10.翟爱玲：《论明代洛阳王学的发展进程及其阶段性特征》，《洛阳理工学院学报（社会科学版）》2019年第6期。

11.张明、管华香：《王阳明与贵州贵阳》，《教育文化论坛》2019年第6期。

12.钱明：《王阳明与江西赣县》，《教育文化论坛》2019年第6期。

13.张宏敏：《王阳明与浙江台州》，《教育文化论坛》2019年第6期。

14.杨学慧：《正学之道：楚中王门蒋信心学思想及其影响研究》，贵州大学硕士学位论文，2019年。

15.张文靖：《论王阳明对赣南畲民地区的治理》，烟台大学硕士学位论文，2019年。

16.何大雪：《王阳明广西之行展现的良知思想及实践探究》，广西大学硕士学位论文，2019年。

17.刘芷玮：《安定书院与泰州学派：尊崇胡瑗的泰州儒学传统及其与心学的离合》，《中国文化》2019年第2期。

18.唐东辉：《“孝弟慈”——论泰州学派平民讲学的“实落处”》，《贵阳学院学报（社会科学版）》2019年第2期。

19.张立文：《王门分派与黔中王门学派之要义梳理》，《北京行政学院学报》2019年第2期。

20.刘宗镐：《心学补遗：江门心学的理论特色及学术价值》，《东南大学学报（哲学社会科学版）》2019年第4期。

（三）阳明学与佛道思想

1.董群：《论作为禅式儒学的阳明心学》，《新世纪图书馆》2019年第2期。

2.寇征：《儒佛道视阈下王阳明心学的思维特点及当代伦理价值》，《王学研究》2019年第1期。

3.刘笑非：《圣人可学而至——宗教多元论视野下的阳明心学“圣人”观》，《王学研究》2019年第1期。

4.贾仕厚、郑文泉：《六祖惠能禅学对王阳明心学的影响》，《法音》2019年第7期。

5.米文科、刘学智：《儒佛之辨与王阳明三教思想的变化》，《哲学研究》2019年第7期。

6.侯丹：《从直觉境、圆融境看王阳明诗歌的禅宗美学境界》，《闽江学院学报》2019年第4期。

7.陈利权：《王阳明在精神层面上对禅学超越境界的融会》，《宁波通讯》2019年第19期。

8.向阳：《略论阳明心学的禅宗色彩》，《牡丹江大学学报》2019年第11期。

9.黄诚：《学修并进 经史兼综——探寻张新民先生佛学研究之学术旨趣与思想特质》，《贵州文史丛刊》2019年第4期。

（四）阳明学之现当代研究

1.彭华：《贺麟“新心学”认识论述略——以“自然的知行合一观”为中心》，《西华师范大学学报（哲学社会科学版）》2019年第1期。

2.魏义霞：《论中国近代的阳明学研究》，《中共宁波市委党校学报》2019年第1期。

3.宝贵贞、赵哲轩：《熊十力“诚意”论研究——以〈读经示要〉为中心》，《徐州工程学院学报（社会科学版）》2019年第1期。

4.刘昊：《四十年来中国大陆宋明理学研究的典范——陈来教授的宋明理学研究》，《贵州文史丛刊》2019年第1期。

5.程伟礼：《道德革命引发的哲学理论思考——纪念五四新文化运动100周年》，《观察与思考》2019年第5期。

6.陈欣：《犹有可以兴国而保种之效乎——〈国学概论〉与钱穆创新文化的路径及底蕴》，《学术研究》2019年第5期。

7.李雅萍：《“致良知”与“格物”关系的体用论新解——论熊十力〈大学〉释义对阳明心学的补阙》，《云南大学学报（社会科学版）》2019年第3期。

8.蔡家和：《熊十力对船山学之判论》，《中共宁波市委党校学报》2019年第1期。

9.崔海东：《杨国荣教授“儒学研究四书”义理初探》，《贵州文史丛刊》2019年第3期。

10.辛红娟、费周瑛：《陈荣捷〈传习录〉英译的转喻视角研究》，《国际汉学》2019年第2期。

11.宋大琦：《牟子近朱远王论——从一个心性学的视角》，《孔子研究》2019年第5期。

12.张倩：《唐君毅对阳明“乐是心之本体”的解读》，《贵阳学院学报（社会科学版）》2019年第5期。

13.程海霞：《“大知觉性”及其实现——徐梵澄论王阳明龙场彻悟之基本原理》，《世界宗教文化》2019年第5期。

14.余群：《论牟宗三“化境”说的美学内涵》，《马克思主义美学研究》2019年第1期。

15.李玮皓：《论牟宗三与唐君毅对王阳明良知学诠释视域之异同》，《南昌大学学报（人文社会科学版）》2019年第5期。

16.李玮皓：《论唐君毅诠释视域下王阳明思想的治疗学向度》，《宜宾学院学报》2019年第11期。

17.张明：《对中国历史文化的温情与敬意——张新民先生的史学研究之路》，《贵州文史丛刊》2019年第4期。

18.张新民等：《博学通识是为大儒——贵州大学中国文化书院荣誉院长张新民先生访谈录》，《贵州文史丛刊》2019年第4期。

19.王胜军、刘霞：《张新民先生儒学研究、实践和思想述评》，《贵州文史丛刊》2019年第4期。

20.魏义霞：《阳明学的近代视界》，《赣南日报》2019年8月26日。

（五）阳明学现代性研究

1.孙敏明：《论王阳明美育思想和现代教育》，《学理论》2019年第1期。

2.王小婷：《阳明心学在现代社会之用》，《当代贵州》2019年第4期。

3.杨成亮、刘芳：《“阳明心学”对现代企业经营的启示》，《经营与管理》2019年第2期。

4.吴灿灿、孟文文：《王阳明“致良知”工夫的精神对高职学生德育工作的启示》，《改革与开放》2019年第13期。

5.刘加夫、武向春：《试论传统阳明心学对党性教育的借鉴意义》，《文化创新比较研究》2019年第19期。

6.黄玉顺：《阳明心学与儒学现代化问题》，《中国文化论衡》2019年第1期。

7.吕本修、赵红梅：《王阳明知行合一观及其在干部人格塑造中的作用》，《理论学刊》2019年第5期。

8.郑玲：《新媒体环境下阳明心学的传播新形式——以条漫创作为例》，《传播力研究》2019年第27期。

9.胡庆恩：《阳明心学视角下师范院校书法教学的反思与重构》，《当代教师教育》2019年第3期。

10.龙碧慧：《“心外无物”理论对思政教育工作的启发》，《佳木斯职业学院学报》2019年第10期。

11.龙婧等：《高职语文教学中阳明思想及贵州精神的融合与应用研究》，《高教学刊》2019年第24期。

12.张立新：《从心做起，才能成就伟业——以王阳明及其心学谈电梯行业发展》，《中国电梯》2019年第20期。

（六）阳明后学研究

1.方旭东：《蕺山“前四句”的文本问题——基于耿宁工作的进一步讨论》，《清华大学学报（哲学社会科学版）》2019年第1期。

2.张卫红：《为政与良知——阳明学者邹守益的为政理念及其对江西地方官员的影响》，《中山大学学报（社会科学版）》2019年第1期。

3.龚开喻：《构建心学道统：陶望龄与周汝登之交往》，《南阳理工学院学报》2019年第1期。

4.申旭庆：《徐渭“师类”述考》，《书法赏评》2019年第1期。

5.王晓昕：《黔中王学大师孙应鳌及其“〈四书〉学”五题》，《贵州民族大学学报（哲学社会科学版）》2019年第1期。

6.向世陵：《杨东明心学的“广仁”说与同善呼唤》，《王学研究》2019年第1期。

7.魏志远：《阳明后学对理欲关系的新阐释》，《天府新论》2019年第2期。

8.张山梁：《阳明学与镇海卫》，《贵州文史丛刊》2019年第2期。

9.张新民：《黔中王门大儒李渭学行述要——〈李渭集〉序》，《贵州文史丛刊》2019年第2期。

10.邹建锋、王迪：《湖州地区阳明后学弟子考》，《湖州师范学院学报》2019年第5期。

11.武文超：《刘蕺山对王阳明“无善无恶”思想的发展》，《中国哲学史》2019年第3期。

12.陈晓杰：《王龙溪在阳明学中的定位问题——以“凝”字为线索》，《湖北大学学报（哲学社会科学版）》2019年第3期。

13.朱义禄：《论王艮身本论及其对罗汝芳的影响》，《教育文化论坛》2019年第4期。

14.丁思伟、邹建锋：《阳明后学刘念台“讨意根”对良知学的再推进研究》，《教育文化论坛》2019年第4期。

15.林莉飒、邹建锋：《阳明后学徐东溪神理良知论研究》，《教育文化论坛》2019年第4期。

16.单虹泽：《王阳明的“后三变”之终变——兼论王门后学分化的根本原因》，《赣南师范大学学报》2019年第4期。

17.张山梁：《李贽和他的〈阳明先生道学钞〉》，《福建史志》2019年第4期。

18.朱勇：《略议朱子与其后学王阳明》，《朱子文化》2019年第3期。

19.王雅克：《阳明后学郭子章治黔思想初探》，《孔学堂》2019年第2期。

20.朱承：《阳明后学的道德信念与伦理实践》，《伦理学术》2019年第1期。

21.鲁海军：《阳明后学周海门及其学派》，《宁波通讯》2019年第13期。

22.阮春晖：《阳明后学中的神妙境界》，《邵阳学院学报（社会科学版）》2019年第3期。

23.冯前林：《“致知”与“诚意”之间——刘蕺山论〈大学〉主旨及对王阳明的批判》，《哲学动态》2019年第6期。

24.张雨、武道房：《人人皆圣：王艮对儒家“圣人说”的新解》，《安徽农业大学学报（社会科学版）》2019年第4期。

25.高正乐：《王心斋晚年工夫论新探》，《孔子研究》2019年第4期。

26.李敬峰：《清初尊朱黜王思潮中的〈孟子〉诠释——以李二曲〈孟子反身录〉为中心》，《现代哲学》2019年第4期。

27.［日］早坂俊广、申绪璐：《论刘宗周思想的意与知——从与史孝复的争论来看》，《浙江社会科学》2019年第8期。

28.王驰、雷震：《内向与超越——刘宗周视域中的“四句教”》，《南昌大学学报（人文社会科学版）》2019年第4期。

29.陈雪军：《论邵廷采对阳明心学的继承与发展》，《中共宁波市委党校学报》2019年第5期。

30.张琛：《再现邵氏廷采以史经世之心——评〈邵廷采全集〉》，《出版发行研究》2019年第7期。

31.高海波：《刘宗周与〈阳明传信录〉》，《中国哲学史》2019年第5期。

32.赵胤：《心斋对良知超验性的消除及其心学意义探析》，《内蒙古电大学刊》2019年第5期。

33.林安梧：《关于“船山学”及其对“新儒学”之后的反思：船山学答客问之一》，《船山学刊》2019年第5期。

34.邓国元：《论王龙溪语境中的“四有说”——兼论钱绪山在王门“天泉证道”中的观点立场》，《浙江社会科学》2019年第10期。

35.张明：《黔中王门孙应鳌“仁本”心学思想探析——以〈四书近语〉为中心的研究》，《贵阳学院学报（社会科学版）》2019年第5期。

36.孙邦金、杨国威：《李二曲的明体之学及其心学定位》，《宝鸡文理学院学报（社会科学版）》2019年第5期。

37.阮春晖：《周海门良知观辨析》，《伦理学研究》2019年第6期。

38.林志鹏：《从〈了凡四训〉到〈训儿俗说〉——关于袁了凡及其家风家训的思想史考察》，《云南大学学报（社会科学版）》2019年第6期。

39.朱美娣：《论戚继光与阳明心学的渊源》，《宁波大学学报（人文科学版）》2019年第6期。

40.王凯立：《王阳明心学中的“过”“恶”之别与改过工夫》，《武陵学刊》2019年第6期。

41.郭翠丽：《阳明后学潘士藻交友考》，《上饶师范学院学报》2019年第5期。

42.张宏敏：《黄绾与泰州学派之关联》，《朱子学研究》2019年第2期。

43.范根生：《张岱修养工夫论》，《燕山大学学报（哲学社会科学版）》2019年第6期。

44.郭淑新、瑞波：《罗汝芳生命观发微》，《理论与现代化》2019年第6期。

45.申旭庆：《论“阳明心学”对徐渭的影响——以徐渭“师类”五人为考察对象》，《荣宝斋》2019年第12期。

46.李承贵：《王艮对王阳明心学的独特贡献——兼及若干相关问题》，《贵阳学院学报（社会科学版）》2019年第6期。

47.陈寒鸣：《阳明后学在北京讲学活动述论》，《贵阳学院学报（社会科学版）》2019年第6期。

48.燕连福、王驰：《试论刘宗周对阳明四句教的批判与重构》，《浙江社会科学》2019年第12期。

49.吴天寒：《试论蕺山学对德性本体的重建——以其对〈大学〉〈中庸〉之诠释为例》，《昭通学院学报》2019年第6期。

50.王宝峰：《李贽尊孔与反孔问题的诠释学意义》，《同济大学学报（社会科学版）》2019年第5期。

51.唐青州：《心学视域下的魏校“天根之学”阐微》，《周易研究》2019年第6期。

52.刘增光：《“可欲之谓善”——阳明后学对欲之合理性的论证及其思想意义》，《孔学堂》2019年第4期。

53.杨浩：《“印证吾心”与“本义自足”——王艮对四书的理解》，《儒家典籍与思想研究》2019年第十一辑。

54.侯钧才：《冯梦龙情教思想对王学的继承与修正——以“三言”为中心进行考察》，《九江学院学报（社会科学版）》2019年第2期。

55.白同旭：《穆孔晖思想述论》，聊城大学硕士学位论文，2019年。

56.郭明：《王畿“先天正心之学”新探》，南开大学硕士学位论文，2019年。

57.田翔辉：《李贽“真心”思想及其伦理价值研究》，上海师范大学硕士学位论文，2019年。

58.胡海丹：《刘宗周君子人格思想研究》，杭州师范大学硕士学位论文，2019年。

59.贺雅婷：《幽暗意识与道德教育——论刘宗周〈人谱〉中的道德教育内涵》，南京师范大学硕士学位论文，2019年。

60.佟雨恒：《查铎思想研究》，山东大学硕士学位论文，2019年。

61.陈诗师：《何心隐理欲观论析》，《哈尔滨学院学报》2019年第10期。

62.陈寒鸣、夹纪坤：《阳明后学专案研究的上乘之作——评〈黄绾道学思想研究〉》，《衡水学院学报》2019年第2期。

63.牛磊：《试论阳明学士人对杨慈湖"不起意"之说的评析——以王畿与黄绾、季本的争论为中心》，《中共宁波市委党校学报》2019年第2期。

64.张洁：《论李贽"童心"思想中的魏晋因素》，《兰州教育学院学报》2019年第11期。

65.黄伟芯：《个体意识与创作自觉——论李贽"童心说"与本居宣长"物哀说"》，《阴山学刊》2019第5期。

66.陈鑫：《范式角度探析李贽时文观》，《六盘水师范学院学报》2019年第4期。

67.张珂欣：《李贽的小说创作与评点理论》，《名作欣赏》2019年第32期。

68.颜莉莉：《吉田松阴对李贽"童心说"的接受》，《泉州师范学院学报》2019年第5期。

69.［日］佐藤炼太郎：《李贽与紫柏达观狱中死亡原因钩沉》，《船山学刊》2019年第5期。

70.刘宁瑶：《李贽三教归儒思想探析——兼读〈茶夹铭〉》，《福建茶叶》2019年第3期。

71.田文兵、赖宁娜：《李贽文艺思想的东亚传播及启示》，《东南传播》2019年第3期。

72.唐明贵：《李贽〈论语评〉的诠释特色》，《贵阳学院学报（社会科学版）》2019年第1期。

73.邹国平：《再论李贽〈答耿司寇〉的文献问题》，《上海大学学报（社会科学版）》2019年第1期。

74.陈晓杰：《王龙溪在阳明学中的定位问题——以“凝”字为线索》，《湖北大学学报（哲学社会科学版）》2019年第3期。

75.马寄：《“气化”“心学”学统探析——以陈白沙、湛甘泉、刘宗周为线索》，《广西大学学报（哲学社会科学版）》2019年第6期。

76.尤源：《刘宗周心学研究——本体—工夫的视角》，河北大学硕士学位论文，2019年。

77.曹晔：《理学家刘宗周家世考述》，《寻根》2019年第5期。

78.张瑞涛：《论蕺山学派刘宗周师弟子的人格气象》，《孔子研究》2019年第4期。

79.张昭炜：《主静功夫的发展与丰富——从万廷言到刘宗周》，《贵阳学院学报（社会科学版）》2019年第2期。

80.王蕾：《试论刘宗周的“慎独”思想及其现代价值》，《辽宁教育行政学院学报》2019年第1期。

81.王依：《张元忭政治思想研究》，华中师范大学硕士学位论文，2019年。

82.姜子豪：《王艮“淮南格物”身为尊思想探析》，《重庆电子工程职业学院学报》2019年第3期。

83.吴文南：《李贽思想在美国的译介与传播》，《泉州师范学院学报》2019年第3期。

84.李丽：《心性的“两分”与“圆融”——刘宗周心学思想评析》，《求索》2019年第3期。

（七）海外阳明学研究

1.崔在穆：《东亚阳明学者的“梦”和“觉悟”问题》，《船山学刊》2019年第1期。

2.金容载：《韩国阳明学研究的本质问题》，《王学研究》2019年第1期。

3.朴成浩：《韩国阳明学者郑霞谷的生平及其阳明思想——以对“无善无恶心之体”的解释为中心》，《王学研究》2019年第1期。

4.地山：《东亚文化圈里的“阳明热”》，《廉政瞭望（上半月）》2019年第3期。

5.高海波：《道德实践的动力问题——以东亚的性理学为例》，《道德与文明》2019年第5期。

6.李春草：《中国古代思想对日本近代文豪谷崎润一郎的影响》，《湖北社会科学》2019年第7期。

7.杨晓维、秦蓁：《了庵桂悟使明与阳明学之初传日本——基于〈送日东正使了庵和尚归国序〉真迹实物与文本的研究》，《史林》2019年第5期。

8.蔡振丰：《由丁茶山的儒学诠释论东亚伦理学的发展》，《外国问题研究》2019年第3期。

9.宣炳三：《湖洛论争与朝鲜性理学的心学化——以栗谷学派李柬为主》，《儒学评论》2019年第13辑。

10.刘岳兵：《中国的日本哲学思想史研究如何从朱谦之"接着讲"——纪念朱谦之先生诞辰120周年》，《日本文论》2019年第1期（总第1辑）。

11.朴红姬：《郑寅普阳明学思想研究》，延边大学硕士学位论文，2019年。

12.李娜：《陆王心学的韩国本土化进程及特征研究》，延边大学硕士学位论文，2019年。

13.冯一帆：《明清朝鲜文人对浙江学术的认识》，浙江大学硕士学位论文，2019年。

14.黄滢：《论吉田松阴与山鹿素行的思想关联——以国体论、士道论和对外观为中心》，东北师范大学硕士学位论文，2019年。

（八）阳明学比较研究

1.向世陵：《闻见与德性——朱子、阳明"知"论辨析》，《复旦学报（社会科学版）》2019年第1期。

2.何静：《王阳明与湛甘泉的学术论辩》，《东岳论丛》2019年第2期。

3.刘艳：《会通朱熹与王阳明如何可能？——以王阳明〈朱子晚年定论〉为中心》，《南昌大学学报（人文社会科学版）》2019年第1期。

4.陈佩辉：《朱子与王阳明"诚意"思想之异同——以二者对〈大学〉"诚意"章的解释为中心》，《平顶山学院学报》2019年第1期。

5.李妍静：《阳明与退溪之心学比较》，《王学研究》2019年第1期。

6.黎黄南：《王阳明与阮廌的思想在越南与中国文化交叉过程中的相同点》，《王学研究》2019年第1期。

7.范越胜：《比较王阳明政治思想与越南黎贵惇政治思想的相同》，《王学研究》2019年第1期。

8.冯琳：《王船山与王阳明知行观的比较研究》，《王学研究》2019年第1期。

9.吴龙灿：《从良知到良能——阳明和蕺山"四端"异解及其意义》，《王学研究》2019年第1期。

10.吴震：《宋明理学视域中的朱子学与阳明学》，《哲学研究》2019年第5期。

11.王传龙：《王阳明"到底是空"之说辨析——兼论王阳明与湛若水、方献夫的学术分歧》，《甘肃理论学刊》2019年第4期。

12.吴瑶：《王阳明"格物致知"思想析论——兼论朱、王之别》，《西部学刊》2019年第16期。

13.姚新中、张燕：《两种情感主义的"心学"理论——斯洛特与王阳明比较研究》，《中国人民大学学报》2019年第6期。

14.段重阳：《作为人格存在的良知：王阳明论未发已发——兼论与朱子中和说之区别》，《贵阳学院学报（社会科学版）》2019年第6期。

15.郑晨寅：《黄道周论朱王异同——以〈王文成公碑〉等三文为中心》，《贵阳学院学报（社会科学版）》2019年第6期。

16.毕游：《20世纪以来关于朱、陆、王之异同的比较研究综论》，《中国史研究动态》2019年第4期。

（九）阳明学诠释研究

1.刘增光：《"原日身体"与身的形上化——罗汝芳身心之学的现象学诠释》，《学术月刊》2019年第5期。

2.程海霞：《王阳明龙场悟道的"来龙"与"去脉"略诠》，《扬州大学学报（人文社会科学版）》2019年第3期。

3.杨虎：《阳明心物说的存在论阐释》，《当代儒学》2019年第1期。

4.张新：《"恻隐之心"的存在论阐释》，《当代儒学》2019年第1期。

5.任文利：《〈阳明文录〉闻人诠姑苏刻本辨正》，《中国哲学史》2019年第4期。

6.陆永胜：《阳明学诠释理论建构的问题与思考》，《贵阳学院学报（社会科学版）》2019年第4期。

7.张兴：《从“格物”到“格心”的转变——兼论阳明〈大学〉诠释所存在的问题》，《内蒙古社会科学（汉文版）》2019年第4期。

（十）阳明学文献整理与研究

1.邹建锋：《〈阳明先生文录〉版本源流考》，《浙江社会科学》2019年第1期。

2.谢一丹：《〈王阳明先生图谱〉视觉形象与编纂意图探赜》，《广东开放大学学报》2019年第1期。

3.计文渊：《王阳明法书伪迹考论》，《贵州文史丛刊》2019年第2期。

4.王亦白：《王阳明〈复罗整庵太宰书〉考》，《收藏》2019年第8期。

5.向彪等：《湖南辰溪丹山摩崖石刻群考》，《怀化学院学报》2019年第7期。

6.刘彭冰：《程敏政研究综述》，《西部学刊》2019年第16期。

7.段卜华：《王阳明诗记异文校释——以贵州石刻为中心》，《贵州工程应用技术学院学报》2019年第6期。

8.钟翌晨：《王阳明〈居夷集〉研究》，贵州大学硕士学位论文，2019年。

9.莫德惠：《谤起功高：王阳明故后获罪原因考述》，《船山学刊》2019年第2期。

（十一）阳明学与文学及文艺学研究

1.曹诣珍：《王阳明〈纪梦〉诗考论》，《文艺研究》2019年第1期。

2.许爱珠：《以深情此心，大写“我心光明”——评卢川原创话剧〈阳明三夜〉》，《创作评谭》2019年第2期。

3.钱陈翔：《心学影响下的张瑞图书学思想探析》，《中国书法》2019年第10期。

4.孟莉：《王阳明书法艺术探赜》，《中国书法》2019年第10期。

5.张雪：《略述王阳明的古琴理念——从王阳明的古琴诗赋谈起》，《名作欣赏》2019年第23期。

6.文雯：《王阳明散文中的自我形象书写》，《大众文艺》2019年第16期。

7.安建清：《形而放与形而上之美：晚明与魏晋个性解放的异质性蠡测》，《人文杂志》2019年第8期。

8.田甜：《闲云孤鹤不得成，寄情山水成圣贤——解读王阳明的〈泰山高次王内翰司献韵〉》，《名作欣赏》2019年总第32期。

9.梁从峨：《〈红楼梦〉中“石头”寓意诠释的历史演变——兼谈贾宝玉与阳明学》，《曹雪芹研究》2019年第4期。

10.侯丹、范蝶：《王阳明诗歌中“桃花、空、闲”的禅宗内涵与美学境界》，《宜春学院学报》2019年第11期。

11.刘明才：《艺从心志——书画写意性溯源》，《美与时代（上）》2019年第12期。

12.刘景亮：《孟华剧作的阅读感受》，《东方艺术》2019年第6期。

13.吴晓铃：《王阳明 一个被心学“耽误”的书法大师》，《四川日报》2019年6月14日。

14.童波：《校园话剧：让王阳明“活”起来》，《绍兴日报》2019年10月9日。

15.张丹丹：《论冯梦龙〈靖乱录〉的底本依据与艺术创作》，《福建江夏学院学报》2019年第1期。

16.李坤：《历史名人眼中的贵州之美》，《当代贵州》2019年总第26期。

17.孟庆江：《“静”的哲学——看青弘的坭塑作品有感》，《文物鉴定与鉴赏》2019年第11期。

18.徐晓明：《历史题材纪录片创作要从核心元素切入——以绍兴台获奖作品〈良知·明心〉为例》，《视听》2019年第10期。

19.方其军：《一部精品戏，两张“金名片”》，《中国文化报》2019年5月13日。

20.李坤：《文献典籍里的贵州山水风光》，《贵州日报》2019年7月12日。

21.徐晟：《阳明心学的美育精神》，南京师范大学硕士学位论文，2019年。

22.王延智：《中国书法“文质论”研究》，南京艺术学院博士学位论文，

2019年。

23.张瞳：《“心学”思潮下的书画观念》，江南大学硕士学位论文，2019年。

24.龚雅哲：《自得与本色——心学语境下的本色美学思想研究》，山西大学硕士学位论文，2019年。

25.佟姗珊：《黄宗羲文学思想研究》，哈尔滨师范大学硕士学位论文，2019年。

（十二）阳明学的当代价值研究

1.马彪：《王阳明心学在中小学德育中的七个积极意义》，《内蒙古教育》2019年第1期。

2.刘立伟、王川：《王阳明“人民思想”及其现代价值研究》，《文化创新比较研究》2019年第4期。

3.王磊、车辙：《王阳明的道德教化思想及其当代启示》，《当代中国价值观研究》2019年第1期。

4.王国良：《王阳明心学豪杰人格与现代价值》，《王学研究》2019年第1期。

5.薛竹：《为政以德 知行合一——浅谈王阳明思想对领导干部讲政德的启示》，《当代党员》2019年第5期。

6.赵潜等：《知行合一：新时代阳明心学对践行社会主义核心价值观的深层启示》，《南京航空航天大学学报（社会科学版）》2019年第2期。

7.王倩、罗双燕：《析社会主义核心价值观的民众养成——以王阳明工夫论为研究视角》，《职大学报》2019年第4期。

8.赵文会：《论阳明心学对当代贵州教育发展的启示》，《中国地名》2019年第7期。

9.张俊英等：《阳明学的当代价值研究》，《安顺学院学报》2019年第4期。

10.滕永琛：《阳明心学的再认识与当代意义初探》，《青年发展论坛》2019年第5期。

11.王伟：《王阳明心学廉政思想阐释及其当代价值》，《四川理工学院学报（社会科学版）》2019年第5期。

12.万绪珍、邹秀季：《论王阳明的德育思想及其当代价值》，《广西科技师范学院学报》2019年第5期。

13.白立强：《〈传习录〉对人自由全面发展的当代启示》，《扬州教育学院学报》2019年第3期。

14.李芹芹、贺梦依：《阳明文化在新时代贵州精神中的契合度与价值探析》，《兴义民族师范学院学报》2019年第5期。

15.汪学群：《闲谭中的学问》，《文汇报》2019年8月16日。

16.郑文丰：《余世存："当代读经生"的"古今中外"》，《贵阳日报》2019年9月11日。

17.夏斌：《让先哲成为"我们的同时代人"》，《解放日报》2019年9月28日。

18.钱明：《阳明心学对社会转型期的重要启示意义》，《绍兴日报》2019年7月21日。

19.郭玉山：《贺麟"新心学"及其当代价值研究》，西南民族大学硕士学位论文，2019年。

20.孙勇：《探寻高中语文教学的"心源"——试论王阳明〈传习录〉对高中语文教学的启迪作用》，《2019年教育信息化与教育技术创新学术年会》，《中国会议》2019年12月。

（十三）阳明学与西学

1.梁宵、谢鸿昆：《在实践中以杜威哲学应对阳明心学困境的可行性》，《北京印刷学院学报》2019年第1期。

2.费周瑛、辛红娟：《〈传习录〉在西方世界的传播与研究》，《浙江社会科学》2019年第5期。

3.司马黛兰、倪超：《王阳明研究在西方》，《杭州师范大学学报（社会科学版）》2019年第4期。

4.方旭东：《孝心与孝行——从心灵哲学看李退溪的王阳明批判》，《道德与文明》2019年第4期。

5.张小琴：《王阳明"心体"的现象学解读》，《贵阳学院学报（社会科学版）》2019年第3期。

6.刘孔喜、许明武：《亨克及王阳明心学著作在英语世界的首译》，《国际汉学》2019年第3期。

7.张雄、孙洪钧：《同情与良知：两种市场经济人性论预设的范畴分析》，《伦理学研究》2019年第6期。

8.顾辰宇：《康德与王阳明道德哲学实践内涵》，《内蒙古电大学刊》2019年第6期。

（十四）阳明学与当代文化

1.付佩佩：《贵阳优秀传统文化的继承与时代转化思考》，《理论与当代》2019年第1期。

2.叶大年、卢勇：《叶大年：我的贵阳教育情结》，《贵阳文史》2019年第1期。

3.魏巍：《文化语境视域下旅游文本翻译策略研究》，《文化创新比较研究》2019年第3期。

4.黄诚、钟海连：《论阳明心学与当代社会心态建设的互动关系》，《贵州大学学报（社会科学版）》2019年第1期。

5.张寒松：《大学通识教育与阳明文化的传承发展——兼谈贵州大学近年来的探索》，《王学研究》2019年第1期。

6.章朵：《商界掀起"阳明热"》，《廉政瞭望（上半月）》2019年第3期。

7.华建新：《"阳明心学"是宁波文化创新性发展的思想源泉》，《宁波通讯》2019年第9期。

8.莫林虎：《中国传统文化的创造性转化与创新性发展》，《领导科学论坛》2019年第16期。

9.宗蕾：《大力推广阳明心学，让传统文化滋润现代生活 第三届中国阳明心学高峰论坛在绍兴举行》，《新阅读》2019年第6期。

10.《余姚发布"阳明故里"品牌启动"阳明古镇"项目》，《宁波通讯》2019年第16期。

11.沈卫星：《晋商徽商衰落和浙商崛起的文化探因——兼对"韦伯问题"

的回应》，《台州学院学报》2019年第4期。

12.王淑春、朱岚涛：《基于符号学视角的阳明文化旅游品牌传播研究》，《品牌研究》2019年第12期。

13.林晓峰、张山梁：《传承阳明心学 弘扬漳州文化》，《闽台文化研究》2019年第3期。

14.黄益明：《优秀传统文化的海报创新设计研究——以阳明心学为例》，《传播力研究》2019年第27期。

15.代富红等：《基于城市空间视角的贵阳市城市文化基因研究》，《教育文化论坛》2019年第5期。

16.施由明：《2019第二届阳明文化国际论坛在崇义举行》，《农业考古》2019年第6期。

17.韦忠将等：《阳明文化融入贵阳市干部教育的调查与思考》，《贵阳市委党校学报》2019年第6期。

18.陈静：《王阳明心学思想在国有企业文化管理中的作用研究》，《商讯》2019年第36期。

19.谢云飞：《开发阳明文创产品既要"养心"也要"养生"》，《绍兴日报》2019年7月5日。

20.陈利权：《推进阳明文化的创造性转化与创新性发展》，《宁波日报》2019年11月7日。

21.陈醉：《余姚阳明文化保护开发喜添新"坐标"》，《浙江日报》2019年4月14日。

22.幸菲菲：《推进赣州文化蓬勃发展》，《赣南日报》2019年3月25日。

23.杨继东：《两个故事化育着一座历史文化名镇》，《忻州日报》2019年3月17日。

24.李丽：《民盟贵阳市委：文旅深度融合 做亮筑城名片》，《贵州政协报》2019年3月12日。

25.刘辉：《融合发展 文化产业释放强大生命力》，《贵阳日报》2019年3月11日。

26.张婷媛：《浚县发扬阳明文化大有可为》，《鹤壁日报》2019年2月25日。

27.张婷媛：《把浚县打造成我省阳明文化高地》，《鹤壁日报》2019年2月

25日。

28.张婷媛：《整合文化资源 促进经济发展》，《鹤壁日报》2019年2月25日。

29.宋思嘉：《在打造品牌中扬帆起航》，《江西日报》2019年1月30日。

30.彭芳蓉：《贵阳孔学堂多维传承弘扬传统文化》，《贵州日报》2019年6月14日。

31.童波：《阳明文化之旅，绍兴何时开启？》，《绍兴日报》2019年5月29日。

32.张科勇：《为构建人类命运共同体注入文化力量》，《绍兴日报》2019年5月20日。

33.陆勇平：《修文：阳明文化激发"内外兼修"活力》，《贵州民族报》2019年5月17日。

34.裴金红：《用文化叩开世界大门》，《绍兴日报》2019年5月11日。

35.汤桂平：《推动心学落地 普及阳明文化》，《绍兴日报》2019年8月24日。

36.彭芳蓉：《阳明文化的贵州实践与时代表达》，《贵州日报》2019年8月16日。

37.彭芳蓉：《贵阳孔学堂：搭建学术与文化交流桥梁》，《贵州日报》2019年8月16日。

38.马可远：《绍兴举办文化产业发展大会》，《浙江日报》2019年7月22日。

39.王文忠：《植文化根基 铸发展之魂》，《贵州日报》2019年12月26日。

40.何超群：《"先锋文旅"发力 项目推进提速》，《绍兴日报》2019年12月25日。

41.王峰：《阳明心学是沟通传统文化与现代生活的桥梁》，《南京日报》2019年12月6日。

42.杨晟途：《寻常小街巷变身文化景观示范街》，《兰州日报》2019年11月24日。

43.晨钟：《越走越近 越走越亲》，《绍兴日报》2019年6月20日。

44.乐承耀：《宁波历史文化的当代价值和意义（上）》，《宁波日报》2019年10月10日。

45.何峰：《余姚“阳明故里”“阳明故居”商标获国家知识产权局核准》，《宁波日报》2019年4月10日。

46.张婷媛：《浚县是王阳明思想的重要起源地》，《鹤壁日报》2019年2月25日。

47.陈烨：《让古老的中国智慧焕发时代光彩》，《浙江日报》2019年5月20日。

48.郑杨：《彭勇：了解历史是为了创造更美好的未来》，《中国出版传媒商报》2019年10月11日。

49.彭芳蓉：《循迹贵州 行走中与先贤对话》，《贵州日报》2019年8月30日。

50.樊成琼：《龙场论道·阳明心学企业家研习大会开幕式举行》，《贵阳日报》2019年8月26日。

51.刘辉：《专家学者和媒体记者将重走王阳明悟道之路》，《贵阳日报》2019年8月19日。

52.黄程：《余姚启动建设“阳明古镇”》，《宁波日报》2019年8月18日。

53.杨晓妍：《绍兴市王阳明研究会来渭交流》，《渭南日报》2019年7月17日。

54.胡勇：《跨越500年的寻访与对话》，《贵州日报》2019年12月27日。

55.张科勇：《绍兴艺校改扩建和阳明故里项目开工》，《绍兴日报》2019年12月26日。

56.杨宝光：《宁大学子：把王阳明故事讲到世界各地》，《中国青年报》2019年10月31日。

57.陈菁菁：《脉动江南 瞭望世界》，《无锡日报》2019年10月30日。

58.王月月：《贵阳市优秀传统文化品牌化建设研究》，《人文与科技》（第2辑），《中国会议》2019年2月。

59.陈松林：《中华孔子学会》，《国际儒学发展报告（2016—2017）》，《中国会议》2019年7月。

60.泰州市政协学习文史联络委员会：《弘扬学派文化 打造名城品牌》，《江苏政协》2019年第4期。

61.《“阳明学与书院文化学术研讨会暨第五届全国书院论坛”在贵阳召开》，《地域文化研究》2020年第1期。

62.钱汝平、诸凤娟：《新中国七十年与越文化研究学术研讨会综述》，《浙江社会科学》2019年第11期。

63.邵安华：《推进中华优秀传统文化创造性转化与创新性发展——以王阳明“致良知”道德修养论为例》，《河北北方学院学报（社会科学版）》2019年第1期。

（十五）宋明心学思想研究

1.黄明同：《明代心学：白沙—甘泉—阳明——略论明代心学的发展进程》，《中国哲学史》2019年第1期。

2.邓国坤：《心学与非心学：白沙学争议考证》，《江南大学学报（人文社会科学版）》2019年第1期。

3.陈立胜：《“以心求心”“自身意识”与“反身的逆觉体证”——对宋明理学通向“真己”之路的哲学反思》，《哲学研究》2019年第1期。

4.唐嘉阳：《景海峰：“心”在中国文化中的意义》，《当代贵州》2019年第32期。

5.刘红卫：《湛若水儒学体系构架及其思想影响》，《南昌大学学报（人文社会科学版）》2019年第4期。

6.王龙：《穆孔晖人君养心论》，《淄博师专论丛》2019年第3期。

7.黄泊凯：《湛甘泉于天理与良知的融摄与工夫进路的发展》，《五邑大学学报（社会科学版）》2019年第4期。

8.李贺亮：《万廷言易学思想研究》，湖南师范大学硕士学位论文，2019年。

9.张品端：《会通朱陆　传承理学——“纪念陆九渊诞辰880周年会讲”综述》，《哲学动态》2019年第11期。

10.郭坦：《纪念陆九渊诞辰880周年学术研讨会综述》，《新阅读》2019年第5期。

（十六）儒学与理学研究

1.邹晓东：《儒家性善论的两种型态与演进逻辑——兼论其义理困境及更

化路向》，《齐鲁学刊》2019年第1期。

2.李敬峰：《明代朱子学的羽翼、修正与转向——以吕柟〈四书因问〉为中心》，《中国哲学史》2019年第3期。

3.干春松：《多重维度中的儒家仁爱思想》，《中国社会科学》2019年第5期。

4.孙泊：《儒家良知思想的传承与复兴》，《南通大学学报（社会科学版）》2019年第3期。

5.张辉：《中晚明学界中本体与工夫关系之辨》，《特区实践与理论》2019年第4期。

6.刘培功、单虹泽：《从"大同世界"到"万物一体"——论儒家人类命运共同体思想及其当代价值》，《河南社会科学》2019年第8期。

7.丘山石：《简论程朱陆王之会通（下）》，《朱子文化》2019年第3期。

8.申祖胜：《陆世仪"穷理"说之特色及其时代意义》，《中国哲学史》2019年第4期。

9.张耀南、苗冬青：《再论"公共哲学框架"之构建——三款八式及其应用研究之一》，《新视野》2019年第5期。

10.陈畅：《明清之际哲学转向的气学视野——以黄宗羲〈明儒学案〉〈孟子师说〉为中心》，《现代哲学》2019年第5期。

11.马子木：《十八世纪理学官僚的论学与事功》，《历史研究》2019年第3期。

12.徐道彬：《晚明徽州考证礼学的发展——以金瑶、程明哲、姚应仁为中心》，《徽学》2019年第1期。

13.朱冶：《明中期徽州士人的地方认同与文献建构》，《徽学》2019年第1期。

14.张承权：《一部颠覆新安理学传统认知的文献——读〈新安理学先觉会言〉》，《徽学》2019年第1期。

15.李云：《论明代关学的基本特征》，《西北大学学报（哲学社会科学版）》2019年第6期。

16.万红：《从〈理学宗传〉批注看孙奇逢的学术倾向》，《原道》2019年第1期。

17.蔡杰：《性还是心：理学视域中的好恶定性》，《绍兴文理学院学报（人文社会科学）》2019年第6期。

18.赖区平：《论儒家修身工夫的三种进路——从〈中庸〉戒、惧、慎独三义说起》，《哲学研究》2019年第11期。

19.张茂泽：《论德性之知》，《孔子研究》2019年第6期。

20.李敬峰：《刘古愚对〈大学〉的诠释及其思想史意义》，《人文杂志》2019年第12期。

21.白宗让：《〈礼记·大学〉"格物致知"新解》，《宝鸡文理学院学报（社会科学版）》2019年第6期。

22.曹晔：《明代的理学讲会与地方礼教——以绍兴府为中心的考察》，《中国文化研究》2019年第4期。

23.许家星：《知得它是非，方是自己所得处——从三重批判论朱子学的自我转化及其超越》，《学术研究》2019年第12期。

24.张明：《对中国历史文化的温情与敬意——张新民先生的史学研究之路》，《贵州文史丛刊》2019年第4期。

25.张新民等：《博学通识是为大儒——贵州大学中国文化书院荣誉院长张新民先生访谈录》，《贵州文史丛刊》2019年第4期。

26.王胜军、刘霞：《张新民先生儒学研究、实践和思想述评》，《贵州文史丛刊》2019年第4期。

27.段江波：《"悟"：一种中国传统道德哲学运思方式》，《华东师范大学学报（哲学社会科学版）》2019年第6期。

28.李想：《儒家哲学与文化"儒家心性之学"学术研讨会综述》，《人文论丛》2019年第1期。

29.陈居渊：《明清时期的徽州易学》，《安徽大学学报（哲学社会科学版）》2019年第1期。

30.黄丹丹：《项乔民政思想探析》，《浙江工贸职业技术学院学报》2019年第2期。

31.孙伟：《宋明理学视域下的唐宋派定位研究》，南京师范大学硕士学位论文，2019年。

32.张健旺：《方孝孺与有明一代的"读书种子"》，中国艺术研究院博士学位论文，2019年。

33.周佳宝：《〈孟子师说〉的理学思想研究》，安徽师范大学硕士学位论文，2019年。

34.刘娜娜：《明清之际儒家个体价值思想嬗变研究》，青海师范大学硕士学位论文，2019年。

35.周兴：《明代广东儒学史研究》，西南大学博士学位论文，2019年。

36.姚浩逸：《“无善无恶”之辨与清初由王返朱思潮》，杭州师范大学硕士学位论文，2019年。

37.卢一：《佐藤一斋〈大学栏外书〉研究》，华东师范大学硕士学位论文，2019年。

38.王彦：《佐藤一斋〈论语栏外书〉思想研究》，华东师范大学硕士学位论文，2019年。

39.盖思浓：《佐藤一斋〈孟子栏外书〉心性论研究》，华东师范大学硕士学位论文，2019年。

40.吴玉琨：《宋、明儒对“隐”思想的诠释——以〈中庸〉为核心，河南大学硕士学位论文，2019年。

41.周玲：《黄宗羲〈孟子师说〉研究》，山东大学硕士学位论文，2019年。

42.吴洁：《陈确人性论研究》，浙江大学硕士学位论文，2019年。

43.汪恺：《方以智“学”思想的研究》，武汉大学硕士学位论文，2019年。

44.刘思雯：《吴澄哲学思想研究》，吉林大学硕士学位论文，2019年。

中国台湾阳明学研究成果目录

一、书籍类

1.弘逸：《王阳明的心学智慧：知行合一的人生哲学》，新北：菁品文化。

2.度阴山：《知行合一王阳明（1472—1529）》，台北：大旗出版社。

3.唐文立：《最神奇的圣人王阳明》，新北：普天出版家族有限公司。

4.杨庭曦：《王阳明文艺美学研究》，新北：花木兰文化事业有限公司。

5.向辉：《王阳明的教化哲学研究：以“敬”为中心》，新北：花木兰文化事业有限公司。

6.陈荣捷：《王阳明与禅》，台北：台湾学生书局。

7.章太炎：《章太炎尺牍 王阳明尺牍 归震川尺牍》，新北：广文书局。

8.邓克铭：《王阳明思想观念研究》，台北：台大出版中心。

9.陈复：《王子精灵法则：阳明心学智慧记》，台北：联经出版事业股份有限公司。

二、期刊论文类

1.王涵青：《刘宗周的〈大学〉诠释方法》，（台湾）《哲学与文化》2019年第6期。

2.王矞慈：《心物之间——从朱得之〈庄子通义〉一书见明代阳明学与庄学互涉之意义》，（台湾）《汉学研究》2019年第3期。

3.王矞慈：《良知与希天——论罗近溪与中江藤树思想中天人关系之异同》，（台湾）《台大中文学报》总第65期。

4.王婷玉：《“格物致知”与“致知格物”——朱熹与王阳明关于“大学之道”的不同诠释》，（台湾）《孔孟月刊》2019年总第58卷。

5.田富美：《朱陆异同论争下的“陆—王”学术史脉——从阳明〈朱子晚年定论〉谈起》，（台湾）《北市大语文学报》2019年第21期。

6.白宛仙：《阳明心学实有诸己的精一之论》，（台湾）《当代儒学研究》2019年总第26期。

7.何威萱：《程敏政〈道一编〉与王阳明〈朱子晚年定论〉关系考辨》，（台湾）《思想史》2019年第9期。

8.崔庆贺：《“五经亦史”与“六经皆史”之异同探析》，（台湾）《鹅湖月刊》2019年总第528期。

9.张晓芬：《自我实现的意义与价值——王阳明心学中的知行功夫》，（台湾）《孔孟月刊》总第57卷。

10.莫德惠：《明嘉靖初王阳明世爵终止问题考论》，（台湾）《中国文化研究所学报》总第68期。

11.朱光磊：《论牟宗三对阳明心学格物说的诠释与发展》，（台湾）《鹅湖月刊》总第533期。

12.吴伟明：《德川思想史中的伏羲》，（台湾）《成大历史学报》总第57期。

13.林安梧：《中国近三十年来“儒商现象”的哲学反思——环绕“企业儒学”“儒商智慧”与“阳明心学”的展开》，（台湾）《鹅湖月刊》总第524期。

14.侯洁之：《晚明关学宗风——冯少墟“以理为宗”的思想及意义》，（台湾）《台大中文学报》总第64期。

15.崔庆贺：《“五经亦史”与“六经皆史”之异同探析》，（台湾）《鹅湖月刊》2019年总第528期。

16.张朋华：《王阳明〈传习录〉“然非‘新’字义”辨》，（台湾）《哲学与文化》2019年第4期。

17.张昭炜：《阳明学的病与药》，（台湾）《鹅湖月刊》2019年总第533期。

18.张崑将：《修养与尚武之间：明治维新以后的阳明学与武士道》，（台湾）《思与言：人文与社会科学期刊》2019年第3期。

19.莫德惠：《明代正德朝政争考述：以王琼与杨廷和交恶为中心》，（台湾）《明代研究》总第32期。

20.陈士诚：《论阳明之本体工夫：一个哲学之比较研究》，（台湾）《政治大学哲学学报》总第42期。

21.陈廷嘉：《对阳明神秘经验问题的重新思考——以汤浅泰雄哲学为参照》，（台湾）《当代儒学研究》总第27期。

22.陈佳铭：《杨简的“不起意”思想及其易学诠释》，（台湾）《成大中文学报》总第65期。

23.陈佳铭：《罗念庵之学对“归寂”的超越与发展》，（台湾）《淡江中文学报》总第40期。

24.陈碧强：《略论慈湖对〈中庸〉的诠释》，（台湾）《鹅湖月刊》总第524期。

25.陈仪：《王阳明礼学论述的思想奠基》，（台湾）《思与言：人文与社会科学期刊》2019年第2期。

26.陈绘宇：《朝鲜末期“心说论争”之概述及其意义》，（台湾）《东华汉学》总第29期。

27.游腾达：《方东美之“王阳明”研究探微——兼论明中叶“重返程明道”的学术思潮》，（台湾）《当代儒学研究》总第27期。

28.游腾达：《王懋竑〈朱子年谱〉探赜与朱学宗旨之辩》，（台湾）《台大中文学报》总第65期。

29.覃友群：《“人者，天地之心，道之都也”——论朱得之〈老子通义〉对老子思想之接受》，（台湾）《东吴中文在线学术论文》总第46期。

30.赖区平：《“心是灵气”作为道学共识——基于道学史的考察》，（台湾）《哲学与文化》2019年第4期。

31.黄光国：《传承儒家的科学进路》，（台湾）《哲学与文化》2019年第10期。

32.黄崇修：《由宋明儒对定静工夫的诠释理路论周敦颐“内静外敬”之潜存思维》，（台湾）《政治大学哲学学报》总第41期。

33.蒲彦光：《李贽时文观点研究：以〈说书〉及“童心说”为中心》，（台湾）《通识教育学报》2019年第7期。

三、学位论文类

1.张逸弘：《宋明格物致知义涵之转变析论》，（台湾）中兴大学中文系硕士学位论文，2019年。

日本阳明学研究成果目录

1.［日］原信太郎：《山田方谷晚年思想的同时代评价》（《山田方谷晩年の思想の同時代評価》），《日本儒教学会報》第3号。

2.［日］坂本保富：《佐久间象山门人考定的先行研究检讨——井上哲次郎、宫本仲介绍的〈及门录〉的分析》（《佐久間象山門人の確定に関する先行研究の検討：井上哲次郎・宮本仲の紹介した「及門録」の分析》），《平成国際大学論集》第23号。

3.［日］木村洋：《德富苏峰的人物论：约翰・布赖物、〈人物管见〉、〈吉田松阴〉》（《徳富蘇峰の人物論：「ジヨン・ブライト」『人物管見』『吉田松陰』》），《日本文学》第68号。

4.［日］冈本隆司：《历史的逻辑——东亚与日本的命运（第109回）阳明学的接受体现的日本和韩国的不同》（《歴史の論理：東アジアと日本の運命（第109回）陽明学の受容が示す日本と韓国の差》），《週刊東洋経済》第6841号。

5.［日］冈本隆司：《历史的逻辑——东亚与日本的命运（第110回）阳明学的时代与尊重历史的态度》（《歴史の論理：東アジアと日本の運命（第110回）陽明学の時代と歴史を尊重する姿勢》），《週刊東洋経済》第6842号。

6.［捷克］大卫・拉布斯：《幕末时代的技术与公论——以横井小楠为中心》（《幕末時代における技術と公論—横井小楠を中心に》），《比較日本学教育研究部門研究年報》第15号。

7.［日］德田武：《吉田松阴与月性——〈清狂诗钞〉的刊行》（《吉田松陰と月性：『清狂詩鈔』の刊行》），《斯文》第134号。

8.［日］志野好伸：《西村茂树〈小学修身训〉的道德观——西方与中国的间隙》（《西村茂樹『小学修身訓』における道徳観—西洋と中国のはざまで—》），《明治大学心理社会学研究》第14号。

9.［日］小路口聪：《"自识（意识）"的发现——读西村茂树的〈心学讲义〉》（《「自識（意識）」の発見：西村茂樹『心學講義』を読む》），《国際哲学研究》第8号。

10.［日］久米晋平：《冯少墟的王阳明理解》（《馮少墟の王陽明理

解》），《大東文化大學漢學會誌》第58号。

11.［日］小路口聡：《王畿〈余氏家会籍题辞〉译注——阳明门下的讲会活动纪录精读（4）》（《王畿「余氏家會籍題辭」訳注：陽明門下の講会活動記録を読む（4）》），《東洋思想文化》第6号。

12.［日］吉田公平等：《邹守益会语资料〈龙华会语〉、〈惜阴申约〉、〈惜阴说〉译注——阳明门下会语纪录精读（3）》（《鄒守益「会語」資料（龍華會語・惜陰申約・惜陰説）訳注：陽明門下の会語記録を読む（其の3）》），《白山中国学》第25号。

13.［日］长尾刚：《西乡隆盛、吉田松荫、大盐平八郎——阳明学教导的实践“自己的正义”的人生方式》（《西鄉隆盛、吉田松蔭、大塩平八郎——陽明学が教えてくれる「自分の正義」を貫く生き方》），《歴史街道》第372号。

14.［日］井上快：《幕末维新期藩儒的教育活动及其改变——以吉村秋阳、斐山的家塾为中心》（《幕末維新期藩儒の教育活動とその変容：吉村秋陽、斐山の家塾に着目して》），《教育史フォーラム》第14号。

15.［日］松本勇介：《史料散步 以新出史料再考吉田松阴的改葬日》（《史料散步 新出史料による吉田松陰改葬日の見直し》），《日本歴史》第853号。

16.［日］江藤茂博：《阳明学与二松学舍大学》（《陽明学と二松学舍大学》），《アジア文化》第36号。

17.［日］若狭胜：《熊泽蕃山超越数世纪的先见性——冈山市、旭川・百间川的低水思想》（《熊沢蕃山の幾世紀を超えた先見性：岡山市、旭川・百間川にみる低水思想》），《地理》第64号。

18.［日］村上利夫：《越前藩聘请横井小楠与梅田云浜》（《越前藩の横井小楠招聘と梅田雲浜》），《歴史研究》第61号。

19.［日］森田健司：《“劳作的意义”，学习石田梅岩的思想》（《「働くことの意味」とは石田梅岩の思想に学ぶ》），《歴史街道》第375号。

20.［日］新田元规：《黄宗羲〈明夷待访录〉“原君”中君主政体的起源论》（《黄宗義『明夷待訪録』「原君」における君主政体の起源論》），《中国：社会と文化》第34号。

21.［日］高泽修一：《幕末时期阳明学者的财政改革——以山田方谷和河

井继之助的藩政改革为中心》（《幕末期における陽明学者の行財政改革：山田方谷と河井継之助の藩政改革を中心に》），《経営論集》第38号。

22.［日］中嶋久人：《文献介绍 须田努著〈吉田松阴的时代〉》（《文献紹介 須田努著『吉田松陰の時代』》），《人民の歴史学：東京歴史科学研究会機関誌》第221号。

23.［日］桥本晋吉：《明治维新的创业者“西乡隆盛”——〈西乡南洲遗训〉的教导》（《明治維新の創業者「西郷隆盛」:『西郷南洲遺訓』の教え》，《在野史論》第16号。

24.［日］德田武：《吉田松阴与佐久间象山》（《吉田松陰と佐久間象山》），《江户風雅》第20号。

25.［日］德田武：《吉田松阴与楠正成》（《吉田松陰と楠正成》），《江户風雅》第20号。

26.［日］三宅绍宣：《新出〈玉木彦介日记〉与吉田松阴的添削指导》（《新出「玉木彦介日記」と吉田松陰の添削指導》），《山口県地方史研究》第122号。

27.［日］三宅绍宣：《吉田松阴研究的新视野——松阴的海外认识与工学教育论》（《吉田松陰研究の新地平：松陰の海外認識と工学教育論》），《日本歴史》第859号。

28.［日］远山敦：《中江藤树的〈中庸解〉（2）》（《中江藤樹の『中庸解』について（2）》，《論集》第18号。

29.［日］高桥文博：《俟后之君子的熊泽蕃山——近世日本阳明学的展开（2）》（《後の君子を俟つ熊沢蕃山——近世日本における陽明学の展開（2）》），《就実大学大学院教育学研究科紀要》第4号。

30.［日］猪饲隆明：《西乡隆盛与适塾的相关人物》（《西郷隆盛と適塾をめぐる人々》），《適塾》第52号。

31.［日］松田存：《学究余滴 横山廉造、三岛中洲、山田方谷以及丸川松隐》（《学究余滴 横山廉造と三島中洲、山田方谷そして丸川松隠》），《知性と創造：日中学者の思考》第10号。

32.［日］韩淑婷：《佐久间象山之琴学的一个考察》（《佐久間象山の琴学に関する一考察》），《九州中國學會報》第57号。

33.［日］清水正博：《石田梅岩的真髓与当代传承的石门心学》（《石田

梅岩の真髓と現代に伝承される石門心学》），《地域総合研究所紀要》第11号。

34.［日］松川健二：《论刘宗周〈论语学案〉》（《劉宗周『論語学案』について》），《陽明学》第29号。

35.［日］二松学舍大学宋明资料轮读会王龙溪班：《王畿〈重刻阳明先生文录后序〉》（《王畿「重刻陽明先生文録後序」》），《陽明学》第29号。

36.［日］二松学舍大学宋明资料轮读会王龙溪班：《王畿〈读先师再报海日翁吉安起兵书序〉》（《王畿「讀先師再報海日翁吉安起兵書序」》），《陽明学》第29号。

韩国阳明学研究成果目录

一、书籍类

1.［韩］金世贞：《王阳明的生命哲学》，忠南大学出版文化院。

2.［韩］林弘泰：《作为主体而活着：读王明阳的〈传习录〉》，韩国书与异音出版部。

二、期刊论文类

1.洪国强：《阳明学与其他学说之间的竞争——以名士唐顺之服膺阳明学为例》，《中国史研究》第118辑。

2.［韩］安载晧：《王守仁功夫论体系管窥——致良知是否是阳明学功夫论之归结？》，《栗谷学研究》第39辑。

3.［韩］金世贞：《现代韩国阳明学研究的新方向》，《阳明学》第54辑。

4.［韩］崔一凡：《阳明学者蔡仁厚的〈中国哲学史〉读后感》，《阳明学》第53辑。

5.［韩］金允景：《梧村薛泰熙的实用主义与阳明学》，《阳明学》第55辑。

6.［韩］元惠英：《阐明山川草木之悟的叙说——以佛教和阳明学为依据的讨论》，《阳明学》第55辑。

7.［韩］金熙永：《木斋洪汝河的阳明学批判样象一考》，《汉文古典研究》第39辑。

8.［韩］金世贞、赵智善：《通过江华阳明学国际学会大会分析看霞谷学研究的现状与展望》，《儒学研究》第48辑。

9.［韩］赵南浩《对于阳明学的误读：董平的〈书与刀〉》，《哲学与现实》第123辑。

10.［韩］辛炫承：《郑寅普的〈阳明学演论〉与近代阳明学派系谱的再构建》，《韩国思想史学》第61辑。

11.［韩］崔在默：《日本阳明学的时、处、位论的特征——对于日本资本主义的试论》，《阳明学》第54辑。

12. [韩] 全修延、金珉在、金容载：《关于朝鲜性理学者对阳明学的批判性认识的探讨（2）》，《阳明学》第53辑。

13. [韩] 金珉在、全熙永、全修延、金容载：《对阳明学传入初期朝鲜性理学者的批判性认识的探讨》，《阳明学》第52辑。

14. [韩] 金善姬：《东亚阳明学传统与西学》，《阳明学》第52辑。

15. [韩] 咸泳大：《星湖学派与阳明学的接点》，《阳明学》第52辑。

16. [韩] 韩正吉：《江右知识分子——阳明学者的经世思想》，《阳明学》第52辑。

17. [韩] 崔在默、徐承完、金容载：《日本阳明学的现在——通过对东京遗址的实地考察展开的论证》，《东洋哲学研究》第98辑。

18. [韩] 金容载：《韩国阳明学研究的诸问题——着眼于从"霞谷学"到"韩国阳明学"、与实学和天主教的关系以及近代性问题》，《儒学研究》第47辑。

19. [韩] 金容载：《韩日阳明学比较研究的目的、意义及方向》，《退溪学论丛》第24辑。

20. [韩] 金熙永、金珉在、金容载：《关于朝鲜性理学者对阳明学的批判性认识的探讨（1）——以尹根寿和陆光祖之间的〈朱陆论难〉为中心》，《东洋哲学研究》第98辑。

三、学位论文

1. [韩] 毛英震：《关于阳明心学之美学特质的考察》，忠南大学博士学位论文。

2. [韩] 林善英：《霞谷郑齐斗的功夫论研究：以〈中庸说〉和〈孟子说〉为中心》，成均馆大学博士学位论文。

3. [韩] 田炳浩：《王阳明与商谈》，清州教育大学硕士学位论文。

4. [韩] 孙熙旭：《霞谷郑齐斗的道德主体性研究》，成均馆大学硕士学位论文。

5. [韩] 池娥惠：《霞谷郑齐斗的生理论与感通之原理："良心痛"现象》，西江大学硕士学位论文。

欧美阳明学研究成果目录

1.Mingjun Lu,"The Cogito and Onto-Being of the Mind: Philosophical Early Modernity in Descartes and Wang Yangming's metaphysics", *Philosophy East & West*, no.69 （2019）: 176-196.

2.Yinghua Lu,"Wang Yangming's Theory of the Unity of Knowledge and Action Revisited: An Investigation from the Perspective of Moral Emotion", *Philosophy East & West*, no.69 （2019）: 197-214.

3.Yat-hung Leung, "Wang Yangming's Reductionist Account of Practical Necessity: General and Particular"， *Sophia*， no.59（2019）:413-436.

4.Yat-hung Leung, "From Factitious to Veridical Attribution of Virtue: How Wang Yangming Can Do a Better Job Than Alfano in Facilitating Virtue Acquisition"， *The Journal of Value Inquiry*, no.53 （2019）: 289-307.

5.Xunwu Chen, "Mind and Epistemic Constructivism: Wang Yangming and Kant"， *Asian Philosophy*, no.29（2019）: 89-105.

6.So-Yi Chung, "Korean Yangming Learning",in Young-chan Ro ed.*Dao Companion to Korean Confucian Philosophy*（Netherlands: Springer Dordrecht, 2019):253-281.

编后语

较之往年,《阳明学研究年鉴2019》在编目和顺序上作了微调,在体量上也有所缩减,但在内容上则更加丰富,编排也进一步得到了优化。本册内容主要包括:

其一,中国大陆阳明学研究综述。包括对中国大陆地区发表或出版的论著、期刊(含辑刊)内容及举办的学术活动情况的综述。其二,中国台湾阳明学研究综述。是指在中国台湾省内发表或出版的论著、期刊(含辑刊)内容及举办的学术活动情况的综述。其三,日本、韩国、欧美阳明学研究综述。是指分别对在日本、韩国、欧美地区发表或出版的论著、期刊(含辑刊)内容进行综述。其四,热点文章的转引。选载本年度已发表的具有前瞻性或视角新颖论文,以便为读者提供参考。其五,文献索引。比较完整地收录本年度有关阳明学研究的学术成果,包括书籍、期刊(含辑刊)、报纸等。

本《年鉴》的内容是诸多年轻学者共同努力的结果,台湾政治大学杨德煜副教授撰写了《中国台湾阳明学研究综述》,杭州师范大学申绪璐副教授撰写了《日本阳明学研究综述》,南京大学代玉民博士撰写了《欧美阳明学研究综述》。东南大学陆永胜教授及其团队在文献搜集、析出、订正等工作上花费了大量精力和时间。正是他们的付出,更多地域的阳明学研究成果综述才得以呈现,让本书的视野更加广阔。同时还要感谢中国社会科学院张宏斌副研究员,河北大学戴木茅副教授，天津社科院杨莉副研究员，华南师范大学梁文晓博士，贵州财经大学冯相磊副教授、邓立副教授，贵州民族大学曹发生副教授，贵阳孔学堂韩淑娟老师，黔南民族职业技术学院欧阳英桃老师以及其他编委及作者。他们提出了诸多建设性的意见和建议，并承担了本书的文献搜集和分类、文稿撰写、文稿校对等工作。孔学堂书局相关编辑为本书的编校耗费了大量精力和时间，使本书得以快速、优质地出版。

在编撰过程中，虽然我们花费了大量的心血和时间，力求更加详备，但有限的能力和有限的时间，难免挂一漏万。疏漏和差错之处，还请方家不吝指教！如有意见和建议，请联系我们，谢谢！

曾顺岗

于孔学堂高等研究院